江西省交通运输厅

# 江西省公路工程项目(机电工程)技术规范

(2017年版)

赣交建管字〔2017〕50号
自2017年7月18日起施行

人民交通出版社股份有限公司
China Communications Press Co., Ltd.

图书在版编目(CIP)数据

江西省公路工程项目(机电工程)技术规范：2017年版/王昭春等主编. — 北京：人民交通出版社股份有限公司，2017.10
 ISBN 978-7-114-14240-6

Ⅰ.①江… Ⅱ.①王… Ⅲ.①道路工程—机电工程—技术规范—江西 Ⅳ.①U415.1-65

中国版本图书馆 CIP 数据核字(2017)第 240988 号

Jiangxi Sheng Gonglu Gongcheng Xiangmu (Jidian Gongcheng) Jishu Guifan

| | |
|---|---|
| 书 名： | 江西省公路工程项目(机电工程)技术规范(2017 年版) |
| 著 作 者： | 王昭春　徐建平　樊友伟　何耀忠 |
| 责任编辑： | 钱悦良　郭红蕊 |
| 出版发行： | 人民交通出版社股份有限公司 |
| 地　　址： | (100011)北京市朝阳区安定门外外馆斜街 3 号 |
| 网　　址： | www.ccpress.com.cn |
| 销售电话： | (010)59757973 |
| 总 经 销： | 人民交通出版社股份有限公司发行部 |
| 经　　销： | 各地新华书店 |
| 印　　刷： | 北京鑫正大印刷有限公司 |
| 开　　本： | 880×1230　1/16 |
| 印　　张： | 18.5 |
| 字　　数： | 400 千 |
| 版　　次： | 2017 年 10 月　第 1 版 |
| 印　　次： | 2017 年 10 月　第 1 次印刷 |
| 书　　号： | ISBN 978-7-114-14240-6 |
| 定　　价： | 60.00 元 |

(有印刷、装订质量问题的图书由本公司负责调换)

# 江西省交通运输厅文件

赣交建管字〔2017〕50号

## 江西省交通运输厅关于发布《江西省公路工程电子招标标准施工招标文件(2017年版)(房建工程分册)》《江西省公路工程电子招标标准施工招标文件(2017年版)(机电工程分册)》《江西省公路工程项目(机电工程)技术规范(2017年版)》的通知

各设区市交通运输局、公路局,省直管试点县(市)交通运输局,厅直属各单位、省公路路政管理总队:

为加强我省公路工程施工招标管理,规范电子招标投标项目的招标文件编制工作,我厅组织编制了《江西省公路工程电子招标标准施工招标文件(2017年版)(房建工程分册)》《江西省公路工程电子招标标准施工招标文件(2017年版)(机电工程分册)》和《江西省公路工程项目(机电工程)技术规范(2017年版)》,现予发布,自发布之日起实施。

全省高速公路房建工程、机电工程项目应当使用《江西省公路工程电子招标标准施工招标文件(2017年版)(房建工程分册)》《江西省公路工程电子招标标准施工招标文件(2017年版)(机电工程分册)》《江西省公路工程项目(机电工程)技术规范(2017年版)》,其他等级公路房建工程、机电工程项目可参照执行。在具体项目招标过程中,招标人可根据项目实际情况,编制项目专用文件,与《江西省公路工程电子招标标准施工招标文件(2017年版)(房建工程分册)》《江西省公路工程电子招标标准施工招标文件(2017年版)(机电工程分册)》《江西省公路工程项目(机电工程)技术规范(2017年版)》共同使用,但不得违反九部委56号令的规定。

请各单位加强对上述标准文件贯彻落实情况的监督检查,并注意收集有关意见和建议,及时向我厅反馈。

**江西省交通运输厅**
2017 年 7 月 18 日

(此件主动公开)

# 《江西省公路工程电子招标标准施工招标文件》审定委员会

主 任 委 员：王爱和

副主任委员：陈 兵　梁必康　王昭春　任东红

委　　　员：李 旷　朱 晗　俞文生　郑 阳　丁光明
　　　　　　彭东领　徐重财　邱文东

# 编写人员

主　　　编：王昭春　徐建平　樊友伟　何耀忠

编写人员：朱 晗　俞文生　丁光明　汪晓红　瞿 强
　　　　　　李青峰　郭十亿　王 健　郭晓峰　杨志峰
　　　　　　廖晓锋　王 令　张小英　殷妮芳　陈钊正
　　　　　　文旭卿　李振宇　戴程琳　刘 轶　徐 胜
　　　　　　舒日勇　王 辉　谢金龙

# 江西省公路工程电子招标系列标准
# 招标文件编制说明

我省公路工程实施公开招投标二十多年来，招投标管理和招标文件编制已逐步实现规范化，招投标监管机构结合我省实际制定了一系列招投标监管制度。招投标做到了公开、公平、公正和规范，保护了国家利益、社会公共利益和招标投标活动当事人的合法权益，在提高经济效益、降低工程造价、保证项目质量等方面取得了显著成效，但是也存在个别围标串标、提供虚假业绩骗取中标等问题。

2010年9月，国务院办公厅《关于解决当前政府投资工程建设中带有普遍性问题意见的通知》中明确要求："推进招标文件标准化和规范化，加快电子招投标制度建设。"为了有效解决以往招标过程中存在的问题，从根源上最大限度地防止投标人围标串标和杜绝虚假资料，根据国家相关法律法规以及部委规章，我省于2012年在全国率先推行了高速公路主体工程资格后审电子招标，取得了显著成效。为在全省公路工程项目全面推行电子招标，配套编制了《江西省公路工程电子招标系列标准施工招标文件》及《江西省公路工程施工技术规范》(以下简称电子招标系列标准文件)。

电子招标系列标准文件的编制是以《中华人民共和国招标投标法》、《中华人民共和国合同法》、《中华人民共和国招标投标法实施条例》、交通运输部《公路工程施工招标投标管理办法》、国家八部委《电子招标投标办法》及国家和江西省行业标准等为依据，按照国家九部委《关于做好标准施工招标资格预审文件和标准施工招标文件贯彻实施工作的通知》的要求，以中华人民共和国《标准施工招标文件》和交通运输部《公路工程标准施工招标文件》为基础，结合我省公路工程建设特点，组织我省公路工程建设技术及管理专家经多次研讨编制而成。

电子招标系列标准文件编制从2012年万载至宜春高速公路项目首次采用电子招标后启动,历时一年多,于2013年初步编制完成。在进一步完善了电子交易系统后,在金溪至抚州、南昌至宁都、南昌至上栗三个高速公路项目进行运用,并向国省道工程等全省交通建设项目推广。2014年,根据前期电子招标运行情况,再次组织相关专家进行研讨和全面征求意见,补充编制了《江西省公路工程施工技术规范》,形成了电子招标系列标准文件体系,并在宁都至定南、东乡至昌傅等八个高速公路项目进行使用。2014年12月,经江西省交通运输厅审查,正式作为江西省公路工程电子招标系列标准施工招标文件。随着电子招标交易系统的不断完善,2015年起再次组织相关专家编制了公路工程附属房建、机电工程标准施工招标文件和机电工程施工技术规范,并在宁都至定南、东乡至昌傅等八个高速公路项目进行使用。

目前,我省的公路工程建设仍处于高速发展时期,制定电子招标系列标准文件可以规范公路工程电子招标投标工作,通过确定和固化电子招投标流程确保电子招标投标工作的顺利开展。

电子招标系列标准文件包括《江西省公路工程电子招标标准施工资格预审文件》、《江西省公路工程电子招标标准施工招标文件》(主体土建工程分册)、《江西省公路工程电子招标标准施工招标文件》(交安设施与绿化工程分册)、《江西省公路工程电子招标标准施工招标文件》(房建工程分册)、《江西省公路工程电子招标标准施工招标文件》(机电工程分册)、《江西省公路工程施工技术规范》和《江西省公路工程项目(机电工程)技术规范》七册,主要对原公路工程标准文件以下内容进行了补充、细化和完善:

(1)标准资格预审文件的电子招标的申请人须知、资格审查办法;

(2)标准施工招标文件的电子招标的投标人须知、评标办法、江西省公路工程的合同专用条款和投标文件格式;

(3)技术规范是在现行公路工程标准规范以及总结我省公路工程建设经验成果的基础上,本着推广先进的管理理念和成熟工艺的原则,结合交通运输部《高速公路施工标准化技术指南》、《江西省高速公路施工质量控制要点》和《江西省高速公路项目标准化管理指南》、公路及相关行业有关的技术规范等文件,对《公路工程标准施工招标文件》(下册)技术规范进行了补充、细化,新编了机电工程施工技术规范,形成江西省标准文件技术规范部分。

电子招标系列标准文件的编制出版有利于指导我省公路工程电子招标投标工作,提高招标投标工作质量和效率,预防招投标过程中违法违纪行为的发生;有利于加强项目建设合同管理,促进我省公路工程建设施工标准化工作,提高公路建设管理水平;有利于增强招标投标活动的公开性和透明度,降低招投标社会成本。

各使用单位或个人对电子招标系列标准文件的修改意见和建议,请及时向江西省交通运输厅反馈(地址:江西省南昌市红谷滩新红角洲片区卧龙路1号江西省交通运输厅建管处,邮政编码:330036)。

# 使 用 说 明

一、为加强公路工程施工招标管理，规范电子招标投标项目的招标文件编制工作，依据《中华人民共和国招标投标法》、《中华人民共和国招标投标法实施条例》、《电子招标投标办法》（国家发展和改革委员会令第20号）、《公路工程建设项目招标投标管理办法》（交通运输部令2015年第24号），江西省交通运输厅组织江西省高速公路投资集团有限责任公司、江西交通咨询公司和省内专家编写并经审定形成了《江西省公路工程电子招标标准施工招标文件（2017年版）（机电工程分册）》。

二、《江西省公路工程电子招标标准施工招标文件》（机电工程分册）是以《标准施工招标文件》（2007年版）（以下简称《标准施工招标文件》）和《公路工程标准施工招标文件》（2009年版）（以下简称《公路工程标准施工招标文件》）为依据，考虑江西省公路工程施工的招标特点和管理需要，以及电子招标投标的特点编制而成。《江西省公路工程电子招标标准施工招标文件》（机电工程分册）根据电子招标投标的特点，对《标准施工招标文件》和《公路工程标准施工招标文件》中不适用电子招标投标的内容作了细化和补充，其他内容不加修改地引用了《标准施工招标文件》和《公路工程标准施工招标文件》。

三、《江西省公路工程电子招标标准施工招标文件》（机电工程分册）适用于采用双信封合理低价法、综合评分法和技术评分最低标价法的高速公路工程项目（机电工程）施工招标，但不适用于以下四种情形的招标项目：设计和施工由同一承包人承担，接受联合体投标，邀请招标，采用资格预审。其他等级公路机电工程施工招标可参照使用。

四、招标人应根据《江西省公路工程电子招标标准施工招标文件》（机电工程分册），按招标项目划分的类别编制招标文件。编制招标文件时，不得修改"招标公告"正文、"投标人须知"正文和"评标办法"正文。招标公告中以空格标示的内容由招标人填写,且应符合脚注的规定;"投标人须知"前附表和"评标办法"前附表中以空格标示的内容由招标人填写,其他未预留空格填写的内容则由招标人不加修改地引用。根据招标项目具体特点和实际需要补充的资格审查条件列入"资格审查条件(其他要求)"中,但交易系统目前尚不具备对该部分内容进行自动评审的功能。

五、招标人按照《江西省公路工程电子招标标准施工招标文件》(机电工程分册)第一章的格式编制完成招标公告或投标邀请书后,将其编入出售的招标文件中,作为招标文件的组成部分。其中,招标公告应同时注明发布的所有媒介名称。

六、第三章"评标办法"前附表应列明全部审查因素和审查标准,并在本章(前附表及正文)标明投标人不满足其要求即导致废标的全部条款。废标条款应以醒目的方式提示。

七、《江西省公路工程电子招标标准施工招标文件》(机电工程分册)第三章"评标办法"中设定了三种不同的评标办法,即合理低价法、综合评分法和技术评分最低标价法,同时设计了多种不同的评标基准价计算方法,并且根据评标基准价计算方法需要设定了不同的计算参数,评标时选用的评标基准价计算方法和参数在第二信封(报价文件)开标现场随机确定。

八、第五章"工程量清单"由招标人根据《江西省公路工程电子招标标准施工招标文件》(机电工程分册)、招标项目特点和实际需要编制,并与"投标人须知""通用合同条款""专用合同条款""技术规范""图纸"相衔接。第五章所附表格的格式不得修改,内容可根据有关规定作相应的调整和补充。

九、第六章"图纸"由招标人根据《江西省公路工程电子招标标准施工招标文件》(机电工程分册)、招标项目特点和实际需要编制,并与"投标人须知""通用合同条款""专用合同条款""技术规范"相衔接。

十、招标人应在报名截止前将第五章"工程量清单"和第六章"图纸"上传加载至江西省公共资源交易系统(交通平台)。

十一、第七章"技术规范"由两部分组成,第一部分为《江西省公路工程项目(机电工程)技术规范》,该部分技术规范根据江西省公路工程项目(机电工程)施工的实际情况,结合交通运输部《高速公路施工标准化技术指南》和《江西省高速公路项目标准化管理指南》、公路工程项目(机电工程)及相关行业有关的技术规范等文件编制而成;第二部分为项目专用技术规范,由招标人根据《江西省公路工程项目(机电工程)技术规范》、项目具体特点和实际需要编制。项目专用技术规范中的各项技术标准应符合国家强制性标准,不得要求或标明某一特定的专利、商标、名称、设计、原产地或生产供应者,不得含有倾向或者排斥潜在投标人的其他内容。如果必须引用某一生产供应者的技术标准才能准确或清楚地说明拟招标项目的技术标准时,则应当在参照后面加上"或相当于"字样。

十二、第八章"投标文件格式"由招标人编制招标文件时在江西省公共资源交易系统(交通平台)中根据项目需要选取,一般不宜新增投标文件其他表格;确需新增的,须按江西省公共资源交易系统(交通平台)中的要求,在"投标文件组成设置"模块中的"其他材料"中新增。新增内容需要作为评审内容的,应同时在"评标办法设置"模块中新增评分点名称和评审标准。

十三、请各有关单位注意在实践中总结经验,及时将发现的问题和修改建议函告省交通运输厅(地址:江西省南昌市红谷滩新区红角洲片区卧龙路1号江西省交通运输厅建管处,邮政编码:330036),以便修订时研用。

# 目 录

## 第900章 机电工程

| | | |
|---|---|---|
| 第901节 | 通则 | 3 |
| 901.01 | 范围 | 3 |
| 901.02 | 概述 | 3 |
| 901.03 | 一般要求 | 3 |
| 901.04 | 缩写 | 4 |
| 901.05 | 实施的标准与法规 | 5 |
| 901.06 | 合同管理 | 6 |
| 901.07 | 联合设计 | 6 |
| 901.08 | 工厂测试与监造 | 8 |
| 901.09 | 运输 | 10 |
| 901.10 | 承包人驻地建设 | 10 |
| 901.11 | 施工工地的安全措施 | 10 |
| 901.12 | 机电设备的安装和完工测试 | 12 |
| 901.13 | 调试 | 13 |
| 901.14 | 试运行和验收 | 14 |
| 901.15 | 备件和专用工具 | 15 |
| 901.16 | 缺陷责任期 | 16 |
| 901.17 | 维修及操作和维修手册 | 16 |
| 901.18 | 技术培训 | 18 |
| 901.19 | 技术支持 | 19 |
| 901.20 | 税金及保险 | 19 |
| 901.21 | 质量保证 | 19 |
| 901.22 | 计量与支付 | 20 |
| 第902节 | 监控系统 | 23 |
| 902.01 | 范围 | 23 |
| 902.02 | 概述 | 23 |
| 902.03 | 监控系统软件 | 28 |
| 902.04 | 监控中心计算机系统 | 29 |
| 902.05 | 隧道管理所计算机系统 | 32 |
| 902.06 | 视频监控系统 | 35 |
| 902.07 | 大屏幕显示系统 | 49 |
| 902.08 | 视频事件检测系统 | 52 |

| 902.09 | 道路交通检测系统 | 53 |
| 902.10 | 道路交通诱导系统 | 56 |
| 902.11 | 道路环境监测系统 | 66 |
| 902.12 | 智能卡口与监控系统 | 70 |
| 902.13 | 隧道紧急电话、广播系统 | 74 |
| 902.14 | 隧道交通控制系统 | 77 |
| 902.15 | 隧道火灾报警系统 | 83 |
| 902.16 | 监控设备供电系统 | 86 |
| 902.17 | 光、电缆系统 | 94 |
| 902.18 | 公路超限超载系统 | 96 |
| 902.19 | 监控系统附属设施 | 98 |
| 902.20 | 备品备件、仪表工具 | 98 |
| 902.21 | 质量检验 | 99 |
| 902.22 | 计量与支付 | 99 |

第 903 节　通信系统 ································································ 108

| 903.01 | 范围 | 108 |
| 903.02 | 概述 | 108 |
| 903.03 | SDH 传输网系统 | 108 |
| 903.04 | BITS 系统 | 112 |
| 903.05 | SDH 电源系统 | 114 |
| 903.06 | IPRAN 传输系统 | 118 |
| 903.07 | 语音交换系统 | 122 |
| 903.08 | 视频会议系统 | 127 |
| 903.09 | 光缆 | 132 |
| 903.10 | 备品、备件及专用工具 | 133 |
| 903.11 | 附属设施 | 134 |
| 903.12 | 质量检验 | 134 |
| 903.13 | 计量支付 | 134 |

第 904 节　收费系统 ································································ 137

| 904.01 | 范围 | 137 |
| 904.02 | 概述 | 137 |
| 904.03 | 收费软件 | 138 |
| 904.04 | 收费分中心计算机系统 | 139 |
| 904.05 | 收费站计算机系统 | 143 |
| 904.06 | MTC 入口车道收费系统 | 147 |
| 904.07 | MTC 出口车道收费系统 | 159 |
| 904.08 | 入口自动发卡系统 | 161 |
| 904.09 | ETC 电子不停车收费系统 | 163 |
| 904.10 | 安全报警系统 | 172 |

| | | |
|---|---|---|
| 904.11 | 路径识别系统 | 173 |
| 904.12 | 视频监控系统 | 181 |
| 904.13 | 收费网络安全设备 | 188 |
| 904.14 | 收费广场照明 | 190 |
| 904.15 | 供配电及光电线缆工程 | 193 |
| 904.16 | 监视墙、控制台及附属设备 | 201 |
| 904.17 | 备品备件 | 204 |
| 904.18 | 质量检验 | 204 |
| 904.19 | 计量与支付 | 204 |
| 第905节 | 隧道机电系统 | 212 |
| 905.01 | 范围 | 212 |
| 905.02 | 概述 | 213 |
| 905.03 | 隧道通风系统 | 213 |
| 905.04 | 隧道照明系统 | 214 |
| 905.05 | 隧道消防系统 | 218 |
| 905.06 | 隧道供配电系统 | 222 |
| 905.07 | 计量与支付 | 261 |
| 第906节 | 管道工程 | 267 |
| 906.01 | 范围 | 267 |
| 906.02 | 系统功能 | 268 |
| 906.03 | 人(手)孔 | 268 |
| 906.04 | 管道 | 269 |
| 906.05 | 计量与支付 | 276 |

# 第 900 章 机 电 工 程

# 第900章 机电工程

## 第901节 通　　则

### 901.01　范围

本章工作内容包括高速公路监控系统、通信系统、收费系统、隧道机电系统、沿线供配电系统及附属设施等的施工和有关作业。

### 901.02　概述

项目概况详见项目专用本。

承包人应按合同条款、本技术规范及批准的图纸和有关文件进行各项工作，完成与本项目有关的一切施工，以保证有效地完成本合同全部工作任务。

本工程施工中使用的材料、设备，隐蔽工程以及施工原始资料和记录，均应按本规范要求进行一系列的控制与检查，使工程质量符合规定的质量标准。在相关章节的施工要求中均对质量标准、检查内容和方法等提出了要求。如有未写明之处，应按照国家和有关部门现行规范规定且经监理工程师批准后执行。

凡本规范或与本规范有关的其他规范及图纸中未规定的细节，或在涉及任何条款的细节没有明确规定时，都应认为指的是需经监理人同意的习惯做法。

承包人为完成本工程所必需的，但未在技术规范或工程量清单或图纸中列入的所有其他材料、劳力、备件、样品、工具、设备等费用，应分摊计入本工程量清单的相关子目的单价或总额价之中，发包人不另行支付。

承包人还应为本工程提供系统运行手册、维修养护手册、工艺手册、软件结构图、源程序清单、工具、备件、全套竣工资料及全面的技术培训等内容。

本合同采购的各类机电设备在投标书中仅是目前技术水平下的配置要求。由于机电设备产品更新换代很快，在设备供货时，如果投标清单中所列的设备已无法采购，业主代表和监理工程师有权要求承包人按当时市场情况提供同档次更新换代产品，且不考虑增加任何费用。

本合同采购的机电设备应符合合同条款、技术规范和合同内有关文件的要求。否则严禁应用于本项目。

本工程承包人有责任和义务配合其他项目承包人实现系统互联互通。

投标人应根据江西省高速公路联网管理中心的相关技术规定及要求，确保省机电系统的联网并正常运行。

### 901.03　一般要求

1.界面划分

见项目专用本。

2.与省收费、通信、监控中心的联网要求

（1）收费系统

江西省高速公路联网收费管理中心（以下简称"省联网中心"）提供全省统一的联网收费应用软件，并负责本项目收费分中心、收费站、收费车道应用软件的安装调试、维护、培训等；机电工程承包人负责联网收费应用软件安装调试的协作工作；非接触式IC卡由省联网中心统一采购和发行，此部分工作内容的费用计入工程量清单报价。

（2）通信系统

机电工程承包人负责本路段分中心各业务子网与骨干传输设备的联网，将本项目收费数据、监控数据、图像等业务接入全省骨干网。

（3）监控系统

路段监控分中心应与省联网中心连接。本项目监控软件的开发应满足省联网中心的相关要求。

与省联网中心视频联网所需的软硬件设备按省联网中心的要求提供，并负责安装、调试开通；同时，视频联网的实现具体按省联网中心要求负责实施。

## 901.04 缩写

本技术规范使用的缩写词如下：

| 缩写 | 中文 |
| --- | --- |
| AC | 交流电 |
| CPU | 中央处理器 |
| DC | 直流电 |
| E&M | 机械与电器 |
| EIA | 电子工业协会 |
| EPROM | 可擦可编程只读存储器 |
| GBJ | 中国工程建设标准 |
| GB | 中华人民共和国国家标准 |
| IEC | 国际电工技术委员会 |
| IEE | 电气工程师学会（英国） |
| IEEE | 电气和电子工程师学会（美国） |
| IPC | 电力线路连接和封装协会 |
| ISO | 国际标准化组织 |
| ITU | 国际电信联盟 |
| JB | 中国机械工业委员会标准 |
| JIS | 日本标准研究所 |
| LED | 发光二极管 |
| MTBF | 平均故障间隔时间 |
| MTTR | 平均修复时间 |
| PVC | 聚氯乙烯 |

| PE | 聚乙烯 |
| RAM | 随机存取存储器 |
| UPS | 不间断供电电源 |

## 901.05 实施的标准与法规

1. 概述

机电工程所有机电设备、材料和工艺应符合901.05所列标准和规程的要求。如果承包人要求采用其他标准,那么应经监理工程师审批。

2. 标准和规程

机电工程的设计、制造、安装和开通使用下列最新版本的标准与规程:

(1)中华人民共和国国家标准;

(2)中华人民共和国交通运输部标准;

(3)中华人民共和国工业和信息化部标准;

(4)中华人民共和国公安部消防安全条例;

(5)产品生产国的国家标准及相关国际标准;

(6)江西省地方标准《高速公路计重收费整车式称重系统技术要求》(DB 36/T 835);

(7)江西省交通运输厅关于机电工程相关技术标准。

承包人负责向有关机构索取标准与规程,并根据相关机构的要求交纳费用。

3. 标准的一致性

(1)除非在本技术规范中有专门规定的标准,本项工程所使用的材料、设计计算方法和测试等应符合中国标准年鉴上所列最新中国标准或监理工程师指定标准的要求。

(2)如果承包人提供的材料、设备、计算方法或测试不是使用中国标准,那么,承包人应详细说明他所使用的标准与相应中国标准的不同之处,以及对设计或设备性能的影响,并将该标准翻译成中文版本(若该标准是外文)提交给监理工程师批准。无论使用何种标准,各项技术指标不得低于相应的中国标准。

4. 矛盾的处理原则

若各规范之间有互相矛盾的内容,那么以下列排序在先者为准:

(1)合同条款;

(2)技术规范,如总则与各分系统技术规范之间有相互矛盾的内容,以各分系统的技术规范为先;

(3)中国标准;

(4)国际标准;

(5)供货商的技术要求。

5. 标准的版本

除非另有说明,规范中所采用的标准应是投标截止前30天前的最新版本的标准。

6. 单位

所有图纸、计算书、设备设计与制造等均使用国际单位制。

## 901.06 合同管理

1. 概述

(1)承包人应准备一份参与完成本合同的编制图表,并随施工组织设计提交给业主。该表包括工作中关键人员的姓名、资历和工作经验,每位参加者所代表的组织机构、责任、权力、主要工作内容。所有关键人员的变更或人员增减都应提交业主审批。

(2)如果合同的主要承包人是外国企业或外省市单位,那么承包人应在工地派任常驻代表,驻地代表将直接与承包人、业主联系,解决合同执行中出现的任何问题,接受并执行业主的所有指示和通知。

(3)至少在现场施工安装工作开始前3个月,承包人应获得实施工程所需的证书审批,并应符合中国政府部门有关施工安装的所有规定。进行上述工作所需的费用由承包人负责,并认为该费用已包括在合同总价中。

2. 人事

(1)承包人应雇佣有一定资历和工作经验的工作人员处理他与雇员和分包人之间的一切事务。

(2)承包人应与江西省交通运输厅、江西省人力资源和社会保障厅、江西省外事侨务办公室建立合作关系,协调处理在江西省雇佣工人和申请护照等事务。

3. 商务关系信函和订单的拷贝件

承包人应准备一份他与分包人、供货商的商务关系函件和设备、材料订货合同,以及进口货物的报关单等的复印件,以备业主在必要时审查。

4. 工程管理软件

高速公路、一级公路及独立特大桥、特长隧道工程宜按下列规定配备工程管理软件,其他工程根据工程需要并经发包人批准时也可配备工程管理软件。

(1)承包人应统一配备发包人指定的工程管理软件系统,并建立网络系统。网络带宽不宜小于10M。

(2)承包人应根据工程管理软件系统的要求配备专用计算机。计算机的硬件及软件配置应满足能够使工程管理软件系统顺畅运行的要求。

(3)工程管理软件系统应由专人负责操作,并应保持系统的安全性和稳定性,定期更新杀毒软件和进行系统维护,备份相关管理数据。

## 901.07 联合设计

1. 一般要求

(1)为确保业主对系统的要求能够得以正确的实施,并协助承包人完成各分系统有关设备及软件的详细设计,本项目承包人应按工程进度要求进行有业主代表、设计代表、监理代表参加的联合设计。

(2)联合设计的主要内容是相应标段中各分系统的功能,以及软件流程、接口的详细设计。

(3)联合设计将在合同签订后的一个月内进行。在进行联合设计前,承包人应向业主提供联合设计文件的初稿,并做好有关准备工作。

(4)联合设计的地点为承包人的工作基地。

(5)承包人将负担参加联合设计人员以及评审专家在联合设计期间的食宿费用、外出考察费用、出差津贴及会场租用费等。

(6)联合设计完成后,承包人应提交各分系统的全套详细的联合设计档,由业主进行审查。由承包人提交的设计档一经业主的批准即成为正式设计文件,各分系统工程将依此进行实施。

(7)业主雇员的参与并不能解除承包人对执行合同的义务和责任。

2. 施工设计文档

(1)承包人应在审批的联合设计文件基础上,根据工程进度情况及时提交详细施工图纸、计算书、施工工艺、说明书等供业主或监理工程师审批。承包人应在工程进度计划表中列出图纸清单、计算书、建议书、文件和数据的提交日期。同时预留出审查这些档和修改、变更这些档的时间。

(2)承包人应按下列要求提交施工设计文档供业主或监理工程师审批。

a. 提交全套(分系统提供)中文图纸各6套。

b. 图纸、打印件、复印件应规范化、内容清晰,符合国家有关制图标准。

c. 图纸的规格尺寸应符合国家标准,所有图纸应有图名、图号、比例、日期和设计、审核者的签名。

d. 当提交总体布置图时,应在图上表示出所有机电设备的位置等详细内容,包括安装、维修、更换所需的空间和环境要求、重量、基础和紧固件。

e. 当提交设计方案和图表时,应包括描述设备功能和操作所需的辅助数据,这些文件在提交时仅是原则性地批准。必须在系统设备测试合格后,才最后验收。

f. 所有涉及土木工程合同设备基础的技术要求文件和房建工程的各种机房、控制室技术要求档和工艺要求档也应提供。

g. 当图纸修改或再次提交审批时,应在图纸上清楚地标出所修改内容,修改后图纸还应注有修改设计图纸序号。

h. 提交审批的设计或图纸应包括下列内容:

· 图号,包括修改后图号;

· 图名;

· 版本号;

· 提交审批的日期;

· 设计说明;

· 正式设计证书;

· 能使业主做出最后决定的材料。

(3)用于说明可选方案的图纸或提供数据不完整的图纸,不包括在审批范围之内。

（4）详细的加工图（制造用图纸）一般不需要提交给业主或监理工程师审批，但业主或监理工程师保留检查的权力。

（5）计算书和表格应提交业主或监理工程师批准，除非规范中另有要求，否则，提交审批的材料仅是模型公式或范例。

（6）如果业主或监理工程师认为需要其他设计、图纸、计算书、范例、模型或公式，或对某些设计、安装、操作或维修进行说明解释，那么承包人要提供这些材料。

（7）承包人应提交所有应用软件清单、程序框图、程序、说明书和其他支持档。所有应用软件所涉及的知识产权归业主所有。

3. 设计评审/批准程序

（1）一般设计评审及批准将由业主授权监理工程师进行。重大施工技术方案，须经驻地监理组审查后，报业主审批。

（2）在设计评审/批准程序中，业主或监理工程师可根据规范，要求承包人提交所有设计档或修改与变更方案，该项费用由承包人自理。业主或监理工程师收到待评审文件后，应在规定的期限内（28 天内）正式通知承包人。

a. 承包人提交的档通过评审

这意味着已评审和批准了承包人提出的方案，可以进行订货、制造或安装方面有关的工作，其评定标准是承包人提交的设计基本上不需要修改。

b. 承包人提交的档原则上已通过评审

这意味着在总体方面已同意承包人提交的方案，但某些细节方面需要较大的修改。指出不太满意的内容。是否订货、制造、安装也将分别列出。

c. 承包人提交的档未通过评审

这意味着承包人提交的方案不能满足规范的要求或机电设备将不能正常工作。列出不满意的内容。承包人应将没有批准的图纸、计算书或其他数据修改后重新提交审批，并且不能延误工程的实施与完成。在得到评审之前，承包人不能做任何工作，否则后果自负。

如果业主或监理工程师在 28 天内没有采取上述 a、b、c 之中的任一行动，则意味着对设计档已经认可。

（3）设计的评审所涉及的费用已包括在合同总价中，并且业主或监理工程师的评审将不解除承包人的责任。

（4）承包人应提交经评审通过的正式施工设计档一式三份，其中两份交机电工程驻地监理组，一份交业主。

## 901.08　工厂测试与监造

1. 概述

（1）业主或/和机电项目驻地监理组将派代表参加部分设备的工厂测试和监造，承包人应尽可能把有关测试安排在一起。

（2）业主或/和机电项目驻地监理组将参加的部分设备的工厂测试和监造，项目包括：

a. 监控系统中的大屏显示系统、可变情报板、电力电缆、各类设备门架及立柱等；

b. 通信系统中的通信设备、通信光缆；

c. 收费系统中的各类控制台、收费亭、计重收费设备；

d. 隧道设施中的风机、隧道内变压器、高低压电缆、变压器侧总配电箱；

e. 通信管道工程中的硅芯管。

在合同执行过程中，业主有权根据实际需要，对工厂测试项目进行修正或增减。

(3) 对于业主或/和机电工程驻地监理组参加测试和监造的设备，只有当全部测试达到相关要求并得到批准后，设备才能交付运输。

(4) 业主或/和驻地监理组对设备进行检验后认为合格，并不能推卸承包人按合同完成所有工程的责任，也不能解脱合同规定的任何义务。

2. 工厂测试

工厂测试包括常规检测与工厂验收试验。

(1) 常规检测的总要求

a. 设备或组件的每个主要项目的试验范围，将与有关标准试验程序一致，特殊的技术说明或试验程序由承包人提出并经业主批准。

b. 业主和监理工程师如果认为有必要，将派员参加这些常规试验，其检查科目将包括但不限于以下内容：

· 检验、校准用于试验的设备和仪器；

· 确定试验的设备和仪器的装配与指定的标准或者试验程序一致；

· 读数记录和整理试验结果；

· 承包人提供的例行试验证书；

· 在常规试验期间应进行观察，是否有违反试验规程的现象。

(2) 日常检测安排

a. 在工厂制造期间，业主和监理工程师代表，可随时根据需要检验承包人提供的材料、产品部件。

b. 监理工程师和业主代表还将在设备或材料的制造、加工或制配的车间和场所，包括不属于承包人的车间或场所进行检查，承包人应为此提供便利和协助。检查内容包括确认系统的适应性和健全性。同时，将检查工具、设备规格、测量仪器和类似的装置，以证明其适应性满足预期的目的，并在生产线进行有规律的检查或校准，以保证其精确度。

c. 在设备装运前，检验工作将包括但不限于以下的直观检验：

· 设备的尺寸；

· 设备与材料的外观；

· 包装方法；

· 配套交付的组件和附件。

d. 工厂验收测试将分成以下三种试验：

· 环境测试，包括高低温、振动、湿度、耐久性等例行试验；

· 技术测试，包括单项设备的功能测试等；

・系统测试,包括分系统、系统的功能和运行测试等。

如果业主确认设备与合同不一致,将拒绝验收设备。

## 901.09　运输

1. 设备的包装与防护

所有现场交付的设备应有良好的包装和防护措施,以免因搬运、不良气候条件和其他不利影响而受损害。

2. 现场检查

(1)在运输途中或在工地上受损的设备,监理工程师有权予以拒绝并要求承包人予以更换,业主不负担因此而带来的额外费用,也不考虑因此而延长的工期。

(2)按本合同要求安装的设备,承包人在现场交货并检查时要有监理工程师在场。设备开箱时,如有必要,承包人应在监理工程师的监督下对设备进行加电测试以确认在运输过程中无损伤,承包人应对在检查中所提到的损坏和缺点进行修正。

## 901.10　承包人驻地建设

承包人驻地建设要求参照江西省交通运输厅发布的《江西省公路工程施工技术规范》(2014版)第100章第104节参照执行。

## 901.11　施工工地的安全措施

1. 安全法规

(1)承包人应采取一切措施确保工地施工人员的健康和人身安全以及安全高效地实施工程。

(2)承包人、分包人和承包人雇佣的施工人员应严格遵守适用于本工程的安全法律、法规。

(3)业主可以要求承包人解雇那些不遵守现场安全法规的工作人员。未经业主事先同意,这些施工人员不能再次被雇佣到现场工作。

2. 安全措施的实施

(1)承包人除采取安全措施满足合同条款的要求外,还应明确安全负责人,以负责工程现场安全措施的实施。

(2)现场安装的工作人员应戴安全头盔,高空作业时还须携带安全带,业主认为有必要时,还应戴护眼、耳罩,系安全带等。

3. 一般安全措施

在施工安装期间,承包人应按合同要求尽早提供和使用进入工地的平台、通道等设备。否则,承包人应提供临时设施。

4. 消防规程和安全措施

(1)承包人应严格遵守本规范和业主规定的消防规程和其他要求。在有潜在危险的地方应放置便携式灭火装置。

(2)当施工现场发生紧急情况时,如果消防部门已对现场进行了控制,承包人的一切工作应服从消防部门指挥,直到消防部门解除紧急状态为止。

(3)如果业主认为使用的裸露照明装置可能引起火灾,那么承包人应按业主的要求增加预防措施和灭火设备。承包人对本条的回应并不能解除他对合同所承担的责任。

5. 急救与医疗设备

(1)承包人应在各方面对他的工作人员和工人的安全负责,并负责向业主及其工作人员提供必要的急救设备。

(2)在工程实施过程中承包人应当雇佣一名有经验的人员作为专/兼职急救人员。他的任务包括传授健康保护、事故防护的方法,检查所有安全规则与条例的执行情况。

(3)承包人应向急救人员提供药品储备和医疗设备。承包人应保持这些药品储备和医疗设备充足,并处于良好状态。

(4)发生工作人员或工人死亡或其他严重伤害的事故后,承包人应立即向业主提交详细的事故报告。该报告包含时间的损失及业主可能需要的详细数据。

(5)依据本条款所发生的全部费用由承包人承担,无任何专为此项支付的费用。

6. 危险品和辐射

(1)承包人应按照危险品运输和储存安全条例的要求确保所有易燃气体、油料、易爆物或其他危险品的安全运输和储存。

(2)没有业主的批准,承包人不能进行涉及电离或静电辐射的操作,承包人应确保所有工作人员和社会公众免受这些辐射的影响。每一辐射区应用标志和隔离护栏给予警告,以引起附近人们的注意。

7. 测试中的机电设备

在测试机电产品的地方或业主批准使用机电产品的地方,承包人应创造一切条件满足关于机电设备与周围和现场工作人员安全方面的规程和要求。

8. 承包人的设备

(1)如果工程施工需要的话,承包人应提供(运输、安装和测试)机电设备、材料所需的起重和升降设备。这些设备应根据有关技术规范定期进行维修和保养。

(2)所有的起重设备应清楚地标明安全工作荷载和安装有超载警告装置。

(3)所有起重设备应由熟练的工作人员操作。

(4)所有起重和升降设备都应根据有关规范进行测试,在进入施工现场之前,承包人应提交测试合格证报备监理工程师。

9. 安全生产费

安全生产费按招标人公布的投标控制价上限的1.5%计,以固定金额形式计入工程量清单支付子目901-11中。施工安全生产费用的使用必须符合《江西省公路水运建设工程安全生产费用管理暂行规定(试行)》的规定,应用于施工安全防护用具及设施的采购和更新、安全施工措施的落实、安全生产条件的改善、交通安全维护、安全教育及应急预案的制定和演练等一切与此有关的工作,不得挪作他用。承包人应在签订合同协议书后的28天内将安全生产费及与此有关的一切作业安排上报监理人,经监理人对工程安全生产情况审查批准后,分期据实计量。如承包人在此基础上增加安全生产费用以满足项目施工需要,则承包人应在本项目工程量清单其他相关子目的单价或总额价中予以考虑,发包人不再另行支付。

## 901.12　机电设备的安装和完工测试

1. 安装

(1)按901.07款的规定,施工设计档经批准后,才能进行相关设备的安装工作。

(2)如果施工设计文件没有按期提交,或未经批准,则业主有权依照有关合同条款指示承包人暂停工程,直到本条内容被执行。

(3)承包人不得在现场安装未经工厂测试或业主批准的任何设备。

(4)承包人应事先检查所有工作通道、门、房间的尺寸,以保证设备能顺利安装在正确的位置上。

(5)除非特殊规定,所有机电设备的安装均采用下走线方式。

2. 机械完工后测试(自检测试)

(1)设备安装完后,承包人应按照《公路工程质量检验评定标准　第二册　机电工程》(JTG F80/2—2004)中的规定,施工单位应对工程进行100%自检,监理单位应进行30%抽检,测试内容包括但不局限于此:

a. 单项设备通电测试;

b. 单项设备功能测试;

c. 分系统功能测试;

d. 系统功能测试;

e. 系统运行测试;

f. 通信、收费系统联网测试。

(2)监理工程师将着重检查以下工作细节:

a. 所有设备、光缆、电缆布线和配电安全、可靠。

b. 所有连锁装置、绝缘体、门、盖板安装适当并可以调整。

c. 所有外露的金属部分应根据IEC的有关规程和要求进行接地。安全接地和工作接地点应符合设备生产厂家的要求。

d. 所有的光、电缆芯及端子应适当装配、固定、支撑并要有不同的颜色用以正确识别。

e. 所有电源的相线和中性线及公共连接要正确,电压、频率符合工作要求。

f. 所有电源要加保险或其他保护,保证在故障情况下能安全自动断开。

g. 所有保护盖要合适。提示和标签要正确,并安装在适当的位置。机壳和机箱的内外都要干净无杂物。

h. 蓄电池要安装连接正确,并保证有良好的通风。充电器要能正常工作。如果采用可控硅充电设备,不能对机电设备产生干扰。

i. 电缆和设备的绝缘电阻要大于 IEC 规定要求。

j. 所有用于故障指示和报警的电子回路应工作正常。

k. 所有用蓄电池供电的设备,在蓄电池额定供电时间内,不受交流电源故障、修理的影响。

l. 所有设备和系统的性能指针要选用适当的仪器、方法进行测试,测试结果令人满意并经由业主同意。

m. 所有源程序、自动编程器、程序调试工具、系统接口要保证该程序适用于系统。

(3)测试应在待测设备确已安装稳妥并已调整完毕后进行。如果工程允许,测试可以分阶段进行。在所有设备安装完毕后,应进行操作运行状态下的最后总测试,以表明分阶段测试对前期工程的性能无影响。如果设备中的任一部件未能通过上述测试,当故障排除后,承包人应自费重新测试并使业主满意。

(4)除非另有说明,设备中的光缆、电缆和专利元器件应根据相应的标准进行测试。当业主有要求时,承包人应提供产品型号测试合格证书和档。

(5)在安装过程中应对电缆的绝缘阻值(包括线间绝缘、对地绝缘、环阻和不平衡电阻)进行检查和记录。光缆、电缆的每一根线芯及报警、控制回路的每一根电缆都要检查。

(6)测试报告

整个测试工作完成后,承包人应提交自检测试报告供业主批准。如果业主有要求,承包人应将测试程序、核验表和原始记录等手稿连同正式的测试报告交给业主。

(7)测试仪器

a. 承包人应以自己的费用负责提供合适的测试设备、仪器和测试人员并排除测试过程中发生的故障。

b. 承包人应完全负责测试仪器的校验与标定。如果业主提出要求,承包人应在测试工作开始之前,对测试仪器进行标定,并由规定的计量试验机构测定其精度。

3. 交/竣工质量检测

(1)江西省交通建设工程质量监督管理局将在交工验收前,委托具有相应资质的检测单位对整个系统进行交工质量检测。

(2)承包人应主动配合质量检测、测试工作,对测试中发现的问题,必须在交工验收前予以解决,并进行补测,直至全部合格为止。

## 901.13 调试

调试包含两方面内容:分系统调试、系统联调和联网调试。分系统调试、系统联调和联网测试指标由承包人在投标书中予以说明。在联合设计阶段,业主和设计单位将对其进行评判,承包人有责任按业主的要求对其提供的指标进行解答和修改。

调试过程中所需的燃料、供电的费用包含在合同总价中。

## 901.14 试运行和验收

1. 试运行

(1)各系统安装调试和联网测试完成,在施工单位完成自检、监理单位完成抽检合格后进入试运行,试运行结束交工验收检测后组织交工验收。试运行时间为连续三个月。如果由于承包人的原因系统在三个月内达不到规范指标要求,则应在修复之后由双方重新确定再一次连续试运行开始日期。

(2)在试运行期间,承包人应修正、纠正或更换不符合本规范的任何设备;否则,上述设备将被拒绝。因此而发生的一切费用由承包人承担。

(3)在试运行期间,承包人应使任何缺陷或故障都能在24h内(节、假日也不例外)修复。

(4)所有在试运行期间设备发生的修改和软件变化都应在试运行结束后写入操作和维修手册中。

2. 施工记录

承包人应保存和管理好工程进度记录,这些数据包括对工程进度的评估和进行工程质量评定所必需的材料及施工机械与设备资源情况。在工程完工时,这些记录连同竣工图一起接受业主的审批。

3. 竣工图

(1)在交工验收时,承包人需按照江西省交通运输厅赣交办字〔2011〕8号文和交通运输部及江西省有关规定编制一整套准确、清楚的竣工文件(包括原始数据和安装、调试记录数据等),并提供给业主。竣工档及底图,份数为一式两套(正本一套、副本一套)。竣工档的内容至少包括以下内容:

· 施工总结报告;
· 联合设计档;
· 施工图设计档;
· 施工组织设计、施工计划安排、工程开工申请单、分项工程及工序开工报批单汇总;
· 工地会议纪要及施工中收、发文件汇总;
· 工程变更审批文件;
· 竣工图(表);
· 材料进场检验单,包括材料合格证、设备合格证、产品出厂检验报告(鉴定证书)、出厂测试记录、缆线单盘测试记录;
· 工程过程中的检验单;
· 设备随机数据汇总;
· 安装设备清单、采购设备清单、设备备用清单;
· 所有应用软件清单、程序框图、程序(含源程序)说明书;
· 工程质量报验单;
· 自检测试报告;

・使用说明书和操作说明书；

・施工图片集。

除此之外，承包人应单独提供一套竣工图(表)和应用软件清单、程序框图、程序(含源程序)说明书给业主。

(2)所有竣工档应作为操作和维修手册的一部分，列入参考数据目录中，以便于系统和设备的维修、保养。参考数据的编排应经业主审批。

(3)施工期内应开始编制已完工设备的数据。竣工图应展示所有机电设备的准确安装位置、机房布设、各设备间的连接、电缆走线；应标明设备、元器件、模块型号；应说明各设备功能、软件流程，以及在操作、维修或修改、扩展设备时有用的其他数据。同一设备或器件的编号、分类应与其他数据保持一致。

(4)竣工图底图应按业主认可的方法绘制，图幅为 GB 4457 规定的 A3 号，图的上、下边和右边留不大于 10mm 的图边线。每张竣工图需有图名栏，用中文编写。

(5)整个工程的所有竣工图纸经业主审查批准后，方能进行完工结算。

4. 验收

经业主组织的交工验收合格后，系统即进入试运行，试运行结束后进入缺陷责任期运行。

## 901.15 备件和专用工具

1. 备件清单

(1)承包人应按合同工程量清单提供各类备件。

(2)对每一备件应提供下列数据，但不局限于此：

a. 制造厂家的部件号；

b. 对备件的详细描述；

c. 供货数量；

d. 备件或专用工具的供货来源——制造厂家名称、地址以及在中国的代理商。

2. 专用工具

(1)本合同采购的专用工具应按 901.09 和其他相关要求中的规定进行包装与标记。

(2)本合同提供的所有专用工具必须是新的和仅在工地由承包人第一次使用。承包人应在试运行结束后，在施工工地处将专用工具移交给业主。专用工具应配有工具箱。

3. 随机备件

随机备件和特殊工具应与机电设备同时订货和制造，它们应根据本技术规范进行制造、测试、包装、标签并由承包人负责运输至工地。随机备件和特殊工具应在试运行结束后交付给业主，确保业主能进行正常的维修与保养。

4. 备件及维修仪表、工具的费用

随机备件和特殊工具是购置设备所必需的，是与机电设备同时订货和制造的。此部分价格应包括在相关设备的投标价格中。

## 901.16 缺陷责任期

(1)缺陷责任期为24个月,从交工验收合格开始之日算起。

(2)承包人应在整个缺陷责任期内提供免费服务以纠正、修复或更换制造和设计上的缺陷,由此引起的额外费用全部由承包人负担。

(3)承包人应在投标书中说明拟采用的服务计划及紧急呼叫的响应时间。响应时间不超过24h。

## 901.17 维修及操作和维修手册

1.维修

(1)在缺陷责任期内,承包人应免费进行日常的维修工作。

(2)所有设备应便于检查、清洁、更换和维修。设备中相同的部件应具有互换性,设备的互换性应在操作与维修手册中详细描述。设备的部件(包括印刷电路板等级)应清楚标明组装号、序列号和变更等级。承包人应提供组装件安装在各种设备里的位置记录表。这种记录表被认为是竣工图纸的一部分将用作维修及可靠性评价的基础数据。

(3)设备各部分之间要有可靠的绝缘,这样在维修其中一部分时将不影响其他部分的工作。

2.操作和维修手册(O&M手册)

(1)概述

a.在系统试运行开始之前2个星期内,承包人应提交2份操作和维修手册(初稿)给业主。并在缺陷责任期开始后不迟于2个星期提交8份操作和维修手册正式稿给业主。

b.每种设备应提供2份专用设备手册。专用设备手册是缩略本,应尽量减少无关的内容,并有详细说明,便于参照使用。

c.操作和维修手册中应对各系统的运行操作做出详细说明。

d.对于系统中的某些设备或部件,承包人可直接使用这些设备与部件的生产厂家的数据和手册作为本操作维修手册的一部分,并根据手册的总目录依次汇编,这种档可保留原有封面。

e.控制原理图要清楚表示出设备的操作、安装及各部分的连接和各部分间电缆的走向。全部控制原理图包括部件、接触器的说明、图例和附注,即电流范围、线圈电压等等及继电器的动作线圈、特殊功能的恰当说明。

f.O&M手册应有目录表和专门术语(编写)的章节,为了使用户容易理解O&M手册的内容,应在手册中包括所需的框图、图纸、轮廓图和实际设备或系统的照片,同时,还应包括操作使用该设备的注意事项和设备的安全使用寿命。

g.每本手册都要有分目录来指示各节的内容,其中包括部件、备件清单、维修规范、故障诊断等等。每本手册后都要有几张表格供职员作维修记录使用。

h.O&M手册的用纸标准尺寸为国际通用的A4号纸尺寸,承包人应保证印刷的内容不会褪色或看不清。图纸为 A3 号纸,并可独立成册。

(2)O&M 手册的格式和编排

a. O&M 手册可根据系统的组成分为若干册,第一册为总体部分。应包括以下内容:

- 题目页;
- 与其他档的卷数关系;
- 目录;
- 设备和控制部分概述;
- 启动、关闭和紧急事件处理程序;
- 设备操作的详细描述;
- 设备总体布置图和机电产品维修与保养周期、次数,所用保养材料数量表和年平均需求量表等。

b. 其余各册应针对系统某一组成部分进行专用描述,需包括以下内容:

(a)第一节 操作

由以下内容组成:

- 系统主设备概述。
- 对目前已完成系统、每一设备的性能和整个系统启动操作运行进行逐项描述与介绍;对于关键内容、要点应特别表示,以引起操作者的注意;
- 包括操作和周期性保养、维修等重点内容在内的操作说明,并以表格的形式列出操作可能出现的问题、原因和解决措施;
- 正常关机和紧急关机的操作说明;
- 安装和试运行说明;
- 所有设备和系统的设计参数,即功率、电流、电压、温度等;
- 有关技术规范中所规定的所有设备的系统特征图表,如消耗量、主容量、功率和效率等;
- 所有机械和电子测试记录结果;
- 报告和合格证;
- 专用工具和测试设备使用方法。

(b)第二节 维修、保养

包括以下主要内容:

- 组装和拆卸说明;
- 维修、养护说明;
- 故障诊断、维修;
- 预防维修、保养建议;
- 设定;
- 清除和调整数据。

(c)第三节 维修、保养用图

(d)第四节 部件目录

c.承包人提供的文件中包括计算机系统及其他电子设备的软、硬件材料,承包人按业主要求提供的手册应满足下列要求:

这些档包括下列内容,但不局限于此:

(a)设备制造商提供的档;

(b)硬件框图,并有注释及电子线路原理简述;

(c)程序输入说明;

(d)含有注释的程序清单;

(e)流程图;

(f)软件模块描述,包括目的与其他模块联系,出错程序及其他特殊考虑;

(g)内、外存储器图,包括所有程序描述,数据文件内存的扩展;

(h)诊断程序的输入和操作说明;

(i)有关操作系统和软件语言的编程手册。

(3)维修、保养用图纸

a.承包人应提交供业主进行机电设备操作、维修和保养用的图;

b.图纸应包括以下内容,但不局限于此:

(a)规格、材料、表面处理和紧固件;

(b)制造商代码,图纸系列号;

(c)包括密封部件等的布线图;

(d)规定的尺寸和误差;

(e)电路原理图;

(f)图纸格式应符合中国有关的制图标准。

(4)O&M 手册的验收

O&M 手册,维修、保养用图纸和备件清单是整项工作的重要组成部分,对文件质量要求是最高的。所有档应经业主审阅,没有任何问题,才能认为通过验收。

(5)O&M 手册的版权

所有档内容将成为业主的财产。

## 901.18 技术培训

技术培训要求:

(1)承包人应对业主和业主的管理人员、技术人员、操作人员提供培训,以便对工程的实施进行有效的管理。同时,保证工程验收移交后,业主能够胜任系统的全部运行、操作,线路维护,故障分析处理,设备维修和保养等工作。

(2)技术培训应分为三类,第一类培训为业主的高级管理人员、技术人员,第二类、第三类培训为业主的技术人员及操作、维护人员。培训安排在道路开通之前完成,在工程现场进行。

在两年的缺陷责任期内,承包人除保持系统的完好外,还应负责管理单位的技术指导任务。

(3)承包人在执行合同中,应提供培训业主雇员所需的有资格的教员、适用教材、良好培训场所及必需的设备、器材,应采取课堂讲解与演示相结合,并提供一个正在运行的相似系统进行现场观测。

(4)从培训开始前的一个月,承包人应向业主交一份培训的详细计划,其中包括培训日期、地点、授课大纲、授课方式等。

(5)承包人可使用待测试或试运行的机电设备培训工作人员。一般不允许承包人使用备件作为培训教具。

(6)承包人应承担所有授课人员、教材、设备及其他设施所需费用。

## 901.19  技术支持

1. 需要承包人提供的设备

除了工程数量清单中所列设备外,承包人还应注意如下事项:

(1)承包人所提供的设备应具有配套的完整性,本档没有列入的单项设备、材料或成套设备的内容,又是工程所需要的,机电工程承包人应一并提供,并在投标时计入合同总价中。

(2)所有设备在现场安装调试、验收前,若发现材料、元器件欠缺,均应由承包人无偿补齐。

2. 技术支持

在缺陷责任期满以后,可能出现修改和扩展系统或者相应设施的要求。因此,承包人应从供货厂家得到保证,保证对他们的各自产品至少有5年的备用和支持,请承包人以优惠报价承担以后需要进行的工程。

3. 软件修改

承包人应准备提供将来进行软件修改时所需的整个系统软件或硬件、组件、备件及专用工具。

## 901.20  税金及保险

1. 承包人应根据《中华人民共和国税法》的规定和地方政府的规定缴纳有关税费。

2. 在施工期及缺陷责任期内,承包人应按照合同条款要求办理保险,包括建筑工程一切险和第三者责任保险。

3. 承包人应按照合同条款要求为其履行合同所雇用的全部人员缴纳工伤保险费,在整个施工期间为其现场机构雇用的全部人员投保人身意外伤害险并为其施工设备办理保险,其费用由承包人承担。

## 901.21  质量保证

1. 厂商资格

机电设备、材料供应厂家近三年未因产品质量受到省级及以上管理部门相关处罚。

2. 铭牌

各项设备都应附有铭牌,注明厂商名称、产品系列号与型号。

3. 材料与工艺

a. 所有机电设备的同类组件及其零件都应完全可置换。备用件的材料应与原件一致,且应易于装配,装配前如要对新配件进行加工,其加工容许误差可参照说明手册附图的规定。

b. 所有转动零件应当在静态和动态下都能保持真正的平衡,在正常运转速度和最大负载下不应产生明显的振动。

c. 所有零件的设计都能在最不利的工作条件下承受最大的应力。

d. 所有零件都应安放在防尘盒内,以免耗损或损坏。

e. 应尽量避免相邻使用不同电气性能的金属,如不能避免,其电化电位差不得超过250mV。如达不到此要求,则其中一种或两种接触面应加电镀;或另外加工,使电位差降低,符合要求;或采用批准的方法使两种金属互相绝缘。

4. 产品质量证明文件

a. 承包人所提供的所有设备、材料,必须提供产品出厂质量检测报告及合格证书。

b. 承包人所提供的通信产品、线缆、材料等,必须提供在有效期内的信息产业部的入网许可证复印件。

c. 承包人应负责向设备供货商获得上述质量证明文件,所涉及的费用包括在合同总价中。

## 901.22 计量与支付

1. 计量

(1) 一般要求

a. 本规范所有工程项目,除个别注明者外,均采用国家法定计量单位,即国际单位及国际单位制导出的辅助单位进行计量。

b. 本规范的计量与支付,应对照合同条款、工程量清单以及图纸进行阅读。工程量清单中的支付项目号和本规范的章节编号是一致的。

c. 任何工程项目的计量,均应按本规范规定或监理人书面指示进行。

d. 按合同提供的材料数量和完成的工程数量所采用的测量与计算方法,应符合本规范的规定。工程的计量应以净值(即设备材料的实际用于工程的数量)为准。所有这些方法,应经监理工程师批准或认可。承包人应提供一切计量设备和条件,并保证其设备精度符合要求。

e. 除非监理工程师另有准许,一切计量工作都应在监理工程师在场的情况下,由承包人测量、记录。有承包人及监理工程师签名的计量记录原本,应提交给监理工程师审查和保存。

f. 工程量应由承包人计算,由监理工程师审核。工程量计算的副本应提交给监理工程师并由监理工程师保存。

g. 全部必需的模板、脚手架、装备、机具、螺栓和垫圈等其他材料,应包括在工程量清单中所列的有关支付项目中,不得单独计量。

h. 承包人应严格标准计量基础工作和材料采购检验工作。因不符合计量规定引发质量问题,所发生的费用由承包人承担。

i. 工程数量表及数量汇总表仅是提供资料,不是工程量清单的外延。当图纸与工程量清单所列数量不一致时,以工程量清单所列数量作为报价的依据。当工程必需的设备材料未包含在工程量清单中时,作为工程量清单遗漏项目根据变更程序计量。

(2) 重量

a. 凡以重量计量的材料,都应在精确与经批准认可的磅秤上,由称职合格的人员在监理工程师指定或批准的地点进行称量。

b. 称重计量时应满足以下条件:监理工程师在场;称重记录;载有包装材料、支撑装置、垫块、捆束物等重量的说明书在称重前提交给监理工程师作为依据。

c. 钢筋、钢板或型钢计量时,应按图纸或其他资料标示的尺寸和净长计算。搭接、接头套筒、焊接材料、下脚料和定位架立钢筋等,则不予计量。钢筋、钢板或型钢应以千克计量,四舍五入,不计小数。钢筋、钢板或型钢由于理论单位重量与实际单位重量的差异而引起材料重量与数量不相匹配的情况,计量时不予考虑。

d. 金属材料的重量不得包括施工需要加放或使用的灰浆、楔块、填缝料、垫衬物、油料、接缝料、焊条、涂敷料等的重量。

e. 承运按重量计量的材料的货车,应每天在监理工程师指定的时间和地点称出空车重量,每辆货车还应标示清晰易辨的标记。

f. 对有规定标准的项目,例如钢筋、金属线、钢板、型钢、管材等,均有规定的规格、重量、截面尺寸等指标,这类指标应视为通常的重量或尺寸。除非引用规范中的允许偏差值加以控制,否则可用制造商的允许偏差。

(3) 面积

除非另有规定,计算面积时,其长、宽应按图纸所示尺寸线或按监理工程师指示计量。

(4) 长度

a. 凡以长度计量的材料,都应用精确与经批准认可的丈量工具,由称职合格的人员在监理工程师指定或批准的地点进行丈量。

b. 电缆、光缆、护管或钢管计量时,应按图纸或其他资料标示(包括按规范规定的预留长度)的尺寸和净长计算。电缆、光缆由于波形增长、弛度增长、施工损耗等长度,计量时不予考虑。

(5) 结构物

a. 结构物应按图纸所示净尺寸线,或根据监理工程师指示修改的尺寸线计量。

b. 水泥混凝土的计量应按监理工程师认可的并已完工工程的净尺寸计算,钢筋的体积不扣除,倒角不超过 $0.15m \times 0.15m$ 时不扣除,体积不超过 $0.03m^3$ 的开孔及开口不扣除,面积不超过 $0.15m \times 0.15m$ 的填角部分也不增加。

c. 所有以延米计量的结构物(如管涵等),除非图纸另有标示,应按平行于该结构物位置的基面或基础的中心方向计量。

（6）成套的设备单元

如规定的计量单位是一个成套的设备或设备单元,该单元应包括了所有必需的配件、内部连接电缆及相关作业。

（7）计量

a.按本节要求完成的项目均以工程量清单中的相应项目及单位,以前述规定的计量方法计量。

b.安装测试及附件费用计入每个节所列细目中,不再单独计量。

c.在施工过程中,根据现场施工界面的实际情况,管材、线缆安装路径的变化（这种变化应征得设计、监理单位的许可）导致实际数量与设计图纸、工程量清单不符时,按实际工程量计量。

2.支付

按上述规范计量,经监理工程师验收并列入了工程量清单的以下支付子目的工程量,其每一计量单位,将以合同单价支付。此项支付包括材料、劳力、设备、运输等及其他为完成安装工程所必需的费用,是对完成工程的全部偿付。

3.支付子目

| 子目号 | 子目名称 | 单位 | 备注 |
|---|---|---|---|
| 901-2 | 与房建、土建、各标段间等其他界面完善所必需的工作 | 项 | |
| 901-6 | 工程管理软件 | 项 | 暂定金 |
| 901-7 | 联合设计 | 项 | |
| 901-8 | 工厂测试与监造 | 项 | |
| 901-10 | 承包人驻地建设 | 项 | |
| 901-11 | 安全生产费 | 项 | 按投标控制价上限的1.5% |
| 901-14 | 试运行和验收 | | |
| -a | 试运行电费 | 项 | |
| -b | 竣工文件编制 | 项 | |
| 901-17 | 维修及操作维修手册 | 项 | |
| 901-18 | 技术培训 | | |
| -a | 监控系统 | | |
| -1 | 高级管理人员 | 人周 | |
| -2 | 操作人员 | 人周 | |
| -b | 通信系统 | | |
| -1 | 高级管理人员 | 人周 | |
| -2 | 操作人员 | 人周 | |
| -c | 收费系统 | | |
| -1 | 高级管理人员 | 人周 | |

续上表

| 子目号 | 子 目 名 称 | 单位 | 备 注 |
|---|---|---|---|
| -2 | 操作人员 | 人周 | |
| -d | 隧道机电系统 | | |
| -1 | 高级管理人员 | 人周 | |
| -2 | 操作人员 | 人周 | |
| 901-20 | 保险 | | |
| -a | 按合同条款规定,提供建筑工程一切险 | 项 | |
| -b | 按合同条款规定,提供第三方责任险 | 项 | |

# 第902节 监控系统

## 902.01 范围

本节适用于新建、扩建、改建高速公路项目监控系统的施工与管理。其他公路项目可参照执行。

监控系统工作内容主要包括各个分项子系统的设备采购、运输、安装、调试、测试、试运行、技术文件、培训及缺陷责任期服务等工作。

## 902.02 概述

1.监控系统构成

监控系统主要由区域路网监控中心、监控外场设备构成。

(1)区域路网监控中心构成

区域路网监控中心系统主要由计算机系统、闭路电视系统、大屏幕显示系统、综合控制台、LED室内显示系统及其他配套附属设施构成。

(2)监控外场设备构成

监控外场设备分主线外场设备和隧道监控设备。

主线外场设备包括:车辆检测器、气象检测器、悬臂式可变信息标志、大型可变信息标志、可变信息屏、外场遥控摄像机、激光夜视遥控摄像机、交通信息实时提示设施等。

隧道监控设备主要包括:车辆检测器、摄像机、PLC控制器、隧道交通信号灯、隧道内可变信息标志、电光标志、隧道内环境监测设备、火灾报警系统、隧道紧急电话等。

2.监控系统功能

区域监控中心应具备如下功能(但不限于此):

(1)信息采集功能

监控系统主机通过通信系统可从所辖各路段监控外场设备、隧道现场设备收集各类所需信息。

监控系统主机与外场设备、隧道设备的通信寻呼周期为 3～60s 可调。三次通信失败判为故障，区域监控中心系统主机通过用户接口向操作员发出报警信息。

区域监控中心计算机系统接收的信息主要如下：

a. 交通流信息采集（视频处理），采集交通量、速度、占有率、车行方向；

b. 采集收费系统交通量、人工分车型、车道工作状态信息；

c. 采集外场能见度值；

d. 采集外场气象检测器信息；

e. 采集隧道内紧急电话呼叫时间、地点和次数；

f. 采集车辆检测器、事件检测器的检测数据与报警信息、工作状态反馈信息；

g. 能见度检测器工作状态反馈信息；

h. 气象检测器的工作状态反馈信息；

i. 外场悬臂式可变信息标志工作状态反馈信息；

j. 接收摄像机及其配套设备产生的（主要包括工作正常、断电、通信失败、云台故障等各种信息）工作状态反馈信息；

k. 外场监控摄像机风光互补供电系统、太阳能光电系统的工作状态；

l. 接收隧道管理站上传的信息（主要包括隧道各设备工作状态、隧道管理站处理后的各设备采集信息、异常事件信息、控制预案等）；

m. 接收省监控中心下达的协调命令；

n. 接收相邻中心传输的信息（主要包括相临路段需要本路段进行交通诱导和信息发布的信息）；

o. 中心设备工作状态；

p. 操作员输入的事件、事故信息（重大灾害事件、交通事件、日常事件）。

隧道管理站计算机系统接收的信息主要如下：

a. 采集隧道 $CO/VI$ 检测值；

b. 采集光强检测值；

c. 采集风速风向检测值；

d. 采集火灾信息（火灾具体地点）；

e. 采集紧急电话呼叫时间、地点和次数；

f. 采集光强检测器工作状态反馈信息；

g. 采集信号灯、车道灯、情报标志工作状态反馈信息；

h. 火灾设备工作状态反馈信息；

i. 隧道 $CO/VI$ 工作状态反馈信息；

j. 风速风向检测器工作状态反馈信息；

k. 隧道本地控制器工作状态反馈信息；

l. 诱导轮廓标工作状态信息；

m. 紧急电话、有线广播工作状态信息（通信系统提供）；

n. 风机工作状态反馈信息;

o. 水泵的开关状态信息;

p. 消防水池水位信息;

q. 防灾卷帘门工作状态信息;

r. 接收监控分中心下达的指令;

s. 操作员输入的事件、事故信息(重大灾害事件、交通事件、日常事件)。

(2)数据处理功能

区域监控中心计算机对收集的信息进行如下处理:

a. 处理微波、视频检测设备提供的各种信息,以判断交通状况,交通堵塞或拥挤;

b. 处理外场能见度检测值,判别阈值是否超标,并能通过人机界面报警;

c. 处理外场气象检测值,判别阈值是否超标,并能通过人机界面报警;

d. 根据气象检测器与能见度检测器的检测结果对数据进行分析处理与数据融合,提供交通管制建议;

e. 处理风光互补供电系统的监测数据,根据外场天气提供电池充放电控制方案。

隧道管理站计算机收集的信息进行如下处理:

a. 根据隧道CO/VI值,判别阈值是否超标,并能通过人机界面报警,提供通风控制方案;

b. 处理隧道洞内外光强检测值,以控制洞内照明灯具,当洞内照度未达标时产生报警并能自动控制照明回路;

c. 根据外场能见度,控制情报标志显示内容;

d. 外场设备故障时,通过人机接口报警;

e. 报警信息可以人工或自动解除;

f. 根据火灾检测器的信息,判断火灾情况。

(3)实时控制功能

a. 在正常情况下,监控计算机综合分析交通和环境指标状况后,根据系统内已配备的控制方案,实行对区域路网和所辖隧道的自动控制;

b. 在隧道区段紧急情况下(如事故),计算机根据数据处理结果(紧急情况下的数据应能同时传到监控分中心),一方面向操作员报警,另一方面迅速向操作员显示相应的控制方案,待操作员根据巡逻车、紧急电话、摄像机等确认或修正后,再下发控制指令(包括通知消防、医疗、交警、抢险部门),完成控制功能,其中对隧道交通信号、通风、照明、防火卷帘门等系统一起响应动作,以保证整体最佳效果;

c. 区域监控中心根据紧急电话、巡逻车、摄像机(如发生异常情况区段有摄像机,还应切换到大屏幕显示并录像)等手段获得主线区段紧急情况发生(如事故)时,分中心计算机根据输入事件产生的位置或种类,产生相应的控制方案,下发到相应的控制命令到外场设备(信息标志等),同时通知收费站、消防、医疗、交警、抢险部门等;

d. 当通信出现故障时,隧道实施降级运行,降级运行也分自动与手动,包括对交通控制设施、通风、照明的控制,以保证隧道基本安全监控;

e. 控制外场风光互补供电系统的充放电；

f. 自动控制时，实时收集交通参数，判断交通拥挤或阻塞（或通过隧道事件检测系统判断）、实现交通自动控制；判断一氧化碳/能见度检测器（CO/VI）（包括由于交通拥挤、阻塞）实现通风系统自动控制、收集洞外光强检测值实现照明系统自动控制；

g. 手动控制时，控制交通控制设施（包括交通信号灯、车道控制标志等）、通风、照明系统；

h. 火灾自动处理：隧道火灾控制优先级最高。隧道发生火灾时自动报警，自动执行火灾控制方案（交通控制设施、照明、通风），显示与打印火灾发生的区段与地点，自动将视频画面切换到火灾区域，同时对火灾区域的视频进行录像；

i. 隧道照明控制分自动和手动，自动控制是根据洞外光强检测器检测的光强度，自动切换洞内照明等级；另外，照明也可根据时间段进行自动控制。手动控制在隧道主本地控制器的触摸屏上或隧道管理站或分中心进行。划分照明等级的阈值在系统运行过程中调整；

j. 隧道 CO 浓度和能见度超过设定的阈值（阈值可以在系统运行过程中加以优化）时，自动报警，风机逐组启动，交通控制设施一起动作，显示隧道交通状况，包括关闭隧道和对已进入的车辆进行引导；

k. 下达控制指令：包括时钟同步、状态控制、设备门限值、操作方式、控制预案等。

（4）显示功能

a. 在主监视器上显示管理区段的视频图像，当有警报发生时自动切换现场画面在主监视器上显示，并进行录像；

b. 在大屏幕系统上动态显示每一区段交通和隧道运行状态、设备工作状态和报警位置及各种图表报告等。当有警报发生时自动切换现场画面在大屏幕上显示，并可弹出建议的控制方案，供操作人员选择；

c. 沿线（包括隧道）信息标志向驾乘人员显示各种警告、禁止、诱导、运营状况等内容；

d. 服务设施的各类可变信息设备，可向驾乘人员提供各种警告、禁止、诱导、运营时间等信息。

（5）统计查询功能

a. 统计、查询及报表

根据用户要求（项目实施阶段，业主可以根据管理需要提出需求）或查询条件自动显示和打印各种报表和图形，报表以中文形式显示和打印，报表包括：

· 各路段交通报表（显示和打印 15min、1h、日、周、月、季度、年的交通量、平均车速、占有率报表）

· 各路段环境指标报表（包括显示和打印 CO 浓度和能见度曲线表）

· 各路段各种事件事故报表（显示和打印火灾、紧急电话、巡逻车报警等报表）

· 显示和打印收费系统分车型交通量、车道工作状态等报表

· 发布命令报表

· 设备工作状态报表

可任意查询一年内运转的详细数据,包括任一时刻的交通、环境参数、设备状况、事件事故输入、命令发布记录,并以报表形式打印出来。

报表格式应能按照交通运输部的标准和省内颁发的文件要求编制外,还应满足路段业主今后运营管理的需要,报表格式将以满足实际运营要求为验收标准。

b.数据文件存储、备份

计算机软件能完成系统每日的备份及重要文档的存盘,并带有时间记录,以便在需要时可复制每日的数据或调出历史数据进行各种分析工作。应将硬盘录像机、磁盘存储阵列等存储设备所录制的重要视频图像刻录光盘分类保存,并标上刻录时间段、刻录地点、刻录人员等信息。计算机系统应能动态保持1年的监控数据,并在每年的年终形成报表后提醒值班员手动将数据导出,通过光盘刻录机存入光盘,分类保存,在光盘上标注光盘记录的内容、刻录时间、刻录人员等信息。

c.数据校验、同步

本项目监控软件应具有数据校验、纠错、同步功能,对于错误的数据应进行分析并纠错,避免错误数据被采用,对于新的数据应同步到数据库中,避免数据重复,保证数据的正确性、实用性和完整性。

(6)自动检测和故障报警功能

自动报警分六级,优先级按如下顺序(承包人可根据实际情况优化):

第一级　火灾;

第二级　隧道CO浓度/能见度超标;

第三级　主线能见度/气象参数超标;

第四级　交通阻塞状态;

第五级　交通拥挤状态;

第六级　设备故障。

(7)网络安全功能

系统对不同层次和职责人员,应分别设置不同的操作使用权限,设置不同的操作口令和密码,防止越轨存取和修改,保证数据的完整性,并且对值班员的操作进行存储、记录、打印;选用的数据库管理系统应具备保护能力,防止断电、重新启动可能对数据造成的破坏;系统应具有自动恢复能力,能在故障排除后自动将各控制器硬盘上的数据传送到服务器上。

计算机应安装防毒软件,防病毒软件通过相关部门的验收和测试,整体性能不低于现已通车的项目。

3.系统要求

监控系统和设备应达到下列目标:

(1)监控系统应具有先进性、可扩充性、可靠性、安全性、经济性和实用性,便于操作、易于维护。

(2)监控中心大厅应布置合理、美观、实用。

(3)监控系统能通过先进的监控、管理手段,对路段进行协调控制,以确保交通运行达到最佳运行状态,能及时发现并处理路段事故、事件,防止二次事故的发生,及时预告交通拥挤和阻塞路段并疏散拥挤阻塞的交通流,减少交通延误和损失,提高服务水平。

(4)现阶段主要实现路段的匝道控制、主线协调和路网协调为主,为远期实现通道控制、综合控制打下基础。

(5)能准确、及时地采集管理区段内的监控设备工作状态、交通状态、环境参数等信息,建立先进、统一的交通决策系统,各种数据以及视频图像应能上传省联网中心。

## 902.03 监控系统软件

监控系统软件主要包括服务器操作系统、终端操作系统、数据库管理系统、防病毒软件、监控系统应用软件、开发工具及监控视频控制管理软件。

(1)服务器操作系统

服务器操作系统安装在监控分中心的服务器上,建议均采用不低于 Windows 2012 Server 中文标准版或根据省联网中心的要求执行。

(2)终端操作系统

终端操作系统安装在各工作站计算机上,建议均采用不低于 Windows7 中文专业版或根据省联网中心的要求执行。

(3)数据库管理系统

数据库管理系统安装在监控分中心的服务器上,监控中心建议均采用不低于 MS SQL Server 2012 中文标准版/Oracle 12c 或根据省联网中心的要求执行。

(4)防病毒软件

监控系统防病毒软件根据省联网中心的要求执行。

(5)监控系统应用软件

监控系统应用软件包括:通信软件、系统管理软件、交通监控软件、图形处理软件、视频控制软件等满足系统功能要求所必备的应用软件。

(6)开发工具

开发工具应选用常用的工具。

(7)监控视频控制管理软件

a. 监控视频控制管理软件。

监控视频控制管理软件具有广泛的适应性和极强的兼容性;支持 GB/T 28181、GB/T 28059、ONVIF、SIP 等标准协议。视频软件平台支持以标准协议与第三方进行整合或者被整合,同时在第三方无法以标准协议对接的情形下,可以提供开放性的平台接口,方便第三方集成和二次开发定制。

视频软件平台兼容多级管理模式,可灵活接入并管理现有的各类监控平台,可实现系统内业务端到端的灵活调用,无需关注系统的分级架构,可实现分布式存储,并能统一检索和调度。

b. 其他参见"902.02.2 监控系统功能"部分内容。

## 902.04 监控中心计算机系统

1. 系统构成

监控中心计算机系统包括服务器、交通监控计算机、视频管理计算机、视频事件检测计算机,电力监控计算机等业务计算机。外围设备有打印机、扫描仪、光盘刻录机、分中心三层交换机以及其他网络连接设备等。各计算机通过交换机相连构成星形局域网。

监控中心交换机通过江西省高速公路通信骨干网与省监控中心联网。

2. 系统功能

(1)服务器功能

服务器负责完成网络服务、数据库服务,包括数据自动集成提取,数据自动备份、维护等,主要功能:

a. 运行网络操作系统软件,负责网络操作和各进程的管理与运行;

b. 收集与处理各路段外场设备采集的资料,形成高速公路区域路网监控系统数据库;

c. 向彩色图形计算机和交通监控计算机等提供所需有关数据;

d. 运行监控系统自检程序,保证系统工作正常;

e. 负责数据存储与备份。

(2)工作站功能

综合管理工作站:

a. 综合管理工作站实现对各系统的横向融合,主要负责实现监控系统软件的管理,包括隧道监控、情报板信息发布及监视、接警及联动功能、车检器数据采集及查询、参数设置、数据查询、报表查询等功能;

b. 实现对隧道监控设备的遥信、遥测、遥控;

c. 实现对车辆检测器的交通数据显示及查询;

d. 实现对沿线可变信息标志等设备的信息编辑、发布及监视等功能;

e. 实现火灾、紧急电话、入侵检测、避险车道等系统的报警功能,并实现联动控制功能;

f. 实现隧道照明时序、风机时序、隧道照明光强联动、隧道通风 CO/VI 联动、情报板等控制参数设置,火灾报警、入侵报警、紧急电话、紧急避险车道等警情报警参数的设置;

g. 实现交通量信息、低压柜智能电表、UPS、CO/VI、报警记录、操作日志等数据的查询功能,以及相关报表的查询功能。

3. 技术指标

(1)服务器

服务器采用机架式服务器;

处理器:标配2个主频不低于2.4GHz的至强八核处理器,缓存不低于16M;

内存:标配32GB RDIMM,可扩展;

硬盘:配2块300GB,15000rpm的SAS服务器专用硬盘;配4块1TB,10000rpm的SAS企业级数据硬盘;

磁盘阵列卡:标配阵列卡,支持RAID0,1,5等;

具有2个10/100/1000M以太网接口;

配备常用扩展接口;

服务器配置一台19英寸液晶显示器。

(2)工作站

业务工作站:

a. Intel酷睿i5(四核)或以上,主频不低于2.8GHz;

b. 内存:标配8GB;

c. 硬盘:SATA驱动器,1T;

d. 显卡显存≥512MB;

e. 16倍速DVD-ROM;

f. 标准键盘、鼠标;

g. 液晶显示器:23英寸液晶显示器;

h. 以太网卡:10/100/1000Mbit/s自适应。

便携式工作站:

a. Intel Core i5-7200U(2.5GHz/L3 3M);

b. 内存:标配8GB;

c. 硬盘:SSD固态硬盘256G;

d. 显卡显存:2G;

e. 16倍速DVD-ROM;

f. 显示屏幕:14英寸;

g. 以太网卡:10/100/1000Mbit/s自适应,内置无线网卡。

(3)KVM套件

a. 键盘、鼠标、显示器三合一;

b. 单一控制端可管控两台服务器或计算机主机;

c. 无需外接电源,电源自动侦测,可自动切换至第一台已启动电源的计算机;

d. 支持超高分辨率2048×1536,且支持DDC2B功能;

e. 支持DOS、Windows系列、LINUX、UNIX操作系统。

(4)以太网交换机

以太网交换机(核心三层),其主要技术指标:

a. 交换容量≥15T;

b. 包转发率≥2800Mpps;

c. 业务槽位≥6;

d. 模块化设计,双电源,双交换引擎;

e. 可包含万兆口、千兆光端口、千兆电口、10/100/1000以太网端口、100Base-FX,端口类型和数量更具实际需求配置;

f. 配置48个千兆电口,8个万兆光口;

g. 支持网关负载均衡协议、热备份路由协议,支持 VLAN 功能,支持组播协议,支持 QoS;

h. MTBF:不小于 200000h;

i. 标准:IEEE 802.1s,IEEE 802.1w,IEEE 802.1x,IEEE 802.1D 生成树协议,IEEE 802.1p CoS 优先级,IEEE 802.1Q VLAN 等;

j. 工作环境温度:0~50℃;

k. 工作环境相对湿度:10%~90%。

以太网交换机(三层),其主要技术指标:

a. 背板速率≥256Gbit/s;

b. 包转发率≥75Mpps;

c. 传输模式:全双工/半双工自适应;

d. 传输速率:10/100/1000Mbit/s;

e. 支持 VLAN 功能,支持 QOS;

f. MTBF:不小于 20000h;

g. 标准:IEEE 802.1s,IEEE 802.1w,IEEE 802.1x,IEEE 802.1D 生成树协议,IEEE 802.1p CoS 优先级,IEEE 802.1Q VLAN 等;

h. 提供 48 个固定的 10/100/1000M TX 自适应以太网接口,4 个千兆光口和 2 个千兆单模光模块。

以太网交换机(二层),其主要技术指标:

a. 传输模式:全双工/半双工自适应;

b. 传输速率:10/100/1000Mbit/s;

c. MTBF:不小于 20000h;

d. 符合 IEEE802.3、IEEE802.3u、IEEE802.3ab 和 IEEE802.3x 标准;

e. 提供 16 个固定的 10/100/1000M TX 自适应以太网接口。

(5)网络激光打印机

a. 黑白激光打印机;

b. 打印尺寸:A3,A4;

c. 打印速度:8ppm/16ppm;

d. 分辨率:1200×1200;

e. 打印内存:≥16MB;

f. 可与以太网交换机直接联网,实现网络打印功能。

(6)彩色喷墨打印机

a. 打印尺寸:A4;

b. 打印速度:黑色:不小于 20ppm,彩色:不小于 10ppm;

c. 分辨率:1200×1200。

(7)彩色扫描仪

a. 光学分辨率:1200×2400;

b. 彩色描述:42位;

c. 接口方式:USB;

d. 扫描幅面:A4。

(8)机柜

a. 19英寸标准机柜;

b. 尺寸42U;

c. 框架采用2.0mm厚高强度钢材,最大承重符合国家相关标准。

(9)综合控制台

a. 综合控制台的尺寸必须满足系统设计要求,能便于布置监控分中心计算机系统与闭路电视监控系统各类计算机、监视器等设备。

b. 计算机在桌面上的放置应尽量减少对观察电视墙的影响。控制台桌面材料应符合设计图纸的要求,采取何种形式(如镶嵌式等)及具体尺寸在联合设计中确定。

c. 控制台的机械设计应当适合中国人的身体特点及人机工效的要求,综合控制台的设计应采用弧形设计,其前沿距监视墙按照设计图纸布设。

d. 控制台的空间划分应当合理,各种设备的布置应当以便于操作为原则,布局设计需结合实际情况。

## 902.05  隧道管理所计算机系统

1. 系统构成

隧道管理所计算机系统包括以各类服务器、各类业务计算机,外围设备有打印机、扫描仪、光盘刻录机、三层交换机以及其他网络连接设备等。

服务器、计算机及其他网络设备通过交换机相连构成星形局域网。隧道管理站交换机通过通信系统与监控分中心交换机联网。

2. 系统功能

(1)服务器功能

服务器是隧道管理所计算机系统的核心部分,它内置操作系统、数据库管理等系统平台软件,主要负责网络操作系统中的管理与运行、数据存储与备份、数据库管理(查询、检索等)、客户终端管理和报文处理等职能。

(2)工作站功能

道路监控工作站:

实现对所有车辆检测器数据采集及存储,并向综合管理工作站提供必要的交通信息,其主要功能如下:

a. 统一管理道路沿线车检器工作、通信状态,实时采集和处理道路沿线车检器上传数据和信息;

b. 统一管理紧急避险车道检测器,并能处理紧急避险车道相关控制任务;

c. 为统一监控软件数据平台提供车检器数据采集接口和交通流量等基础数据。

隧道监控工作站:

a.隧道监控工作站主要负责沿线隧道监控设施、通风照明及消防设施的信息、数据的采集、分析处理、存储显示,以及控制功能;

b.根据火灾报警情况、CO浓度、透过率、亮度情况及隧道内交通情况制定相应的照明、通风及交通控制联动方案;

c.对隧道通风系统、照明系统的控制,且能根据设置的参数进行时序控制;

d.接收隧道紧急电话信息,并显示;

e.根据隧道内事故点位置选择控制方案(承包人应根据不同位置制定不同方案);

f.根据火灾报警、紧急电话、设备报警等信号自动切换附近的摄像机图像进行显示;

g.根据各设备采集周期,实现隧道遥测设备数据的采集;

h.在综合管理工作站发生故障等特殊情况时,可对隧道所有的设备进行监控。

3.技术指标

(1)服务器

服务器采用机架式服务器;

处理器:标配2个主频不低于2.4GHz的至强八核处理器,缓存不低于16M;

内存:标配32GB RDIMM,可扩展;

硬盘:配2块300GB,15000rpm的SAS服务器专用硬盘;配4块1TB,10000rpm的SAS企业级数据硬盘。

磁盘阵列卡:标配阵列卡,支持RAID0,1,5等;

具有2个10/100/1000M以太网接口;

配备常用扩展接口;

服务器配置一台19英寸液晶显示器。

(2)工作站

业务工作站:

a.Intel酷睿i5(四核)或以上,主频不低于2.8GHz;

b.内存:标配8GB;

c.硬盘:SATA驱动器,1T;

d.显卡显存≥512MB;

e.16倍速DVD-ROM;

f.标准键盘、鼠标;

g.液晶显示器:23英寸液晶显示器;

h.以太网卡:10/100/1000Mbps自适应。

便携式工作站:

a.Intel Core i5-7200U(2.5GHz/L3 3M);

b.内存:标配8GB;

c.硬盘:SSD固态硬盘256G;

d.显卡显存:2G;

e.16倍速DVD-ROM;

f. 显示屏幕:14英寸;

g. 以太网卡:10/100/1000Mbps自适应,内置无线网卡。

(3) KVM套件

a. 键盘、鼠标、显示器三合一;

b. 单一控制端可管控两台服务器或计算机主机;

c. 无需外接电源,电源自动侦测,可自动切换至第一台已启动电源的计算机;

d. 支持超高分辨率2048×1536,且支持DDC2B功能;

e. 支持DOS、Windows系列、LINUX、UNIX操作系统。

(4) 以太网交换机

以太网交换机(核心三层),其主要技术指标:

a. 交换容量≥15T;

b. 包转发率≥2800Mpps;

c. 业务槽位≥6;

d. 模块化设计,双电源,双交换引擎;

e. 可包含万兆口、千兆光端口、千兆电口、10/100/1000以太网端口、100Base-FX,端口类型和数量更具实际需求配置;

f. 配置48个千兆电口,8个万兆光口,要求所有接口分布在2块不同业务板卡;

g. 支持网关负载均衡协议、热备份路由协议,支持VLAN功能,支持组播协议,支持QOS;

h. MTBF:不小于200000h;

i. 标准:IEEE 802.1s,IEEE 802.1w,IEEE 802.1x,IEEE 802.1D 生成树协议,IEEE 802.1p CoS优先级,IEEE 802.1Q VLAN等;

j. 工作环境温度:0~50℃;

k. 工作环境相对湿度:10%~90%。

以太网交换机(三层),其主要技术指标:

a. 背板速率≥256Gbit/s;

b. 包转发率≥75Mpps;

c. 传输模式:全双工/半双工自适应;

d. 传输速率:10/100/1000Mbit/s;

e. 支持VLAN功能,支持QOS;

f. MTBF:不小于200000h;

g. 标准:IEEE 802.1s,IEEE 802.1w,IEEE 802.1x,IEEE 802.1D 生成树协议,IEEE 802.1p CoS优先级,IEEE 802.1Q VLAN等;

h. 提供48个固定的10/100/1000M TX自适应以太网接口,4个千兆光口和2个千兆单模光模块。

以太网交换机(二层),其主要技术指标:

a. 传输模式:全双工/半双工自适应;

b. 传输速率:10/100/1000Mbit/s;

c. MTBF:不小于20000h;

d. 符合IEEE802.3、IEEE802.3u、IEEE802.3ab和IEEE802.3x标准。

提供16个固定的10/100/1000M TX自适应以太网接口。

(5)网络激光打印机

a. 黑白激光打印机;

b. 打印尺寸:A3,A4;

c. 打印速度:8ppm/16ppm;

d. 分辨率:1200×1200;

e. 打印内存:≥16MB;

f. 可与以太网交换机直接联网,实现网络打印功能。

(6)彩色喷墨打印机

a. 打印尺寸:A4;

b. 打印速度:黑色:不小于20ppm,彩色:不小于10ppm;

c. 分辨率:1200×1200。

(7)彩色扫描仪

a. 光学分辨率:1200×2400;

b. 彩色描述:42位;

c. 接口方式:USB;

d. 扫描幅面:A4。

(8)机柜

a. 19英寸标准机柜;

b. 尺寸42U;

c. 框架采用2.0mm厚高强度钢材,最大承重符合国家相关标准。

(9)综合控制台

a. 综合控制台的尺寸必须满足系统设计要求,能便于布置监控分中心计算机系统与闭路电视监控系统各类计算机、监视器等设备。

b. 计算机在桌面上的放置应尽量减少对观察电视墙的影响。控制台桌面材料应符合设计图纸的要求,采取何种形式(如镶嵌式等)及具体尺寸在联合设计中确定。

c. 控制台的机械设计应当适合中国人的身体特点及人机工效的要求,综合控制台的设计应采用弧形设计,其前沿距监视墙按照设计图纸布设。

控制台的空间划分应当合理,各种设备的布置应当以便于操作为原则,布局设计需结合实际情况。

## 902.06 视频监控系统

1. 系统构成

视频监控系统由前端摄像机系统、传输设备及监控中心视频控制、处理、存储、显示设备及便携应急指挥系统构成。

2. 系统功能

（1）系统联网

视频联网技术标准主要包括平台间互联规范和设备接入规范。

平台互联规范应用于基层监控单元和监控中心及省监控中心平台之间。本项目视频管理平台互联应遵循国家技术标准 GB/T 28181、GB/T 28059。

设备接入规范基本上应用于基层所站的摄像机、编码器、解码器等。

（2）系统功能

凡记录的视频资料均需有地址代码、时间、文字等注释，以备查寻。

监控中心能向各站下达视频切换和控制指令。

监控中心应能接收省联网中心下达的视频切换指令并完成切换中心需要上传的图像的功能。

如有异常事件发生，根据报警信号输入，切换需要记录的视频图像到视频存储设备进行录像。

视频切换控制级别由高到低为：省联网中心、监控中心、收费站。

便携应急指挥系统功能要求如下：

a. 便携无线视频终端

便携无线视频终端是一个集视频采集、实时压缩、网络传输等功能为一体的嵌入式设备。设备接通电源之后就可以独立工作，首先把采集的视频图像经 H.264 算法进行压缩编码，然后将压缩后的视频数据传输到视频监控流媒体服务器中，用户可以通过客户端监控软件登录流媒体服务器进行实时视频浏览、监控和管理。

前端视频编码服务器主要特点：

（a）专用 DSP 方案，嵌入式结构设计，体积小、集成度高，可靠性强，抗摔抗震性能高。

（b）高效 H.264/AVC 视频压缩编码，轻松实现清晰视频的低网络带宽传输，支持 1 路音视频传输，1 路前端高清音视频存储。设备实现双码流，分别用于无线传输和高质量 D1 前端录像。

（c）网络带宽自适应技术，根据网络带宽自动调整视频帧率，CIF 图像高达 25 帧/秒，D1 图像可达 15 帧以上。

（d）传输延时小，平均延时小于 2s；带宽极差时，延时可手动调节保证视频不丢帧。

（e）功耗低，单卡视频服务器平均功率小于 3W，双卡 3G 视频服务器平均小于 5W。

（f）内置硬件狗，异常自动恢复，网络中断后可自动连接，保证系统运行稳定可靠。

（g）支持分级用户权限管理，可以划分不通观看权利的用户，控制用户对视频资源的观看数量。

（h）采用数据流加密技术，保证网络通信安全，具有专业的 SSL 安全通信服务，可以定义自己的加密方法。

（i）定时和短信休眠，心跳数据链路多方式共存，能有效节省用户数据流量费用。

（j）SD 卡存储方式，没有空间最大限制，抗震效果好。

b.监控中心系统服务器及软件

(a)监控中心系统服务器

服务器软件特点：
- 人性化托盘管理工具，方便启动、停止和配置服务器程序；
- 支持多路的视频编码器和客户端的连接与传输；
- 可以单独使用，也可以多个联合起来组成大系统，扩展系统规模；
- 支持分布存储管理，多点存储功能，实现数据高度共享；
- 支持分级用户管理，设定各级用户，使用不同权限访问不同资源，实现分级管理；
- 支持完善的日志功能，便于查询和整理；
- 支持完善的web浏览器对服务器数据的管理，可以方便管理系统设备和各种资源。

(b)管理软件

管理软件用于对服务器端站点、设备、用户及权限的管理，可以实现远程登录管理，属于管理员级别的客户端软件。高级用户和管理员可以登录管理，普通用户和访客用户不可以登录。

管理软件特点：
- 人性化用户界面，操作方便、舒适；
- 单站点登录、连接；
- 可以修改服务器端的属性；
- 用户自定义视频分组，更改分组属性；
- 实现管理视频设备功能，修改设备的属性；
- 支持用户分级管理，实现权限定制，进行用户的增删改等功能。

站点管理：站点管理即服务器管理，用来管理服务器的参数设置和一些描述信息。当选中左侧的"中心管理服务器"，会显示视频监控服务的一些参数。

用户管理：用户管理功能可以实现用户的添加，类型的更改，用户访问资源的控制，用户的删除。在这里可以控制观看者的权限，设置多个级别的用户，来实现用户指挥权的限制。

设备管理：在设备管理中，用户可以对设备进行添加、修改、删除；视频组的添加、修改、删除。

(c)客户端软件

客户端由监控器和播放器组成，监控器用于实时浏览、管理视频，播放器用于播放存储的视频文件，使用监控器软件登录视频服务器站点，能够实现多画面实时视频浏览监控，同时提供多站点(服务器)登录、视频参数控制、PTZ控制、录像控制、逻辑分组和分组轮跳等功能。播放器软件用于播放视频保存文件，支持快进、倒退、单帧等播放功能，方便事后仔细浏览、审核录像文件等。

客户端软件特点：
- 人性化用户界面，操作方便、舒适；
- 多站点登录、连接；

- 多画面浏览,不同规格画面监控,全屏多窗口、单窗口模式;
- 用户自定义镜头分组,分组轮跳浏览,可设定轮跳时间;
- 支持远程录像和录像控制,锁定屏幕;
- 支持断线重连,可以设置最大网络延迟;
- 支持对视频编码器参数的远程控制;
- 支持对视频编码器端摄像机云台 PTZ 的远程控制;
- 支持事件提示、报警输出;
- 提供视频录像文件播放器。

客户端可以控制远程传输来的视频的图像格式。当前方单兵所处的地方 3G 网络不稳定时,指挥中心可以对视频的格式进行调节来保证视频的传输。

3. 技术指标

(1)一体化球形遥控摄像机及配件

a. 有效像素:1920(H) × 1080(V);

b. 最低照度:彩色 0.1Lux;黑白 0.01Lux;

c. 自动光圈:DC 驱动;

d. 镜头参数:20X 光学变焦;

e. 变焦参考范围:$f = 4.7 \sim 94.0$mm,F1.6 ~ F3.5;

f. 电子快门:自动/手动(区间可调,1/1 ~ 1/10000s);

g. 自动白平衡,自动增益控制,自动背光补偿;

h. 信噪比:≥50dB;日夜转换:ICR 红外滤片式;

i. 聚焦模式:自动/手动;

j. 视频压缩标准:H.264/MJPEG;

k. H.264 编码类型:BaseLine Profile/Main Profile/High Profile;

l. 压缩输出码率:1 ~ 16Mbps,CBR/VBR 可调;

m. 视频帧率:1920 × 1080@25fps/30fps,1280 × 720@25fps/30fps;

n. 支持双码流或多码流,支持 ONVIF 协议;

o. 预置位:128 个;旋转角度:水平 360°,垂直 90°自动翻转;

p. 网络接口:1 个 RJ45 接口,10M/100M 自适应以太网口;数据接口:1 个 RS485 接口;

q. 工作环境:工作温度 -25 ~ +60℃,工作湿度≤90%(无凝结);

r. 防护等级:IP66;

s. 额定风负荷:不少于 30m/s。

摄像机安装要求:

摄像机支撑杆地面以上高度 10 ~ 12m,摄像机防护罩云台应牢固安装在支撑杆上,使之能在摄像机防护罩处于最大风速之下,从监视器看不到摄像机有明显示抖动的现象。

摄像机杆顶端应设置避雷针,避雷针引下需加支撑夹子固定。防雷接地电阻≤4Ω。

(2)枪式遥控摄像机及配件

摄像机系统：

a. 功耗≤10W；

b. 有效像素：1920(H)×1080(V)；

c. 最低照度：彩色0.1Lux；黑白0.01Lux；

d. 自动光圈：DC驱动；

e. 电子快门：自动/手动(1/25～1/10000s)；

f. 自动白平衡,自动增益控制,自动背光补偿；

g. 信噪比：≥50dB；

h. 宽动态：≥120dB；

i. 透雾：数字透雾/光学透雾；

j. 视频压缩标准：H.264；

k. H.264编码类型：BaseLine Profile/Main Profile/High Profile；

l. 压缩输出码率：1～8Mbps,CBR/VBR可调；

m. 视频帧率：1920×1080@25fps/30fps,1280×720@25fps/30fps,帧率可调；

n. 支持双码流或多码流,支持ONVIF协议；

o. 网络接口：1个RJ45接口,10M/100M自适应以太网口,支持6kV防感应雷；

p. 数据接口：1个RS485接口；

q. 电源：DC 12V或DC 24V或AC 220V可选,满足长时间容忍±25%电压波动范围。

镜头：

a. 20倍以上光学变焦镜头；

b. 变焦参考范围：10～200mm；

c. 光圈F：1.5～5.6。

云台解码器：

a. 水平转动范围：360°连续地水平转动；

b. 垂直转动范围：+33°～-83°；

c. 可变云台速度：水平0.1°～40°/s变速操作；

d. 加速模式100°/s；

e. 垂直0.1°～20°/s变速操作；

f. 预置位速度：水平100°/s,垂直30°/s。

摄像机系统适用环境：

a. 工作温度：-25～+60℃；工作湿度：0～90%RH；

b. 防护等级：IP66；

c. 额定风负荷：不少于40m/s。

摄像机安装要求：

a. 摄像机安装高度为地面以上10～12m,摄像机防护罩云台应牢固安装在支撑杆上,使之能在摄像机防护罩处于30m/s的风速之下,从监视器看不到摄像机有明显示抖动的现象。

b. 摄像机杆顶端应设置避雷针,避雷针引下需加支撑夹子固定。防雷接地电阻≤4Ω。

c. 摄像机立柱宜采用直径不小于300mm、厚度不小于6mm的圆柱形镀锌钢管,镀锌量不小于600g/m²。

(3) 全景摄像机

a. 有效像素:不低于200W;

b. 最低照度:彩色模式:0.2Lux,黑白模式:0.02Lux;

c. 背光补偿:支持;

d. 白平衡:手动/自动;

e. 宽动态:100dB;

f. 日夜转换:ICR;

g. 镜头:16倍光学变倍;

h. 水平视角:360全景;

i. 视频压缩标准:H.264/H.265/M-JPEG;

j. 支持协议:IPv4/IPv6、HTTP、SNMP、DNS、TCP、ONVIF;

k. 视频码流:H.264(5MP)、H.264 High or M-JPEG(最大D1)、可控制帧率和带宽CBR/VBR H.264 VBR M-JPEG;

l. 安全性:密码保护、网络地址过滤、HTTPS加密、802.1X网络控制;

m. 支持支持移动侦测、隐私遮挡、报警输入输出;

n. 支持Micro SD/SDHC卡存储;

o. 工作温度:−10~50℃。

(4) 半球形固定摄像机及配件

a. 一体化半球形彩色摄像机;

b. 解像度不低于700线,灵敏度≤1Lux;

c. 适应昼夜亮度变化,自动亮度调节,在高亮度(≥10000Lux)及低亮度(≤1Lux)下均能得到清晰图像;

d. 视频前置放大器具有自动增益控制,其最小信噪比为46dB;

e. 图像中心可视分辨率优于700行水平线,水平与垂直比是4:3;

f. 图像几何畸变在一个直径等于图像高度的中心圆直径之内,应保持在图像高度的1%之内,总畸变应优于2%;

g. 摄像头同步系统应符合CCIR扫描标准(625行,50帧/秒,2:1隔行),使用公用同步发生器,电源能锁定,在低亮度条件下有良好图像;

h. 视频输出接口:1Vp-p 75Ω。

镜头:

2.8mm/3.6mm/6mm定焦镜头,自动光圈。

(5) 固定摄像机

摄像机系统:

a. 功耗≤10W;

b. 有效像素:1920(H)×1080(V);

c. 最低照度:彩色0.1Lux;黑白0.01Lux;

d. 自动光圈:DC驱动;

e. 电子快门:自动/手动(1/25~1/10000s);

f. 自动白平衡,自动增益控制,自动背光补偿;

g. 信噪比:≥50dB;

h. 宽动态:≥120dB;

i. 视频压缩标准:H.264;

j. H.264编码类型:BaseLine Profile/Main Profile/High Profile;

k. 压缩输出码率:1~8Mbps,CBR/VBR可调;

l. 视频帧率:1920×1080@25fps/30fps,1280×720@25fps/30fps,帧率可调;

m. 支持双码流或多码流,支持ONVIF协议;

n. 网络接口:1个RJ45接口,10M/100M自适应以太网口;

o. 数据接口:1个RS485接口;

p. 电源:DC 12V或AC 220V可选。

镜头:

a. 使用定焦镜头;

b. 最大光圈F:1.5。

(6)激光夜视遥控摄像机及其配件

功能要求:

a. 支持昼夜转换同一后焦功能:昼夜临界点彩色与黑白切换图像画面无需人工手动调整聚焦功能即可实现清晰成像。

b. 应具有光照自动调节技术:可根据外界光照强度的大小,自动调节激光的发光亮度,使得夜间被观察的物体始终清晰可见,有效避免汽车大灯直接照射而引起的摄像机出现眩光和巨大光斑泛白现象。

c. 具有扇光、眩光处理技术:激光夜视仪采用特殊光学处理技术,无论监控摄像机在夜间如何放大缩小镜头倍数来观察远近物体,图像始终保持干净画面而无扇光、眩光出现。

d. 应具有透雾技术:根据高速公路夜间多数出现薄雾或大雾现象,激光夜视仪应采用专用的透雾镜片使其观察范围和距离不会受到影响。

e. 具有同步变焦功能,激光的照射角自动适应摄像视角,可通过控制键盘任意调节激光的照射强度和照射角。

f. 强光抑制功能:要求设备夜间具备强光抑制功能,逆汽车大灯方向无眩光,且能分辨车流车次。

技术指标:

a. 有效像素:1920(H)×1080(V);

b. 最低照度:彩色0.1Lux,黑白0.01Lux;

c. 自动光圈:DC 驱动;

d. 视频压缩标准:H.264/MJPEG;

e. H.264 编码类型:BaseLine Profile/Main Profile/High Profile;

f. 压缩输出码率:1~16Mbps,CBR/VBR 可调;

g. 视频帧率:1920×1080@25fps/30fps,1280×720@25fps/30fps;

h. 支持双码流或多码流,支持 ONVIF 协议;

i. 激光夜视仪要求夜视距离 600m 以上。

j. 镜头:

光圈范围:视频驱动自动光圈;

焦距:$f'=10\sim200$mm(日夜型红外专用镜头);

口径:最大通光口径 120mm,相对孔径:$F=1.6$;

成像镜头的变焦、聚焦、激光照明的光斑大小与光强度可实现联动功能,摄像系统镜头变倍时激光斑角度大小可自动跟随联动,使两者一直保持最佳状态。

k. 激光光源:

激光功率:8W;

照射角度:1.2°~45°可以远程电动调节,镜头广角时无手电筒效应;

激光波长:811/808nm;

激光器使用寿命不小于 50000h;

激光器采用光纤耦合技术,激光器内部抽真空充氮气保护;

激光变焦镜头具有较好的光斑整形系统,使光斑在图像上显示均匀;

激光器应具有加热和散热系统;

激光安全要求:要求激光发射功率符合人体安全规定,检测报告中明确标注最大激光辐射安全检测强度。

l. 云台:

旋转速度:水平 9°/s,垂直 4°/s;

旋转角度:水平 0°~355°,垂直 20°~ -90°;

不少于 128 个预置位任意存贮,具备一键返回守望功能;

解码器:内置。

m. 其他指标:

输入电压:220V AC±20%;

工作温度: -35~70℃;

室外防护罩:全铝合金材料、内置加热器和风扇;

保护玻璃均加镀红外增透膜,全密封设计;

防尘防水满足 IP66 等级。

(7)视频编码器

a. 模拟视频输入:BNC 接口(电平:1.0Vp-p,阻抗:75Ω),PAL/NTSC 自适应;

b. 音频输入:绿色针脚接口(电平:2.0Vp-p,阻抗:1kΩ);

c. 音频输出:3.5mm 音频接口(线性电平,阻抗:600Ω);

d. 视频压缩标准:H.264/MPEG4/MPEG2/MJPEG;

e. 视频编码分辨率:WD1/4CIF/2CIF/CIF/QCIF;

f. 视频码率:32~3072kbps,最大可自定义8192kbps;

g. 视频帧率:H.264 编码时 PAL:1/16~25 帧/秒,NTSC:1/16~30 帧/秒;MPEG4/MPEG2 编码时 PAL:1~25 帧/秒,NTSC:1~30 帧/秒;MJPEG 非实时编码;

h. 音频压缩标准:G.711u;

i. 码流类型:复合流/视频流;

j. 双码流,支持,子码流分辨率:WD1/4CIF/2CIF/CIF 非实时,QCIF 实时;

k. 网络存储:NAS、IPSAN;

l. 最大容量:网络硬盘单盘支持容量最大 4TB;

m. 网络协议:IPv4/v6、HTTP、HTTPS、QoS layer3 DiffServ、FTP、SMTP、Bonjour、UPnP、SNMPv1/v2c/v3、DNS、DynDNS、hkDDNS、NTP、RTSP、RTP/RTCP、TCP、UDP、IGMP、ICMP、DHCP、ARP、SOCKSv4/v5;

n. 网络接口:1 个 RJ45 10M/100M/1000M 自适应以太网,可选支持 SFP 光网口;

o. 串行接口:1 个,标准 RS-485 串行接口,半双工,支持 1 个标准 RS-232 串行接口。

(8)视频解码器

基本要求:

a. 适合室内机架式安装;

b. 支持双码流技术;支持高清解码或标清混搭解码;

c. 支持双向语音传输,可接收音频广播和双向语音通信;

d. 支持 SNMP 网管协议,支持本地及远程 TELNET 对设备进行设置和控制;可通过网络设置及查询工作状态;

e. 设备接入支持 ONVIF 协议,互联规范遵循国家技术标准 GB/T 28181、GB/T 28059;

f. 提供设备通信协议和远端控制软件开发包,便于第三方组网和应用开发;

g. 支持字符叠加功能,并可实现远程修改;

h. 工作温度:-20~+70℃。

解码功能:

a. 视频解码标准:ITU-T H.264,支持双码流技术;

b. 音频格式标准:ITU-TG.711/G.729;

c. 网络传输标准:TCP/IP、Telnet、HTTP;

d. 带宽支持 2~16Mbps(高清);

e. 图像分辨率:1920×1080;

f. 帧频:25 帧/秒(PAL)、30 帧/秒(NTSC)。

接口方式:

a. 设备接口类型、数量满足设计图纸组网及本技术规范关于系统功能的需求;

b. 标清视频输出接口:模拟复合视频(PAL/NTSC),BNC 接口 75Ω;

c. 高清视频输出接口:高清视频,HDMI/DVI/DP 接口;

d. 音频输出接口:模拟音频输出;

e. 报警输出接口:报警输出;

f. 子速率接口:支持路 RS232、RS485 双向子速率;

g. 音频输入接口:模拟音频输入;

h. 报警输入接口:报警输入。

传输方式:

a. 10/100/1000M 自适应以太网电口;

b. 传送选择:单播、组播;

c. 协议:TCP/IP,UDP,IGMP V2。

(9) 以太网交换机

以太网交换机(三层):

a. 背板速率≥256Gbit/s;

b. 包转发率≥75Mpps;

c. 传输模式:全双工/半双工自适应;

d. 传输速率:10/100/1000Mbit/s;

e. 支持 VLAN 功能,支持 QOS;

f. MTBF:不小于 200000h;

g. 标准:IEEE 802.1s,IEEE 802.1w,IEEE 802.1x,IEEE 802.1D 生成树协议,IEEE 802.1p CoS 优先级,IEEE 802.1Q VLAN 等;

h. 提供 8 个固定的 10/100/1000M TX 自适应以太网接口,2 个千兆光口和 2 个千兆单模光模块。

工业级以太网交换机(三层):

a. 不低于 256Gbps 背板带宽,不低于 50Mpps 的转发速率;

b. 配备 8 个 10/100/1000Base-T 以太网端口,2 个千兆光口;

c. MTBF:不小于 100000h;

d. 标准:IEEE 802.1s,IEEE 802.1w,IEEE 802.1x,IEEE 802.1D 生成树协议,IEEE 802.1p CoS 优先级,IEEE 802.1Q VLAN 等;

e. 工作环境温度:0~45℃;

f. 工作环境相对湿度(非凝露):10%~90%。

(10) 分中心万兆以太网交换机(三层)(视频专用)

a. 采用三层以太网交换机,具备至少 6 个扩展插槽;

b. 配置 48 个千兆电口,4 个的万兆光口,要求所有接口分布在 2 块不同业务板卡;传输距离满足设计要求;

c. 可插拔双电源,支持直流或者交流供电;

d. 包转发率:≥2800Mpps;

e. 交换容量:≥15T;

f. 支持 IPv4/IPv6 双协议栈、IPv6 路由协议、IPv6 over IPv4;

g. 支持 STP/RSTP/MSTP 生成树协议,支持环网保护协议,提供 50ms 级的快速业务倒换;

h. 支持 SNMP、Web 网管等多样化的管理和维护方式;

i. 支持 VLAN 功能;

j. 支持 MAC 地址认证和 802.1x 认证,实现用户策略(VLAN、QoS、ACL)的动态下发;

k. 支持完善的 DoS 类防攻击、用户类防攻击;

l. 电源:AC 100~240V;

m. 安装方式:标准 19 英寸机架安装;

n. 环境指标温度:存储温度:-40~70℃;长期工作温度:0~45℃;

o. 湿度:工作湿度:5%~95% RH,无凝结。

(11)站级万兆以太网交换机(三层)(视频专用)

a. 采用三层以太网交换机;

b. 配置至少 24 个 10/100/1000Base-T 以太网端口,2 个 10GE 单模光纤端口,传输距离满足设计要求,2 个 1GE 单模光纤端口,传输距离满足设计要求;

c. 包转发率:不小于 95Mpps;

d. 交换容量:不小于 256Gbps;

e. 支持 IPv4/IPv6 双协议栈、IPv6 路由协议、IPv6 over IPv4;

f. 支持 STP/RSTP/MSTP 生成树协议,支持环网保护协议,提供 50ms 级的快速业务倒换;

g. 支持 SNMP、Web 网管等多样化的管理和维护方式;

h. 支持 VLAN 功能;

i. 支持 MAC 地址认证和 802.1x 认证,实现用户策略(VLAN、QoS、ACL)的动态下发;

j. 支持完善的 DoS 类防攻击、用户类防攻击;

k. 电源:AC 100~240V;

l. 安装方式:标准 19 英寸机架安装;

m. 环境指标温度:工作温度:0~45℃;

n. 湿度:工作湿度:10%~90% RH,无凝结。

(12)视频以太网光端机

a. 传输模式:单模;

b. 光源器件:激光器;

c. 光探测器:光电二极管;

d. 适用波长:1310/1550nm;

e. 速率:10M/100M 线速;

f. 接口:10/100M 自适应,全双工/半双工;

g. 标准:ANSI X3T12TP-PMD,IEEE 802.3/802.3u;

h. 协议:IEEE 802.1q VLAN,IEEE 802.3x 全双工流控和 Back-Pressure 半双工流控;

i. 吞吐率:100%;

j. 无中继距离:满足设计要求。

(13) 视频光端机

a. 工作模式:单模;可网管;传输距离:满足设计要求;

b. 以太网接口数量:2 个 RJ45(MDI/MDIX 自适应);

c. 工作模式:10/100Base-TX,10/100/1000Base-TX,半双工/全双工/自协商;

d. 传输速率:100/1000Mbps;

e. IEEE 标准:802.3、802.3u、802.3x、802.3z、802.1d、802.1p、802.1q、802.1w;

f. 协议:IEEE802.1p QoS、IEEE802.1q VLAN、IEEE802.1d STP、IEEE802.1w RSTP、IGMP Snooping、WTRing 等;

g. 流量控制:IEEE802.3x 全双工流控、半双工 Back-Pressure 流控辅助业务扩展;

h. 其他接口:RS485 半双工/全双工,DC～300Kbps,开关量:输入/输出,音频:双向,20Hz～20kHz;

i. 发光波长:1310nm/1550nm;

j. 接收灵敏度:优于 -28dBm;

k. 光链路损耗:优于 28dB;

l. 工作电压:AC 220V±10%,DC 24V±5%;

m. 总功耗:≤10W(单台);

n. 工作温度;-15～+60℃。

(14) IPSAN 存储阵列(磁盘存储阵列)

IP 存储阵列应满足或不低于本章节所规定的技术要求。

a. IP 存储阵列支持 7×24h 视频数据连续存取;

b. IP 存储阵列支持磁盘漫游,即存储系统内部磁盘可以任意地更换位置;

c. 支持数据保险箱功能,异常停电时可以继续供电以便把写缓存数据保存到数据保险箱中,完全保证用户数据的完整性,能实现 Cache 数据的永久保护;

d. 支持数据直存,可实现秒级数据检索和回放;

e. 支持磁盘热插拔及在线更换故障磁盘,支持启动时磁盘顺序加电和磁盘电源短路保护;

f. 支持磁盘防尘、防震,有效阻止灰尘,降低硬盘共振传递以及外界冲击;

g. IP 存储阵列采用双电源供电,支持电源自动故障切换;

h. IP 存储阵列采用可视化的 GUI 管理界面,支持单个管理界面对多台存储设备进行集中管理;

i. 管理员可通过 GUI 界面查看 IP 存储阵列存储设备的日志信息;

j. IP 存储阵列可提供环境监控功能,可以对网络接口利用率、CPU 利用率进行监控,能对逻辑卷、RAID 阵列的访问情况进行查看;

k. 设备技术指标:

·存储控制器:四核处理器,主频不低于 3.2GHz 的存储处理器;

·缓存:不小于16GB;

·接口:至少1个10/100Mbps管理接口,2个10/100/1000Mbps前端业务口;扩展接口:1个X4 Mini SAS接口;

·配备磁盘容量:管理中心配备不小于256TB,其他各匝道收费站不小于64TB,主线收费站不小于128 TB,另备用1块硬盘做数据冗余;

·磁盘类型:企业级SATA磁盘,非监控级磁盘;

·RAID级别:支持RAID 0、1、5、10等;

·工作环境温度:5~40℃;

·工作环境湿度:10%~90%(无冷凝);

·可靠性:MTBF>120000h,MTTR<0.5h。

(15)网络硬盘录像机

a.处理器:嵌入式32位高速处理器;

b.硬盘:可存储30天图像;

c.网卡:100M/1000M自适应;

d.视频输入:N路视频输入,N路音频输入;

e.压缩技术:采用H.264压缩算法;

f.帧数调节:每路1~30帧/秒;

g.图像质量:D1、720P、1080P;

h.录像方式:手动、定时、报警、运动侦测,多种录像方式可选;

i.检索方式:可按日期、时间、地点进行秒级检索和回放;

j.字符叠加:浮动、透明字符叠加功能;

k.安全性:录像文件采用水印加密技术;

l.录制、回放时,视频、音频完全同步;

m.远程网络功能。

(16)液晶监视器

a.采用不小于32英寸商用显示器;

b.显示屏:16:9MVA;

c.背光:LED背光;

d.亮度:不低于300cd/m²;

e.分辨率:不低于2560×1440;

f.输入接口:1路DVI输入,1路DP输入,1路HDMI输入;

g.静态对比度:不低于1000:1;

h.最大功耗:不大于60W;

i.响应时间:不大于5ms。

(17)19英寸标准机柜

a.19英寸标准机柜;

b.尺寸42U;

c. 前后门及侧板带锁,加强保护效能;

d. 顶盖及底座电线进入通道;

e. 多功能电源插座至少1组。

(18)便携4G无线视频终端

视频技术指标:

a. 视频压缩格式:H.264/AVC;

b. 视频输入:视频 1 Vpp-75Ω;

c. 视频分辨率:D1、Hafe-D、CIF;

d. 帧率:CIF 帧率 5~25 帧/秒可调,D1 格式可达 15 帧以上;

e. 码率:码率可调,视 3G 网络带宽可以适当调节;

f. 视频制式:PAL 制。

音频技术指标:

a. 1 路视音频输入,3.5 音视频多媒体接口(含音视频航空插头);

b. 压缩格式:AMR;

c. 音频输入:单路音频输入,Line IN 方式 3Vmax,1kΩ;

d. 音频输出:单路音频输出,3Vmax,16。

无线网络:

a. 网络类型:WCDMA、CDMA2000、LTE-FDD、TD-LTE;

b. 通道:1channel;

c. 天线接口:SMA female,50Ω;

d. SIM/UIM 接口:抽屉式卡座。

有线网络:

a. 有线网络接口:以太网 10/100 Base-TX,RJ-45 连接口;

b. 支持协议:TCP/IP、ARP、HTTP、SMTP、RTP、DHCP、PPPOE 等;

c. 安全:CHAP 协议认证,DES 加密,数据保护;

d. 带宽捆绑:1 路无线模块,增强带宽链路。

物理特性:

a. 输入电压:DC 5V,功率:不大于 4W;

b. 使用环境温度:-40~85℃;

c. 使用环境湿度:5%~95%。

存储:

a. 存储介质:SD 卡、硬盘;

b. 存储容量:不小于 64G。

电池:

a. 电池类型:锂电池;

b. 电池容量:不低于 2500mA·h。

## 902.07 大屏幕显示系统

1. 系统构成

监控中心大屏幕显示系统主要包括屏幕墙显示部分、大屏幕拼接控制器(含控制软件)、条形 LED 字幕显示系统(包含各种显示器件)、拼接机架与底座等组成,其中屏幕墙显示部分由多个液晶面板拼接屏或小间距 LED 显示屏组成。

2. 系统功能

(1)大屏幕显示系统用于本项目视频监控图像、计算机图形(如本项目电子地图、监控软件界面、本项目地形模拟界面等)及其他图形显示。

(2)整个投影屏幕具有高亮度、高对比度等特点,在监控大厅环境条件下,屏幕能够显示清晰明亮的图形、图像效果。

(3)全屏显示的图像无非线性失真,整屏亮度均匀,无"暗角"或"亮角"现象,画面稳定无闪烁,图像拼接完整,无错位。

(4)可显示各种数据信息,实现计算机和视频信息的实时监控,信号的增加不会导致显示速度的明显下降,系统延迟应小于 0.5s。

(5)计算机的各种应用程序窗口可以在投影屏幕上任意开窗口显示多个监控视频、计算机图形,具备图像漫游、缩放等显示功能。

(6)各类调试与控制均要采用屏幕菜单形式,友好界面,灵活方便,并具有分级密码,为系统操作人员制定不同权限范围。

(7)所有显示图像必须准确、直观和实时,画面切换不会产生黑屏现象。

(8)系统工作稳定可靠,支持 7×24h 工作模式,易于维护。

(9)LED 显示屏模块化结构;显示功能丰富,可达到国标一、二级汉字库及数字字母;显示编辑软件,操作直观、方便,功能齐全;能显示中、英文文字,有各种字型、字体选择;屏体结构采用模块化设计,屏体由结构相同的单元箱体组成,便于安装和维护;供电设备采用 LED 电子显示屏专用开关电源。

3. 技术指标

(1)液晶拼接单元

a. 46 英寸/55 英寸面板,16:9 显示比例;

b. 亮度:不低于 $500Cd/m^2$,对比度:3000:1;

c. 抗眩光表面,减少表面反射;

d. 白点色温:10000K;

e. 物理分辨率:不小于 1920×1080,响应时间:8ms,色彩:1680 万(3×8bit);

f. 液晶显示单元拼接后拼缝不大于 5.6mm;

g. 背光管寿命:50000h 以上;

h. 任何一块屏都可独立撤装,不影响相邻屏;

i. 支持智能温控及报警、通信故障自动检测等功能;

j. 支架高度可选(标准高度:1000mm,1200mm);

k. 采用工业级 A 级面板,具备证明材料,产品能效 1 级。

(2)图像拼接处理器

a. 机箱综述

(a)电源:1 个 CPU 机箱,两个扩展机箱,2 个冗余电源;

(b)输入/输出:至少 8 个 PCI 插槽;

(c)连接器:后面板图形/视频、输入输出连接器,显示通道数量满足设计要求;

(d)图形:可扩充显示通道(每通道不低于 1920×1080 分辨率),数量满足设计要求。

b. CPU 模块

(a)处理器:两个四核至强 CPU,主频 2.0GHz 及以上;

(b)系统内存:最少 32GB 内存,可扩展至 64G;

(c)标准的集成双 10/100/1000Mbps RJ45 端口;

(d)以太网卡:四口 10/100/1000Mbps 网卡;

(e)串口:2 个高速 16550 端口,RS232C,DB9;

(f)并口:一个高速端口,ECP/EPP,DB25 连接器;

(g)USB:2 个 USB 口;

(h)后面板连接器:2 个端口键盘、鼠标,2 个串口、并口、以太网,2 个 USB 端口。

c. 磁盘存储器

(a)硬盘驱动器:2 个 300G SAS 硬盘;

(b)独立磁盘冗余阵列 RAID 1,RAID 5。

d. 图形显示功能

(a)图形存储器:DVI 输出,每个显示通道 256MB;

(b)输出数量:满足设计要求;

(c)显示墙配置:任何矩形阵列;

(d)分辨率:不低于 1920×1080 像素。

e. 图像输入

(a)输入:多个 DP/DVI,数量满足设计要求;

(b)处理器:多个 RGB 处理器,数量满足设计要求;

(c)格式:具有任何同步类型(合成、单独、绿色同步)的 RGB;

(d)像素速率:高达 100MHz 的像素帧;

(e)像素格式:样片 24bpp/显示 16bpp。

f. 网络接口

(a)以太网:标准的集成双 10/100/1000Mbps RJ45 端口;

(b)4 口 10/100/1000Mbps 网卡。

g. 系统控制软件

控制软件应包括但不限于以下功能:

控制软件是控制器活动的中心,管理 RGB、网络和视频窗口的布局和显示,执行定时的事件,对系统状态进行动态监视。并且提供开放的串行通信协议和 TCP/IP 协议来定制各种操作,以满足特定客户需要。

控制软件为创建 RGB 和视频窗口提供一致、直观的图形用户界面,能够互动地将它们放置在桌面上、保存以及恢复窗口显示布局。同时新添入了预置通道功能,可以根据具体工程的线路情况,对每路输入进行通道预置,从而达到画面的调整一次到位。

控制软件提供多用户通过网络同时与显示屏幕互动交流的功能。管理员可定义访问权限。允许使用用户的键盘和鼠标,通过网络方便、直接地操控显示墙内容。而且可以方便地通过热键在用户和控制器之间进行切换。

控制软件通过软件和网络使得图形拼接控制器和客户端的任何数量的主机能相互观看和相互作用。

控制软件允许不同类型计算机进行远程控制的软件,包括 Windows 桌面型电脑、Windows 试验辅助设备和基于 Unix 系统的计算机。

大屏幕管理软件的主要特点有:

(a)基于 TCP/IP 网络的多用户实时操作;

(b)实现对多种信号源定义、调度和管理;

(c)实现任意信号源窗口模式组合的定义、编辑;

(d)实现自定义多种显示模式灵活调用;

(e)支持多点远程控制;

(f)支持客户端窗口预览功能,方便用户操作;

(g)支持客户端系统监控功能;

(h)支持网络远程鼠标键盘功能。

(3)LED 显示屏

a. 显示区域尺寸:10m×0.6m(尺寸以实际为准);

b. 显示 GB 2312 规定的一、二级中文字库中的所有汉字、数字、字符;

c. 点距采用间距为不大于5mm 的双基色显示屏,每点采用2红1纯绿管;

d. 显示内容:全屏幕编辑;

e. 显示板亮度$\geqslant 5000cd/m^2$;

f. 工作电压:AC 180~260V;

g. 10/100M 接口,可连接至交换机通过工作站控制;

h. 平均无故障工作时间:$\geqslant 10000h$;

i. 使用寿命:>10000h。

(4)屏幕墙底座、支架要求

底座及支架等须采用工业化、标准化、模块化专用支架和底座设计,底座固定于楼板之上,用于安放显示单元的底座和钢支架具有足够的承载力,底座高度可经现场实地勘查确定。

箱体、底座支架等须采用高强度金属材料,外层涂有绝缘材料。箱体、底座外观颜色配合指挥大厅内的装潢颜色,表面平滑、喷漆均匀、色调一致。

金属机架外壳的拼接墙系统应具有保护接地端子,接地端子附近有明显的标志,且不易擦除,保护接地点和可触及金属之间的电阻值不大于 0.5Ω。

屏幕拼接后加装专用的装饰材料,既要求美观又要保护屏幕的四边,表面材料便于今后更新。

整个墙体应具有 7 级以上抗震能力。

(5)小间距 LED 显示屏

a. 点间距:P1.66\P2.5;

b. 像素密度:P1.66 不小于 360000 点/$m^2$,P2.5 不小于 160000 点/$m^2$;

c. 视角:水平不小于 150°,垂直不小于 140°;

d. 箱体平整度:不大于 0.2mm/m;

e. 均匀性:亮度均匀性≥97%,色度均匀性 ±0.003Cx,Cy 之内;

f. 最大亮度:≥800cd/$m^2$;最大对比度:3000∶1;

g. 校正:支持单点校正;

h. 换帧频率:50/60Hz 自适应;

i. 功耗:最大功耗≤800W/$m^2$,平均功耗≤250W/$m^2$;

j. 电源:AC 110V ±10%,AC 220V ±10%,AC 380V ±10%;

k. 工作温度:−10 ~50℃,工作湿度:10% ~80%RH;

l. 控制器:

输入接口:支持 HDMI/DVI/VGA/HD-SDI 等信号,最大支持 2K@60Hz,兼容 1080P 及以下各种常规分辨率,支持最大 8 路输出,支持 USB 直接播放视频文件,支持画面的亮度、饱和度、锐度、对比度、伽马校正等的调节,超低延时,延时 <50ms;

输出接口:DVI 接口,支持同步录播,最大支持 2K@60Hz,支持 2 个路 1920×1080@60Hz 的处理能力,支持 1080P 及以下各种常规分辨率的输出(1920×1080、1536×768、800×600 等),支持压缩或不压缩方式,支持拼接、支持边缘融合,通道网络控制;

接口协议:RJ45,支持 TCP/IP,HTTP,ICMP,IGMP,UDP,SNMP,ARP 等通用网络协议。

## 902.08 视频事件检测系统

1. 系统构成

视频检测系统包括前端的摄像机和后端的视频检测处理器,进行视频检测的图像包括所有互通区固定摄像机图像及危险路段的道路监控摄像机图像,在试运行阶段及缺陷责任期内,承包人还应根据道路运行状况针对事故多发路段适时调整事件检测系统的检测目标图像。

视频检测处理器安装在监控中心,可实现对高清数字图像进行事件检测,各视频检测处理器通过监控中心以太网交换机系统联网,由视频检测计算机负责管理。

2. 系统功能

视频检测系统在不同的光照和天气状况下,视频检测系统都保持高精确度。

视频检测处理器可根据摄像机的高度设置大小不同的检测区,每台视频处理器可同时处理摄像机图像不少于四路。视频检测处理器可实现对 4 路以上 1080P 分辨率,25 帧/

秒的数字图像进行分析处理。

视频检测处理器应支持网络通信；检测系统采用图像处理算法，由普通的视频监控摄像机提取信息，进行分析处理，能够帮助更好地了解，同时更好地响应、处理异常事件。

火警：自动检测火情（火苗检测、烟雾检测）、自动发出视频及音频警报，实时报告火情位置分布情况。

事故：当发生事故或交通事件时系统自动报警，并同时对该事件进行自动录像长度（包括事发前和事发后的视频录像，并且录像时间可根据事件的要求任意设置），系统将这些录像传输存储到监控中心的视频检测管理计算机中，便于分析。

自动事件检测：停驶车辆检测，交通拥堵检测，行人进入高速公路，车辆逆行检测，低速车辆检测，遗弃物体检测，车距小于极限的车辆检测，火灾检测，遇难检测，并且系统能够对警报的优先级进行分级以避免对同一事件进行多次报警。

系统应具有中文操作界面，采用标准的人机界面和协议。便于和监控及交通管理系统集成。

系统在分析仪上运行自诊断程序，自动检测下列错误：摄像机位置发生移动、摄像机信号丢失、分析仪错误、网络通信故障、系统资源状况。

视频检测计算机负责对视频检测系统进行管理、统计等，并将报警信号传输给整个监控系统。

设备应配有过电压和大电流保护装置，在雷击时设备应不受影响，做到在本路段使用环境下均能保证设备正常工作。

设备电源中断恢复后应可自动恢复运行。

3. 技术参数

(1) 检测范围：事故事件：≥400m；

(2) 事故事件检测：系统检测率＞95%；

(3) 系统误报率：≤10%；

(4) 数据存储：可本地存储60天以上；

(5) 视频输入：满足高清（1080P）、标清（720P）输入；

(6) 通信介质：RS-232、RS485、TCP/IP；

(7) 网络端口：10/100/1000Mbps以太网接口；

(8) 工作环境：温度：-10 ~ +50℃；

(9) 相对湿度：0 ~ 95%；

(10) 电源：AC 220V，50Hz；功率≤100W。

## 902.09　道路交通检测系统

1. 系统构成

线圈/视频/微波车辆检测器，主要用于沿线每个路段（隧道）的交通参数的采集和交通流变化路段的交通参数积累，为交通组织、道路运营决策提供依据。车辆检测器可检测交通量、占有率、车头时距等交通参数，并辅助判断路段的交通状况。

2. 系统功能

(1)应能可靠地检测路上每一车道所通过的车辆数、车辆分类、车辆速度、车道占有率参数。

(2)微波车辆检测器的微波信号可自动检测车道,并分道进行监控和测量。

(3)每个检测器至少检测双向4条车道(含应急通道),不受中央隔离带及钢制护栏的影响。

(4)微波车辆检测器采用模拟图形化操作界面,能实时模拟显示每条车道的车辆通过情况以及车辆长度。

(5)检测器具有标准以太网数据接口。

(6)设备应配有过电压和浪涌电压保护装置,在雷击时设备应不受影响,做到在本高速公路使用环境下均能保证设备正常工作。

(7)能够适应全天候工作条件,防护等级 IP65。用于任何天气,包括雨、雾、雪、大风、冰、灰尘等等。

(8)能够全天候连续 7×24h 不间断工作。

3. 技术指标

(1)微波车辆检测器

a. 中心频率:24.3GHz;调频宽度:200MHz;

b. 微波发射功率:小于 10mW;

c. 信号射角(纵向方位角):53°;波形宽度(横向方位角):8°;

d. 覆盖范围:1~78m;可检测车道:最多(双向)12 车道,车道流量误差≤2%,速度误差<±0.5m/s;

e. 车辆分型:不少于 5 种(可根据定义任意划分);

f. 车道宽度:2~6m 范围可调;分析范围:≤0.33m;

g. 采样周期:1~1800s 连续可调;

h. 探测时间:用闭路连接器时,时间间隔 10ms;持续时间可编程控制在 0.03~3s 之间;

i. 安装高度:大于 5m;离检测车道距离:大于 1m;

j. 温度范围:-45~85℃(工业级);湿度范围:0~95%RH;

k. 供电系统:AC 220V/DC 12V,额定功率为 10W,配稳压电源;电源故障恢复:出现电源故障 3s 内自动恢复;

l. 实际功率消耗量:≤4W;

m. 内置时钟:内置实时时钟,可独立工作,断电后仍有时间显示;

n. 通信接口:以太网接口;

o. 内置存储:所有的计划和车道结构的资料都采用存储方式保存,如果通信中断,一旦恢复后,可由通信端口上传历史数据到便携电脑或控制中心,保持数据完整;

p. 整机连续工作能力:大于 90000h;平均故障维修时间:≤15min。

(2)视频车辆检测器

a. 流量平均采集精度:>95%(0~220km/h);

b. 车速平均采集精度:>95%;

c. 占有率平均采集精度:>95%;

d. 车间距平均采集精度:>95%;

e. 排队长度的平均采集精度:>95%;

f. 工作电压范围 AC 110~280V;

g. 功耗:≤150W;

h. 视频输入信号制式:PAL-D 复合视频、CIF/D1/H.264 视频;

i. 视频输入接口形式:75Ω BNC、RJ45 以太网接口;

j. 网络:2×RS232、2×10/100/1000M 以太网,RJ45 接口;

k. 视频输入数量:1~8 路;

l. MTBF:100000h。

(3)线圈车辆检测器

a. 检测精度:

测速精度:0~200km/h,≥97%;

检测计数:≥99%;

车头间距:≥95%;

占有率:≥95%;

b. 感应范围:25~1000μH 自动调谐;

c. 工作频率:16~116kHz,四档频率可调设置:高、中高、中低、低;

d. 漂移补偿:在调谐范围内连续自动补偿;

e. 灵敏度:OFF、0.01、0.02、0.04、0.08、0.16、0.32、0.64 等 7 级可调;

f. 通信中断后其检测数据在本机储存时间≥48h;

g. 通信接口:RS485、RS232,传输速率 1200~19.2kbps;

h. 数据上传周期:30s~10min 可调;

i. 电源:AC 220V±20%,50Hz±5Hz;

j. 功耗:≤200W;

k. 电磁干扰等级 IEC801 Ⅱ;

l. 机箱防护等级:≥IP65。

(4)激光交通量调查设备

a. 被列入 2013 年及其以后交通运输部规划研究院发布的《推荐质量合格公路交通情况调查设备》名单中且处于推荐有效期内;

b. 覆盖主线车道和应急车道,能够实现对所在路段断面交通的全覆盖(含每侧应急车道按 1 个车道计);

c. 满足 Ⅰ 级设备应具备的机动车分型功能,且满足机动车二级分类的标准;

d. 环境温度:-55~+70℃;

e. 环境湿度:0~98%,无冷凝;

f. 电源：交流电压220（1%±15%）V、频率50（1%±4%）Hz、可支持后备UPS、太阳能供电；

g. 功耗：≤30W；

h. 检测参数：车类/车速/流量等；

i. 数据精度：满足交通运输部要求的数据类型、数据精度要求；

j. 检测范围：支持2~10车道；

k. 存储容量：支持大容量SD卡；

l. 数据接口：RJ45以太网、2路RS232；

m. 数据实时传输：现场数据支持TCP/IP、GPRS、光纤传输；

n. 数据格式：符合交通运输部标准，可直接导入相关软件进行处理，数据交换文件为文本文件类型；

o. 通信协议：标准IP地址和TCP/IP协议支持标准串行通信协议，设备应具备串行通信接口或USB接口，串行通信接口使用2路RS232异步全双工串口，可转接光缆或无线（GPRS）；串行通信接口与外部的连接应便于安装和维护，并采取防水、防尘等措施；

p. 联网能力：支持有线和无线各种联网方式，支持TCP/IP协议；

q. 保护措施：防雷装置、电压保护及不间断电源、电磁干扰保护等级IEC801 Ⅱ；

r. 数据处理：提供各观测点交调数据的实时刷新及自动传输；

s. 可靠性：设备的平均无故障间隔时间（MTBF）不应小于20000h。

（5）超声波车辆调查设备

a. 自动检测、自动设定、自动校准≥8个车道；

b. 车流量：精确度95%；

c. 平均速度：精度95%；

d. 车速检测范围：0~200km/h；

e. 时间占有率：精度95%；

f. 存在检测：精度95%；

g. 适合雨、雾、雪、大风、冰、灰尘等天气条件；

h. 操作温度：-20~60℃；

i. 端口：2个RS232接口，1个以太网接口；

j. 设备断电后，检测数据自动保存。

## 902.10 道路交通诱导系统

1. 系统构成

道路交通诱导子系统主要由设置在互通区域前后的大型可变信息标志、悬臂式可变信息标志、服务区双柱式可变信息标志、车速反馈信息标志、交通信息实时提示设施及后台交通监控计算机、通信网络构成。系统作为监控系统的信息发布功能模块应与监控系统平台进行整合。可变信息标志由显示屏、控制器、驱动器、电源供应器、箱体及安装龙门架等组成。交通信息实时提示设施由前端提示终端、通信网络与后台管理软件系统构成。

前端提示终端由提示终端屏、气象采集箱、太阳能供电系统、立柱及基础等构成。

2. 系统功能

可变信息标志接收省联网中心、区域监控中心发来的信息,对道路交通进行合理诱导。

可显示中文、英文、数字和图标。其控制单元内可存储至少50条信息,可随时由操作员调用,并可由操作员在省联网中心、监控中心任意编辑、检测。

显示内容可作为一个整体进行全屏幕编辑。在电源故障情况下,外面控制单元会自动关机。信息标志的盲点应能反馈至省联网中心、监控中心。所有可变信息标志应安装有避雷针。可变信息标志要求满足标准《高速公路LED可变信息标志》(GB/T 23828)。

3. 技术指标

(1)大型门架式可变信息标志

a. 显示屏

(a)模块组成:N个模块,每个模块为 $1m \times 1m$;

(b)各模块主要用于显示汉字、英文、符号、图形等,每个模块解析度 $32 \times 32$ 点,采用三色显示,每个像素由红、纯绿二种LED组成,配比为4红2纯绿,显示板每平方米亮度 $\geqslant 8000cd$;

(c)显示方向:可左至右或右至左,或上下滚动;

(d)显示屏为防风防雨型,可抵御30m/s风速;

(e)每一LED显示单元由驱动模块独立控制其亮度,并采用电流驱动,具有过流保护功能;LED发光亮度可根据外界环境条件自动或手动调节,至少6级以上;

(f)大型可变信息标志的静态视认距离应不小于250m,动态视认距离应不小于210m。

b. 控制器

(a)可变信息标志控制器由传输介质、控制器单元、控制面板、电源供应器、亮度检测器及箱体等部分组成;

(b)具有用于便携计算机调试使用的串行接口,传输速率为2400～9600bps可调。

(c)与显示屏接口为RS422标准设计,对驱动模块故障、LED组件断路、过电流保护、电网电源故障、通信故障、显示单元电源故障、控制器电源故障、温度过高、过低以及亮度等进行自检与监视;

(d)数据通信传输接口:提供以太网数据接口;

(e)装有室外型的光敏开关,控制显示屏白天与夜晚的不同亮度;

(f)控制器单元,包括中央处理单元(CPU)、EPROM(可擦写记忆、存放程序及中文字形码和标准图形)和内部时钟;

(g)当接到指令时,应校验有效性和精确性,向监控中心发送确认正确与否信号,并驱动信息标志显示相应内容;

(h)在电源故障、无显示内容时,显示屏应为全黑,无任何亮点;

(i)监视每个显示单元的工作状态,当显示单元的损坏率达到一定程度,应将显示板关闭,并向监控分中心计算机发出故障信息;

(j)设备应配有过电压和浪涌电压保护装置,在雷击时设备应不受影响,做到在项目使用环境下均能保证设备正常工作。

c. 驱动器

(a)每一显示单元由控制器控制驱动器模块开关(置入显示式清除状态);

(b)驱动器模块应具有高可靠性,并便于更换和维修;

(c)在驱动器电源出现故障时,驱动器处于故障状态,这时所有显示单元处于关闭状态。

d. 电源

可变信息标志的驱动系统和控制系统的工作电源都采用 $n+1$ 高可靠容错的开关电源系统,当其中一台电源发生故障时,其他电源仍有足够容量保障系统的正常工作,使开关电源具有高可靠性。

e. 结构要求

(a)LED 组件夹座要求采用前端插入型,以便于维护;

(b)字窗数为 10 个中文字/行,分辨率 32(高)×32(宽);每个字框由 32×32LED 像素组成;

(c)LED 模块框体材质为 2mm 烤漆钢板;

(d)箱体尺寸(门架式),单行式,每个字箱体尺寸:1m×1m,总显示面积为 1m×10m;箱体材质为钢板,烤漆后箱体为黑色不反光;后面箱门为活动盖板,并有百叶窗式通风孔;外壳防护等级 IP65;

(e)可变信息标志板内预置符合电气规范接地装置,设置独立接地;

(f)可变信息标志应设有维护栏、维修平台。

f. 其他技术指标

(a)温度:在 -10~+70℃ 之间;

(b)湿度:10%~90%;

(c)抗风速:36m/s;

(d)电力:AC 220V±10%,50Hz;

(e)整屏亮度 >8000cd/m², 亮度自动调节至少 6 级;

(f)动态可视距离≥210m;

(g)视角度:30°;

(h)失效点:<1‰。

g. 门架结构和安装要求

(a)基本风压:0.50kN/m;

(b)外包材料(不包括钢架自重)及显示屏自重:0.80kN/m;

(c)活荷载(检修走道):1.0kN;如在施工过程中或使用过程中在结构上增加荷载,须征求设计单位同意;

(d)龙门架承重结构为钢架结构,钢材均采用 Q235-B 钢,其性能除应符合现行的国家标准规定的要求外,尚应保证屈服点和碳、磷、硫的含量。

h. 门架基础与门架安装

（a）龙门架横跨单侧路面，基础分别筑于路中央隔离带与路侧边坡上。路侧基础边缘距路缘石外缘 60cm；

（b）保护地线的接地电阻不大于 4Ω，防雷接地电阻不大于 10Ω；

（c）路中基础开挖遇到地下管线时，应小心处理，不得损伤管线，在绑扎钢筋网前，应先将管线以钢板包裹防止损坏管线；地脚螺栓遇到管线时相应外弯，距包管钢板不小于 2cm；

（d）门架基础地脚螺栓的外露端应涂以黄油，再以黑胶布包裹保护；

（e）基础混凝土强度等级为 C30，钢筋选用 II 级热轧钢筋；地脚螺栓、螺母、法兰板均需热浸锌；基础浇捣后，表面抹平，修整，基础周围回填土应分层夯实，夯实度与路基相同。回填土时应把穿线管埋入土中；

（f）大型可变信息标志采用门架式安装，要求净空至少 5.5m 以上。

（2）F 型可变信息标志

a. 显示屏

（a）显示尺寸 2m×3.2m，8 模块设计，边框宽度 20cm；

（b）显示屏由超高亮度发光二极管（LED）组成，每个模块为 24×24 点阵，每个像素由红、纯绿二种 LED 组成，配比为 4 红 2 纯绿，显示板每平方米亮度≥8000cd；

（c）显示内容为全屏编辑方式（包括可通过通信接口，由手持便携机进行全屏幕编辑），显示信息可以是汉字（8 个汉字）、字母、图案、限速值及全黑等；

（d）可视距离 200m（车速 100km/h），可视角 30°；

（e）亮度调节自动/手动调节至少 6 级；LED 平均寿命 10 万 h；

（f）根据道路及隧道的环境、交通实际情况显示情报，包括显示速度限制值、交通控制图形、文字；

（g）字符清楚，容易识别，符合国标；标志内容必需昼夜清楚可见，包括在太阳光直射下表面不产生反射现象；

（h）在正常的情况下，车辆以 100km/h 速度行驶时，距显示屏 200m 外，驾驶员对显示内容可清晰辨认；

（i）显示屏为防风防雨型，可抵御 30m/s 的风速，并要求在 24m/s 的风速下能正常工作。

b. 控制器

（a）悬臂式可变情报标志控制器放在机箱内，并安装于信息标志附近；

（b）接收省联网中心、监控中心计算机发来的情报显示资料，校验有效性和精确性，并向监控中心发送确认信息；

（c）对发来的情报数据译码并触动对应情报显示驱动模块；

（d）进行日常自检，以监控情报标志板的故障，并将故障信息传送回省联网中心、区域监控中心计算机；

（e）确认贮存在控制器中的"非正常数据"，并产生送至监控中心的报警和故障信息；

（f）监控每个显示单元的工作状态,并向省联网中心、区域监控中心发回故障信息;

（g）具有用于便携机调试使用的串行接口及用于与上位机通信的标准以太网接口(或串行接口,根据系统网络选择);

（h）存储单元可存储50条以上固定信息供选择,并存储内容可重新设定;

（i）可定义几组信息以轮流方式进行显示。

c. 驱动器

（a）每一显示单元由控制器控制驱动器模块开关(置入显示式清除状态);

（b）驱动器模块应具有高可靠性,并便于更换和维修;

（c）在驱动器电源出现故障时,驱动器处于故障状态,这时所有显示单元处于关闭状态。

d. 电源

可变信息标志的驱动系统和控制系统的工作电源都采用 $n+1$ 高可靠容错的开关电源系统,当其中一台电源发生故障时,其他电源仍有足够容量保障系统的正常工作,使开关电源具有高可靠性。

e. 其他指标

（a）温度: $-15 \sim 65$℃;

（b）湿度:10% ~ 95%;

（c）抗风速:36m/s;

（d）电力:220V ± 15%,50Hz;

（e）动态可视距离:200m 可视;

（f）可视角度:30°;

（g）亮度: $\geqslant 8000 cd/m^2$;

（h）要求采用防雷器保护。

f. 安装要求

（a）机箱防护等级 IP65;双层机箱,内机箱全密封,外机箱防晒、防雨、可通风;

（b）箱体可采用钢板或强度大于钢板的金属材料制作;

（c）标志板内连接符合电气规范接地要求,独立接地;

（d）显示屏净空要求 5.5m 以上,施工时具体技术要求参照交通安全标志施工技术规范。

（3）T 型可变信息标志

a. 显示屏

（a）显示尺寸 0.96m × 0.96m,模块设计;

（b）显示屏由超高亮度发光二极管(LED)组成,每个模块为 24 × 24 点阵,每个像素由红、纯绿二种 LED 组成,配比为 4 红 2 纯绿,显示板每平方米亮度 $\geqslant 8000 cd$;

（c）显示内容为全屏编辑方式(包括可通过通信接口,由手持便携机进行全屏幕编辑),显示信息可以是汉字(4 个汉字)、字母、图案、限速值及全黑等;

（d）可视距离 200m(车速 100km/h),可视角 30°;

(e)亮度调节自动/手动调节至少6级;LED平均寿命10万h;

(f)根据道路及隧道的环境、交通实际情况显示情报,包括显示速度限制值、交通控制图形、文字;

(g)字符清楚,容易识别,符合国标;标志内容必需昼夜清楚可见,包括在太阳光直射下表面不产生反射现象;

(h)在正常的情况下,车辆以100km/h速度行驶时,距显示屏200m外,驾驶员对显示内容可清晰辨认;

(i)显示屏为防风防雨型,可抵御30m/s的风速,并要求在24m/s的风速下能正常工作。

b.控制器

(a)T型可变情报标志控制器放在机箱内,并安装于信息标志附近;

(b)接收省联网中心、监控中心计算机发来的情报显示资料,校验有效性和精确性,并向监控中心发送确认信息;

(c)对发来的情报数据译码并触动对应情报显示驱动模块;

(d)进行日常自检,以监控情报标志板的故障,并将故障信息传送回省联网中心、区域监控中心计算机;

(e)确认贮存在控制器中的"非正常数据",并产生送至监控中心的报警和故障信息;

(f)监控每个显示单元的工作状态,并向省联网中心、区域监控中心发回故障信息;

(g)具有用于便携机调试使用的串行接口及用于与上位机通信的标准以太网接口(或串行接口,根据系统网络选择);

(h)存储单元可存储50条以上固定信息供选择,并存储内容可重新设定;

(i)可定义几组信息以轮流方式进行显示。

c.驱动器

(a)每一显示单元由控制器控制驱动器模块开关(置入显示式清除状态);

(b)驱动器模块应具有高可靠性,并便于更换和维修;

(c)在驱动器电源出现故障时,驱动器处于故障状态,这时所有显示单元处于关闭状态。

d.电源

可变信息标志的驱动系统和控制系统的工作电源都采用$n+1$高可靠容错的开关电源系统,当其中一台电源发生故障时,其他电源仍有足够容量保障系统的正常工作,使开关电源具有高可靠性。

e.其他指标

(a)温度:$-15 \sim 65℃$;

(b)湿度:10%~95%;

(c)抗风速:36m/s;

(d)电力:220V±15%,50Hz;

(e)动态可视距离:200m可视;

(f)可视角度:30°;
(g)亮度:≥8000cd/m$^2$;
(h)要求采用防雷器保护。

f. 安装要求

(a)机箱防护等级 IP65;双层机箱,内机箱全密封,外机箱防晒、防雨、可通风;
(b)箱体可采用钢板或强度大于钢板的金属材料制作;
(c)标志板内连接符合电气规范接地要求,独立接地。

(4)双柱式可变信息标志

双柱式可变信息标志主要由显示屏(包括各种显示器件)、控制器、驱动器、电源系统、系统软件等构成。

a. 显示屏

(a)显示尺寸2m×3.2m,8模块设计,边框宽度20cm;
(b)显示屏由超高亮度发光二极管(LED)组成,每个模块为24×24点阵,每个像素由红、纯绿二种LED组成,配比为4红2纯绿,显示板每平方米亮度≥8000cd;
(c)显示内容为全屏编辑方式(包括可通过通信接口,由手持便携机进行全屏幕编辑),显示信息可以是汉字(8个汉字)、字母、图案等;
(d)可视距离200m(车速100km/h),可视角30°;
(e)亮度调节自动/手动调节至少6级;LED平均寿命10万h;
(f)根据道路环境、交通实际情况显示情报,包括显示交通控制图形、文字等;
(g)字符清楚,容易识别,符合国标;标志内容必需昼夜清楚可见,包括在太阳光直射下表面不产生反射现象;
(h)在正常的情况下,车辆以100km/h速度行驶时,距显示屏200m外,驾驶员对显示内容可清晰辨认;
(i)显示屏为防风防雨型,可抵御30m/s的风速,并要求在24m/s的风速下能正常工作。

b. 控制器

(a)控制器放在机箱内,并安装于信息标志附近;
(b)接收省联网中心、监控中心、服务区计算机发来的情报显示资料,校验有效性和精确性,并向计算机发送确认信息;
(c)对发来的情报数据译码并触动对应情报显示驱动模块;
(d)进行日常自检,以监控情报标志板的故障,并将故障信息传送回中心计算机;
(e)确认贮存在控制器中的"非正常数据",并产生送至监控中心的报警和故障信息;
(f)监控每个显示单元的工作状态,并向计算机发回故障信息;
(g)具有用于便携机调试使用的串行接口及用于与上位机通信的标准以太网接口(或串行接口,根据系统网络选择);
(h)存储单元可存储50条以上固定信息供选择,并存储内容可重新设定;
(i)可定义几组信息以轮流方式进行显示。

c.驱动器

(a)每一显示单元由控制器控制驱动器模块开关(置入显示式清除状态);

(b)驱动器模块应具有高可靠性,并便于更换和维修;

(c)在驱动器电源出现故障时,驱动器处于故障状态,这时所有显示单元处于关闭状态。

d.电源

可变信息标志的驱动系统和控制系统的工作电源都采用 $n+1$ 高可靠容错的开关电源系统,当其中一台电源发生故障时,其他电源仍有足够容量保障系统的正常工作,使开关电源具有高可靠性。

e.其他指标

(a)温度:$-15 \sim 65℃$;

(b)湿度:$10\% \sim 95\%$;

(c)抗风速:36m/s;

(d)电力:$220V \pm 15\%$,50Hz;

(e)动态可视距离:200m可视;

(f)可视角度:30°;

(g)亮度:$\geqslant 6000cd/m^2$;

(h)要求采用防雷器保护。

f.安装要求

(a)机箱防护等级IP65;双层机箱,内机箱全密封,外机箱防晒、防雨、可通风;

(b)箱体可采用钢板或强度大于钢板的金属材料制作;

(c)标志板内连接符合电气规范接地要求,独立接地;

(d)施工具体技术要求参照交通安全标志施工技术规范。

(5)交通信息实时提示设施

a.系统构成

交通信息实时提示设施由前端提示终端、通信网络与后台管理软件系统构成。前端提示终端包括提示终端屏、气象采集箱、太阳能供电系统、立柱及基础等构成。

b.功能要求

交通信息实时提示设施应能在高速公路全路段某区域出现异常或突发情况时,在最短的时间内对路段后续车流进行及时提示,即能在该区域前几公里(或更远距离)及时提醒驾驶员,且能自动采集和发布恶劣气候信息。

(a)自动对高危气象状况(如雨、雾、冰雪、高温、大风等)的定性检测和实时警示通行车辆避险。

(b)对突发事件(事故、地质灾害、施工等)实时警示通行车辆避险。

(c)对道路团雾或大桥桥面的凝露结冰(黑冰)进行检测,提前警示通行车辆避险。

(d)具有智能爆闪功能,在晚上或高危气象状况时自动启动爆闪功能,正常气象情况和正常路况时白天不爆闪。

(e)路况正常时,循环提示"路况正常"和限速标志。

c. 技术指标

气象信息采集单元:

(a)工作电压:3.3V;

(b)功耗:≤100mW;

(c)通信方式:RS232;

(d)箱体:百叶窗式箱体。

雨水传感器:

(a)针对雨水有无的定性检测;

(b)通过输出开关信号的方法来检测有无下雨;

(c)能感知微小雨滴,对雾、霜抗干扰能力强。

冰雪传感器:

(a)输出信号:数字信号;

(b)用于各种除冰融雪设备、环境控制的定性测量。

温度传感器:

(a)测量精度:0.2%F.S;

(b)输出信号:二线制4~20mA DC;

(c)环境温度:-25~85℃;

(d)温度影响:≤0.05%/℃;

(e)环境湿度:5%~95%RH;

(f)负载能力:<600Ω(额定负载250Ω);

(g)防护等级:IP54。

湿度传感器:

(a)测量范围:湿度0~100%RH;

(b)精度:湿度最高±1.8%RH(25℃);

(c)工作环境:变送控制显示电路:温度-10~60℃;湿度5%~95%RH;

(d)响应时间:40s(90%→30%)。

提示屏单元:

(a)显示分辨率:字体16(宽)×24(高),双面,每面4个字;

(b)点间距:20mm;

(c)显示基色:1G1R;

(d)最佳可视距离:50~200m;

(e)亮度:最大亮度不小于5000cd/$m^2$;

(f)驱动方式:1/4扫描,恒流驱动;

(g)寿命:≥10万h;

(h)平均消耗功率:≤4.5W;

(i)工作温度:-45~+60℃。

供电单元：

供电单元采用微型光伏供电系统供电，主要包括太阳能电池板、蓄电池及太阳能充电控制器几个组件。

(a)太阳能电池板：
- 功率：≥150W；
- 工作电压：18V；
- 工作电流：5A；
- 开路电压：22V；
- 短路电流：6.2A；
- 工作温度：-40 ~ +55℃；
- 使用寿命：25年。

(b)蓄电池
- 额定容量：≥200Ah；
- 电压：12V；
- 胶体电池。

(c)充电控制器
- 总额定充电电流：20A；
- 总额定负载电流：20A；
- 系统电压：12V；
- 空载耗电：<6mA；
- 工作温度：-40 ~ +60℃；
- 控制方式：PWM波。

(6)车速反馈标志

车速反馈标志由限速标志板、配电箱单元、雷达测速器、显示屏控制器、LED电子显示屏、立柱、基础构成；车速反馈标志版面及各部件尺寸应按照设计图纸定制。

技术指标：
- 测速范围：16 ~ 321km/h；
- 测速距离：300m ± 20m；
- 测速误差：±1km/h；
- 温度：-25 ~ +65℃；
- 湿度：10% ~ 95%RH；
- 抗风速：40m/s；
- LED平均使用寿命：100000h；
- MTBF：≥10000h；
- 半功率角：27°；
- 失控率：≤1‰，离散型；
- 可视距离：≥300m(车速120km/h)；

- 亮度:最大亮度不小于3500cd/m²;
- 电力:AC 220V±10%,50Hz;
- 驱动模式:静态恒流;
- 功率:<500W;
- 防护等级:IP65。

安装方式:

车速反馈标志采用单柱式安装,悬臂和悬臂上安装的检测器不可侵占路面以上5m之内的净空。其安装位置应远离大树、建筑物,并且不应离路边太近。

## 902.11 道路环境监测系统

1. 系统构成

监控外面道路环境监测系统主要由能见度检测器、多要素气象检测器、通信网络与后台管理软件系统构成,与监控系统平台进行整合,其中多要素气象检测器又包括能见度检测器、风速风向、温湿度、降雨传感器单元、路面传感器单元、气象检测控制单元。

隧道内道路环境监测系统主要由一氧化碳/能见度检测器、风速风向检测器、亮度检测仪、照度检测仪、通信网络与后台管理软件系统构成,与隧道监控系统平台进行整合。

2. 系统功能

气象检测器应能检测气象信息,能对检测数据实时进行处理并及时上传到监控中心,提供给监控系统信息处理模块,根据信息处理结果判断交通安全性,以便值班人员根据天气状况及时制定交通管制方案。

检测的信息主要包括:

(1)路面检测:道面冰况(包括黑冰),路面温度,路面湿度;

(2)能见度检测;

(3)设备应配有过电压和大电流保护装置,在雷击时设备应不受影响,做到在本道路使用环境下能保证设备正常工作;

(4)设备电源中断恢复后应可自动恢复、校准运行。

3. 技术指标

(1)能见度检测器

a.能见度检测器应结构紧凑,免维护;具有镜头保护装置,不易受污染;

b.具备RS485通信接口或以太网数据接口(独立设置时);

c.测量范围:10~3000m,测量精度:±10%;

d.分辨率不大于1m;

e.工作温度:-50~75℃,相对湿度:0~100%RH;

f.保护等级:IP67;

g.每隔3min检测一次,并将所得数据处理后上传到路监控中心;

h.供电电源:标准直流电压DC 24V(DC 12~28V),3W;AC 220V±15%,50Hz±2Hz。

(2)多要素气象检测器

a. 能见度检测处理器单元
- 能见度检测器应结构紧凑,免维护;具有镜头保护装置,不易受污染;
- 具备 RS485 通信接口或以太网数据接口(独立设置时);
- 测量范围:10~3000m,测量精度:±10%;
- 分辨率不大于 1m;
- 工作温度:-50~75℃,相对湿度:0~100%RH;
- 保护等级:IP67;
- 每隔 3min 检测一次,并将所得数据处理后上传到路监控中心;
- 供电电源:标准直流电压 DC 24V(DC 12~28V),3W;AC 220V±15%,50Hz±2Hz。

b. 风速风向、温湿度、降雨传感器单元
- 可采用集成化、免维护设备测量道路环境温度、湿度、降水速度、降水量;
- 温度传感器原理为 NTC 负温度系数,测量范围:-80~75℃;精度:±0.1℃;
- 湿度原理为电容式,测量范围:0~100%RH;精度:±1%相对湿度;稳定性 2%RH 两年以上;
- 风速传感器原理为超声波,测量范围:0~80m/s,精度:±0.1m/s,分辨率:0.1m/s;
- 风向传感器原理为超声波,测量范围:0°~360°;测量精度:±1°分辨率:1°;
- 降水检测原理为雷达,降雨强度检测:大雨、中雨、小雨;
- 降水类型:雨、雪、雨夹雪;降水测量量程:0~5mm/min;雨分辨率:0.1mm/m$^2$,雪分辨率:0.2mm/m$^2$;
- 工作温度范围:-80~70℃,工作湿度范围:10%~90%RH;
- 保护等级:IP67。

c. 路面传感器单元
- 路面传感器安装在气象检测器立柱上,采用非接触式的传感设备,用于检测道路表面温度、湿滑度、路况(干、潮、湿、霜、雪、冰、冰水混合物、黑冰、水厚度、浆状混合物);
- 测量距离:2~16m;
- 水层厚度:0.00~2mm,冰厚度:0.00~2mm;雪厚度:0.00~10mm;
- 精度:0.1mm,分辨率:0.01mm;
- 路面温度测量范围:-60~+85℃,测量精度:±0.1℃,分辨率:0.1℃;
- 露点温度测量范围:-50~+75℃;
- 道路湿滑系数:0.01~1.00 分辨率:0.01 单位;
- 报警预警:霜预警、冰预警、冰报警;
- 保护等级:IP67;
- 工作温度:-50~75℃;工作湿度:0~100%RH。

d. 气象检测控制单元
- 气象检测器处理器可接收,处理并存储气象参数;
- 可向区域监控中心传送所收集的气象参数,时间间隔 1~10min 可调;
- 可向区域监控中心发回探头、处理器故障、掉电等各种确认信息;

· 通信中断后其检测数据在本机储存时间≥5天；
· 处理器应具备标准以太网数据接口与RS232数据接口,用来与区域监控中心计算机通信及供便携计算机人工提取数据用；
· 安装方式:气象检测器采用单柱式安装,不得侵入公路建筑限界。

（3）一氧化碳/能见度检测器

· 测量原理:一氧化碳(CO),红外光吸收率检测,气体相关滤波技术,具备自我校准和自动零点功能；
· 能见度(VI):脉冲式可见光透射率检测,具备自我校准和自动零点功能；
· 探头距离:3m；
· 测量范围:一氧化碳(CO):0~400ppm(其他量程出厂应可调)；能见度(VI):$K = 0 \sim 35 \times 10^{-3}$m(其他量程出厂应可调)；
· 测量精度:CO: ±1ppm；VI: $\pm 0.1 \times 10^{-3}$m；
· 平均时间:0.1s~60min；
· 模拟量输出:3×4~20mA(3×0~20mA可选)电流隔离输出,分别对应CO和VI值,最大负载阻抗1000Ω；
· 开关量输出:3×SPCO无源继电器触点,0.25A/125V AC,1A/30V DC,0.25A/100V DC,配置为故障报警、极限值报警、维修/污染/报警指示,显示故障类型和原因,能进行信号校验；
· 通信接口:RS232,RS485,RS422,MODBUS；
· 供电电压:76~265V AC,50Hz/60Hz；
· 环境温度:-50~+75℃；
· 防护等级:IP67；
· CE认证:符合EMC指令89/336/EEC、低电压指令73/23/EEC的要求。

安装、测试:

一氧化碳/能见度检测器安装于隧道行车方向右侧壁上,3~4m高度；

一氧化碳/能见度检测器机壳采用喷塑铝合金壳体,具有坚固、牢靠、耐腐蚀的特点,并应考虑排气、防水、防潮、防尘；

设备应有接地保护、防雷电、防过压保护措施；

一氧化碳/能见度检测器精度测试。

（4）风速风向检测器

测量原理:超声波技术,接收信号相位差测量；

测量范围:-30~+30m/s,最高测量风速80m/s(其他量程出厂应可调)；

测量精度: ±0.1m/s；

平均时间:0.1s~60min；

模拟输出:2×4~20mA(2×0~20mA可选)电流隔离输出,可输出正、反向风速,最大负载阻抗1000Ω；

开关量输出:2×SPCO无源继电器触点,0.25A/125V AC,1A/30V DC,0.25A/100V

DC,配置为故障报警和风向输出；

通信接口：RS232,RS485,RS422；

供电电压：76～265V AC,50Hz/60Hz；

环境温度：-50～+70℃；

防护等级：IP67,具有喷塑铝合金壳体；

CE 认证：符合 EMC 指令 89/336/EEC、低电压指令 73/23/EEC 要求。

安装方式：安装在隧道车行方向右侧壁上,高度以 4.2m 为宜,且不能侵占行车净空。

(5) 亮度检测仪

测量范围：0～6500cd/m$^2$；

电源：AC 180～250V,50Hz,35W；

测量精度：±1cd/m$^2$；

示值误差：±10%；

示值重复性：≤0.1%；

光谱响应误差：≤1%；

测量角度：-20°～+70°；

负载阻抗：1000Ω；

输出信号保护：24V；

工作温度：-50～70℃；

工作湿度：0%～100%；

防护等级：IP67；

信号输出：开关量输出：3 组继电器触点；模拟量输出：4～20mA 与 0～6500cd/m$^2$ 成正比关系；数字量输出：可选；

亮度计安装在隧道入口前的右侧,检测器机壳采用钢板或其他聚酯材料制造,应具有坚固、牢靠、耐腐蚀的特点,并考虑排风、防水、防潮、防尘。

亮度计采用立柱方式安装,选用 $\Phi$203mm(壁厚 10mm)的钢立柱,高度 3m,镀锌防腐处理,抗风强度不小于 36m/s。施工技术要求符合国际 GB 5768。

(6) 照度检测仪

测量范围：0～20000Lx；

测量精度：±1cd/m$^2$ 或 ±1Lx；

负载阻抗：1000Ω；

输出信号保护：24V；

示值重复性：≤0.1%；

示值误差：≤±1%；

光谱响应误差：≤1%；

红外响应误差：≤1%；

紫外响应误差：≤1%；

工作温度：-50～70℃；

工作湿度:0~100%;

防护等级:IP67;

工作电源:AC 180~250V,50Hz,10W+20W(加热);

信号输出:开关量输出:3组1A/250V继电器触点;模拟量输出:4~20mA与0~20000Lx($0~6500cd/m^2$)成正比关系;数字量输出:可选。

照度计安装在隧道入口内的右侧洞壁上,机壳采用钢板或其他聚酯材料制造,应具有坚固、牢靠、耐腐蚀的特点,并考虑排风、防水、防潮、防尘。

## 902.12 智能卡口与监控系统

1. 系统构成

智能卡口与监控子系统主要由服务区出入口智能卡口装置、停车场、加油站监控摄像机及附属的供配电、防雷接地装置组成。

智能卡口装置主要由卡口抓拍摄像机、室外控制机(含设备管理模块、本地存储模块、传输交换模块、电源防雷模块)、上位机管理软件、闪光灯、立柱、基础及接地装置构成。

停车场、加油站监控摄像机采用户外型一体化快球摄像机,立柱高度9m。

2. 系统功能

系统功能及性能规划严格按照公安部颁布标准《公路车辆智能监测记录系统通用技术条件》(GA/T 497)中的有关规定执行,同时根据管理部门的具体业务应用需求,对数据进行深度挖掘,实现具有行业针对性的业务功能扩展。系统具有公安部检测中心出具的《公路车辆智能检测记录系统》检测报告。具体功能设计如下:

(1)车辆捕获功能

系统通过视频检测方式实现车辆捕获功能,能对所有经过车辆进行捕获。在正常车速(5~200km/h)范围内的监控区域规范行驶的车辆图像捕获准确率达95%以上。

(2)车辆图像记录功能

系统能够准确捕获、记录通行车辆信息。记录的车辆信息除包含图像信息外,还包括文本信息,如日期、时间、地点、方向、号牌号码、号牌颜色、车身颜色等。车辆信息写入关联数据库,并将相关文本信息叠加到图片上。

(3)智能补光功能

系统综合考虑了车辆前风窗玻璃对光线的反射特性、贴膜情况、环境光线照射情况,采用了特殊的滤光镜头、专门的成像控制策略和补光方式,同时安排了合理的设备布设方式,使得系统全天候对各类车型都能有效解决前风窗玻璃反光和强光直射等问题,确保车身、车牌都清晰可辨。应采用补光灯和摄像机成像控制模块之间的反馈控制技术,满足夜间拍摄要求。采用强光抑制技术,避免强逆光、强顺光环境下对拍摄造成的影响。

(4)车辆牌照自动识别功能

系统可自动对车辆牌照进行识别,包括车牌号码、车牌颜色的识别。

a. 车牌号码自动识别

在实时记录通行车辆图像的同时,还具备对民用车牌、警用车牌、军用车牌、武警车牌

的车牌计算机自动识别能力,包括2002式号牌。所能识别的字符包括:

| 阿拉伯数字 | "0~9"十个 |
| --- | --- |
| 英文字母 | "A~Z"二十六个 |
| 省市区汉字简称 | 京、津、晋、冀、蒙、辽、吉、黑、沪、苏、浙、皖、闽、赣、鲁、豫、鄂、湘、粤、桂、琼、川、贵、云、藏、陕、甘、青、宁、新、渝、港、澳、台 |
| 军用车牌汉字 | 字母数字 |
| 号牌分类用汉字 | 警、学、使、领、试、境 |
| 武警车牌字符 | WJ样式的字母汉字数字 |

b. 车牌颜色自动识别

系统能识别黑、白、蓝、黄、绿五种车牌颜色。

c. 前端识别技术

车辆牌照自动识别算法(车牌识别、车牌颜色识别)集成在卡口抓拍摄像机中,识别结果由卡口抓拍摄像机直接输出。

d. 车身颜色识别功能

系统可自动对车身深浅和颜色进行识别,可供用户根据车身颜色来查询通行车辆。

系统可自动区分出车辆为深色车辆还是浅色车辆;并识别出10种常见车身颜色,10种颜色包括:白、灰(银)、黄、粉、红、绿、蓝、棕、黑、紫。

e. 车型判别功能

系统采用车牌颜色和视频检测技术结合的方法对车辆类型进行判别,可对5种车型进行识别(大货车、小货车、客车、轿车、轻型客车)。

f. 车标识别功能

系统采用视频检测技术对车标进行识别,可对90种车标进行识别,可供用户根据车标来查询通行车辆。

g. 不系安全带识别功能

系统采用视频检测技术对车内驾驶员安全带位置进行识别,可对不系安全带的驾驶员车辆进行识别并进行标识。

(5)前端备份存储功能

系统前端采用大容量工业级硬盘作为存储介质,能够保存200万辆以上通行车辆信息或100万辆以上的违法车辆信息记录。当超出最大存储容量时,自动对车辆信息和图片进行循环覆盖。

(6)数据断点续传功能

系统支持断点续传功能。网络传输通道故障时,室外控制机能在一定时间内临时缓存完整的数据信息,当通信恢复以后,临时存储的数据能自动续传,补录到中心管理平台集中存储。续传策略有两种:历史数据优先上传、最新数据优先上传。

(7)图像防篡改功能

系统记录的原始图像信息具备防篡改功能,避免在传输、存储、处理等过程中被人为篡改。

(8)远程管理维护功能

a. 故障定位

当发现前端设备图像或者视频丢失时,由于多种原因会造成这种状况,室外控制机设备应集成了故障定位功能,可以准确定位故障类型:如网线故障、光纤故障、摄像机故障、前端设备故障等故障类型。

b. 电源控制

远程电源控制功能,可以在平台远程控制前端设备断电重启。

c. WEB远程维护

前端系统应支持Web方式远程访问进行维护。

3. 技术指标

智能卡口设备在符合本规范的基础上还应符合《公路车辆智能监测记录系统通用技术条件》(GA/T 497)、《机动车号牌图像自动识别技术规范》(GA/T 833)、《道路交通安全违法行为图像取证技术规范》(GA/T 832)的规定。

(1)卡口抓拍摄像机

a. 图像分辨率:600万像素;

b. 镜头焦距:16/20/25/35mm可选,承包人根据现场安装条件自行选择;

c. 最低照度:0.1Lux;

d. 快门双快门:1/1000,0~1/30s;

e. 自动光圈:DC驱动;

f. 视频压缩标准:H.264/MJPEG;视频码率:32kbps~16Mbps,双码流;

g. 图像压缩标准:JPEG;最大图像尺寸:2752×2208;

h. 图像帧率:25帧;

i. 车牌识别准确率:≥95%;

j. 图像设置:饱和度,亮度,对比度,白平衡,增益通过软件可调;

k. 本地存储:支持SD/SDHC,USB存储设备;

l. 网络协议:TCP/IP,HTTP,DHCP,DNS,RTP,RTSP,NTP,图片FTP上传,支持心跳,密码保护,NTP校时;

m. 抓拍图片:JPEG编码,图片质量可设;

n. 智能识别:车牌、车型、车身颜色识别等;

o. 补光控制:闪光灯自动光控、时控可选,多种补光方式可设:独立闪、不闪、关联闪、轮闪和频闪等;

p. 网络接口:1个,RJ45,10M/100M/1000M自适应,具备网口防感应雷能力;视频输出:1个,BNC,CVBS/HD-SDI;

q. 数据接口:1个,RS-485,压接端子;

r. 触发输入:4路,压接端子;触发输出:3路,压接端子;

s. 工作电源:AC 220V±20%,50Hz,≤25W;

t. 工作环境:工作温度:-30~70℃;工作湿度:≤95%RH。

(2)卡口处理单元(室外控制机)

室外控制机由车辆检测模块、设备管理模块、本地存储模块、传输交换模块和电源防雷模块组成,实现控制摄像机、信号灯、线圈、测速雷达和辅助照明设备协调运行,及视频和图片信息进行处理、交换、存储、传输等功能。

室外控制机具备数据本地存储功能,硬盘容量可根据需要选择;

室外控制机内置光纤接口,具备光纤组网功能,可根据需要组成星型、链型和环型网络;

室外控制机具备远程开箱报警和远程断电重启功能。

室外控制机具备具有防风、防雨、防沙、防尘及防盗功能,符合道路交通使用要求;采用挂杆式安装。

室外控制机具体技术参数如下:

a. 安装方式:挂杆式;

b. 控制机组件:远程管理单元、电源防雷单元、光交换传输单元、本地存储单元、车辆检测单元;

c. 摄像机接口:不少于2个,RJ45;

d. 上传接口:网口:1/2个,1000M,光电可选;

e. 本地存储模块:硬盘接口4个,配置企业级硬盘2T 3.5英寸SATA;

f. 存储容量:≥200万辆;

g. 车辆检测测速范围:5~200km/h;测速误差:-5~0km/h;

h. 管理功能:远程开箱报警、远程掉电告警、远程断电重启、远程开箱控制;

i. 工作电源:AC 220V±20%,50Hz;

j. 工作温度:-20~70℃;工作湿度:≤95%;

k. 采用工厂标准化生产。

(3)一体化球形摄像机

a. 有效像素:1920(H)×1080(V);

b. 最低照度:彩色0.1Lux;黑白0.01Lux;

c. 自动光圈:DC驱动;

d. 镜头参数:20X光学变焦,焦距参考范围$f$=4.7~94.0mm,F1.6~F3.5;

e. 电子快门:自动/手动(区间可调,1/1~1/10000s);

f. 自动白平衡,自动增益控制,自动背光补偿;

g. 信噪比:≥50dB;日夜转换:ICR红外滤片式;

h. 聚焦模式:自动/手动;

i. 视频压缩标准:H.264/MJPEG;

j. H.264编码类型:BaseLine Profile/Main Profile/High Profile;

k. 压缩输出码率:1~16Mbps,CBR/VBR可调;

l. 视频帧率:1920×1080@25fps/30fps,1280×720@25fps/30fps;

m. 支持双码流或多码流,支持 ONVIF 协议;
n. 预置位:128 个;旋转角度:水平 360°,垂直 90°自动翻转;
o. 网络接口:1 个 RJ45 接口,10M/100M 自适应以太网口;数据接口:1 个 RS485 接口;
p. 工作环境:工作温度 -25~+65℃,工作湿度≤90%(无凝结);
q. 防护等级:IP66;
r. 额定风负荷:不少于 30m/s。

摄像机安装要求:摄像机支撑杆地面以上高度 9m,摄像机防护罩云台应牢固安装在支撑杆上,使之能在摄像机防护罩处于最大风速之下,从监视器看不到摄像机有明显示抖动的现象。

摄像机杆顶端应设置避雷针,避雷针引线需加支撑夹子固定。防雷接地电阻≤4Ω。

(4)闪光灯
a. 采用脉冲灯管,气体放电闪光;
b. 补光范围:10°(单车道);
c. 补光距离:15~25m;
d. 闪光能量:不低于 280J;
e. 色温:5600±500K;
f. 峰值闪光持续时间:1/30ms;
g. 回电时间:<60ms;
h. 工作寿命:≥300 万次;
i. 工作电源:电压:AC 165~265V;频率:48~52Hz;
j. 工作温度:-20~+70℃;工作湿度:5%~90%@40℃,无凝结;
k. 防护等级:IP65;
l. 1000 万次以上超长寿命;回电时间小于 60ms;
m. 内置光耦隔离开关量、电平、RS485 三种触发方式;
n. 全金属外壳散热设计。

## 902.13 隧道紧急电话、广播系统

1. 系统构成

隧道紧急电话与广播系统主要由监控分中心控制台设备,隧道设备,以及通信光缆等组成。

(1)控制台设备:主要包括系统控制主机、计算机 PC、专用接警电话机等。

(2)隧道设备:主要由隧道内紧急电话分机、隧道口紧急电话分机、远程广播功放、强指向喇叭等。

(3)光缆:通信光缆(单模 4 芯)。

通信光缆从监控分中心系统控制主机串行连接到每台隧道分机,在隧道洞口分歧。光缆在分机内接续。

2. 系统功能

(1)控制台能够接受隧道分机发出的紧急呼叫,实行双工通话。

(2)控制台能随时呼叫任意一台隧道分机。

(3)当多个隧道分机同时发生呼叫时,能够自动排队,并显示呼叫排队分机的编号。

(4)当操作管理计算机出现故障时,系统能维持基本通话功能,并存储此间发生的呼叫信息。

(5)紧急电话计算机上应配备隧道模拟电子地图,显示隧道紧急电话分机和广播的实际分布位置。

(6)紧急电话计算机能对各种交通事故报警记录进行统计查询、显示、打印输出。

(7)紧急电话计算机上设置管理权限分级,操作员级和维护员级。

(8)紧急电话计算机上中应配备数字录音系统,能够及时对事故报警通话进行录音,并可以按各种条件进行查找、回放等。

(9)系统控制台主机能够提供通信接口(RS232/485/RJ45)与视频控制计算机,实现紧急电话报警与闭路电视系统的联动。

(10)按下隧道分机的按钮后,分机应能自动向隧道管理站或监控分中心控制台主机发出呼叫,并及时传送本机的地址信息。控制台值班员应答后能够及时建立全双工通话,可以免提通话,也可以摘机通话。

(11)当紧急电话分机遭到破坏(例如门被非法开启)或电池欠压,线路故障等,分机能够自动向控制台主机发出报警信息。

3. 技术指标

(1)隧道内/外紧急电话

a. 光接口特性:

工作波长:1310nm/1550nm;

光发射功率:-10dBm;

光接收灵敏度:-30dBm;

光连接器:FC/PC;

b. 音频接口:VF2/4 接口符合 GB 6879—86 要求;

c. 数据接口:RS232C/RS485;

d. 距紧急电话机前方 40cm 处测得的额定声能级优于 90dBA;

e. 隧道内,距紧急电话机前方 40cm 处测得的额定声能级优于 95dBA;

f. 所有紧急电话呼叫对紧急电话控制台来说是不闭塞的;

g. MTBF≥100000h(电池除外);

h. 温度:-15~+55℃;

i. 湿度:90%(35℃;)

j. 防水性能:IP65;

k. 洞外电话分机为直立式,洞内采用壁挂式,采用镀锌钢板烤漆外壳。紧急电话分机应与紧急电话平台或隧道洞室壁通过机械结构紧固连接;

l. 隧道内紧急电话采用壁挂式结构,应具有防噪音功能;紧急电话间应安装高亮LED

灯,采用感应式或脚踏式控制,安装在洞室顶部;

　　m.防雷接地:紧急电话机必须装有避雷元件,用以把来自任何事故波,特别是雷电造成的高压入地。紧急电话接地电阻≤10Ω。

　　(2)隧道内/外扬声器

　　　　a.语音频带:300~3400Hz;

　　　　b.单个广播额定声压级强度:≥110dBA(广播正前方100cm处测得);

　　　　c.非线性失真:≤5%;

　　　　d.控制台信号发送电平:≥0dB;

　　　　e.广播模块信号接收灵敏度:≤-38dB;

　　　　f.扬声器:强指向扬声器;

　　　　g.扬声器功率:20W;

　　　　h.广播功放控制器功耗:1个功放驱动至少四个扬声器,根据各厂家产品特性确定;

　　　　i.最大允许线路衰耗:30dB(3000Hz);

　　　　j.声音清晰,无混响;

　　　　k.平均无故障时间(MTBF):≥100000h;

　　　　l.防护等级:IP65;

　　　　m.工作温度:-10~+60℃;

　　　　n.工作湿度:10%~90%。

　　(3)紧急电话与广播控制工作站

　　　　a.CPU:英特尔i5处理器,主频≥3.0GHz,6MB高速缓存;

　　　　b.内存:8GB,DDR3,1600MHz;

　　　　c.硬盘:128G SSD固态硬盘,1TB HDD SATA驱动器;

　　　　d.16倍速DVD-ROM;

　　　　e.标准键盘、鼠标;

　　　　f.液晶显示器:

　　　　　·23英寸IPS面板,LED背光,分辨率:1920×1080;

　　　　　·平均亮度:≥250cd/m²;

　　　　　·静态对比度:≥1000:1;

　　　　　·可视角度(水平/垂直):不小于176°/176°;

　　　　　·响应时间:不高于8ms;

　　　　g.以太网卡:10/100/1000Mbps自适应;

　　　　h.显示卡:最大分辨率2560×1600,显存512M,配置有DVI和VGA接口,有较强的3D图形处理能力,支持多屏显示技术。

　　系统控制台主机:

　　　　a.系统控制容量:≥256;

　　　　b.语音频带:300~3400Hz;

　　　　c.通话链路:无阻塞;

d. 信号发送电平：≥ -6dB；

e. 信号接收灵敏度：≤ -36dB；

f. 音频输出阻抗：600Ω；

g. 杂音电平：≤40dBmp；

h. 工作电源：AC 220V ±10%，50 ±2Hz。

## 902.14 隧道交通控制系统

1. 系统构成

隧道交通监控子系统完成隧道区段交通控制的功能。在隧道现场由本地区域控制器（PLC可编程控制器）、工业以太网交换机、交通信号灯、隧道内可变信息标志、车道指示器、电光标志及上述各设备的机箱、线缆等构成。

本地控制器安装在隧道内车行方向右侧壁洞室内，根据所连接的各种外场设备的接口类型，本地控制器可通过RJ45、RS485、RS232、DI/DO、AI接口与之相连。本地控制器视所辖区段内的外场设备类型、数量而配备足够数量的RJ45、RS485、RS232、数字量及模拟量I/O接口单元。隧道内的本地控制器与工业以太网交换机连接，通过光纤构成工业级自愈以太环网。

2. 系统功能

收集各隧道检测设备检测的信息，包括交通量信息、外场设备运行状态等。

采集高位消防水池的水位信息和潜水泵的工作状态信息，并由本地控制器控制潜水泵设备配电箱内的交流接触器对潜水泵启/停进行控制。

采集防火卷帘状态信息，可以实现自动控制卷帘门启闭。

对收集信息进行预处理，并储存在本地的存储单元中。在隧道监控站监控计算机或隧道主控制器轮询时，将存储单元中处理好的信息上传给隧道监控站计算机或主控制器。

接收隧道监控站计算机的各种控制命令，将控制命令和设备运行状态比较后，发出对下端执行设备的控制指令（如发给交通信号灯、车道指示标志、横洞指示标志、可变信息标志等的指令）。

可存储常用和应急处理程序，如交通事故处理程序、火灾紧急处理程序等。

隧道每个本地控制器同时也是一个独立的控制系统，在隧道监控站计算机故障、维修或测试、通信中断或其他原因和上端失去联系时，可通过控制终端或者外接计算机进行手动操作，且手动优先级最高。

系统应具有自诊断功能。

为保证隧道运行的可靠性，隧道内本地控制器之间网络的逻辑拓扑结构采用环网结构（由工业以太网实现）。本地控制器与外场设备的连接应有可靠的电磁隔离和抗干扰能力，并符合相应的标准。

3. 技术要求

（1）隧道口交通信号灯

a. 交通信号灯由显示灯、安装支架、立柱、基础及接地装置构成。

b. 操作人员能在隧道管理站控制交通信号灯开、关状态，交通信号灯的绿灯表示隧道正常通行，红色禁止通行，黄灯表示交通量大，绿箭头用于通过洞口变车道，开辟另一隧道为可逆行驶。

c. 显示灯含红、黄、绿、绿箭（设有转向车道的隧道口）等信号灯，每一信号灯直径尺寸为300mm。

d. 光源：LED；功率：25W；额定电压：220V。

e. 最远可见度：≥200m。

f. 平均无故障时间：≥100000h。

g. 信号灯的安装要能抵抗30m/s的风力。

h. 隧道入口的交通信号灯安装在隧道口的转向车道处，单悬臂安装，净空5.5m以上。

(2) 隧道内可变信息标志

a. 显示屏

(a) 显示屏发光组件为LED组件；可显示两行8个24×24的汉字；

(b) 每个像素管由4红2纯绿发光二极管组成双基色；

(c) 发光二极管组件均为红外专用长寿命、高品质组件，平均寿命达10万h；

(d) 显示方向：可左至右或右至左，或上下滚动；

(e) 显示屏为防风防雨型，可抵御30m/s风速；

(f) 每一LED显示单元由驱动模块独立控制其亮度，并采用电流驱动；

(g) LED发光亮度可根据外界环境条件自动或手动调节，至少6级以上；

(h) 可变信息标志的静态视认距离应不小于250m，动态视认距离应不小于200m。

b. 控制器

(a) 可变信息标志控制器由传输介质、控制器单元、控制面板、电源供应器、亮度检测器及箱体等部分组成；

(b) 具有至少两个通信接口，一个用于与上位机的通信，另一个用于便携计算机调试使用；

(c) 与显示屏接口为RS422标准设计，对驱动模块故障、LED组件断路、过电流保护、电网电源故障、通信故障、显示单元电源故障、控制器电源故障、温度过高、过低以及亮度等进行自检与监视；

(d) 控制器单元，包括中央处理单元（CPU）、EPROM（可擦写记忆、存放程序及中文字形码和标准图形）和内部时钟；

(e) 当接到区域监控中心的指令时，应校验有效性和精确性，向区域监控中心发送确认正确与否信号，并驱动信息标志显示相应内容；

(f) 在电源故障、无显示内容时，显示屏应为全黑，无任何亮点；

(g) 监视每个显示单元的工作状态，当显示单元的损坏率达到一定程度，应将显示板关闭，并向区域监控中心计算机发出故障信息。

c. 驱动器

(a) 每一显示单元由控制器控制驱动器模块开关（置入显示式清除状态）；

(b)驱动器模块应具有高可靠性,并便于更换和维修;

(c)在驱动器电源出现故障时,驱动器处于故障状态,这时所有显示单元处于关闭状态。

d. 电源

可变信息标志驱动系统和控制系统的工作电源采用 $n+1$ 高可靠容错开关电源系统。

e. 结构要求

(a)LED 模块框体材质至少为 2mm 烤漆钢板;

(b)总显示面积为 $1.2m \times 2.4m$;

(c)箱体材质为钢板,烤漆后箱体为黑色不反光;

(d)外壳防护等级 IP65;

(e)箱体可采用钢板或强度大于钢板的金属材料制作;

(f)结构设计要求充分考虑便于维修工作。

f. 其他技术指标

(a)温度:在 $-10 \sim +50$℃ 之间;

(b)湿度:10% ~ 95%;

(c)抗风速:不低于 20m/s;

(d)电力:AC 220V ± 10% ,50Hz;

(e)通信接口:标准 RS232/485;

(f)整屏亮度 $>3500cd/m^2$,亮度自动调节至少 6 级;

(g)可视角度:不低于 30°;

(h)失效点:不高于 1‰;

(i)MTBF≥20000h。

g. 安装要求

隧道内信息标志悬挂安装在隧道顶部,要求净空至少 5.5m 以上,不得侵入隧道建筑限界。

(3)车道指示器

a. 系统构成

车道指示器作为隧道监控系统控制命令的执行设备,用以管理和控制通过隧道的交通。可变车道控制器安装在隧道左、右洞车道正上方,不得侵入隧道建筑限界。

b. 功能要求

车道指示器的绿色箭头和红叉分别表示车道的开通和关闭。为了在紧急情况发生时,被封闭在隧道内的驾驶员能安全驶出隧道以及将隧道的单洞变成双向行驶,车道指示器采用双面式和单面式结合的方式,具体样式应根据隧道设备布置图来确定。

车道指示器具有手动自检功能,能提供车道控制标志显示内容的确认信号以及设备的工作状态是否正常的信号,在车道控制标志故障或通信失败的情况下要求车道控制标志不显示任何内容。

c. 设备技术要求

（a）车道指示器要求采用超高亮度 LED 显示，由显示单元及安装支架构成；

（b）每组指示器包括 2~3 个正反两面显示的 LED 单元；

（c）可根据控制命令分别显示红"×"或绿"↓"；转向车道及车行横洞处增设"←"；

（d）有效显示尺寸：600mm×600mm；

（e）红色 LED，亮度 1000mcd；蓝绿色 LED，亮度 1200mcd；

（f）总发光强度：$3000cd/m^2$；

（g）MTBF：50000h；

（h）正常情况下，车辆以 80km/h 行驶时，距标志 200m 远驾驶员能对显示内容清晰辨认；在逆光情况下，能清楚地观看到车道控制标志显示状态；

（i）车道指示器外壳应具有坚固、牢靠、耐腐蚀的特点，并考虑防水、防潮、防尘。

（4）车道指示器和电光标志

a. 系统构成

电光标志包括车行横洞标志、人行横洞标志、紧急停车带标志、疏散标志，指示标志不需要控制，常亮。

b. 功能要求

车行横洞标志、人行横洞标志分别是隧道内车辆通过车行横洞、隧道内人行横洞的导向标志。标志要求不侵占隧道净空。

紧急停车带标志安装在紧急停车带前，指示紧急停车带位置。

疏散标志安装在隧道行车方向左侧，用于紧急情况下向车辆和人员提供转移方向和距离信息。

c. 设备技术要求

车行横洞、人行横洞、紧急停车带标志、疏散标志等宜采用内部照明方式，技术要求参见《公路隧道交通工程设计规范》（JTG/T D71）。

（5）电光诱导标志

a. 一般描述

在所有隧道口与隧道内均设置电光诱导系统，包括电光轮廓标、直流变压器、控制器、分线盒、电源、控制缆线等。轮廓标安装在隧道两侧电缆沟侧壁上，通过主动发光和被动反光结合指示隧道行车界限，诱导车辆行进。

由于轮廓标安装预留洞室洞穿电缆沟侧壁，本工程承包人在安装完轮廓标后，除进出线位置外，需负责对电缆沟内壁上的孔洞按电缆沟内壁形状进行恢复。

b. 功能要求

轮廓标为 LED 与逆反射片相结合，兼备主动闪烁光线刺激和逆反射光线补偿功能，易引起驾驶员注意，具有良好的警示和诱导效果。

轮廓标采用直流电源集中供电（安放在控制器机箱内），由配套控制器对主动发光安全设施亮度、闪烁频率进行统一控制，避免闪频不一致导致的轮廓不清，视觉刺激混乱给驾乘人员造成的不适。为减少隧道内单轮廓标或单个 LED 损坏对整个系统的影响，轮廓标接线应采用"单体并联"方式，每个轮廓标配备分线盒一个并间隔一定距离设置分线盒，实现分段独立供电,提高供电可靠性。

c. 设备技术要求

(a)采用主动发光组合式轮廓标,由支架、反射器、主动发光模块三部分组成,隧道右侧安装白色轮廓标,左侧安装黄色轮廓标。发光模块采用高亮度 LED;

(b)轮廓标尺寸:95mm×95mm×20mm(供参考);

(c)轮廓标密封防水:IP67;

(d)轮廓标最大功耗:不大于 0.8W;

(e)轮廓标使用寿命不低于 5 年;

(f)隧道内可视距离:≥1000m。

控制器控制洞内的轮廓标统一的闪烁频率和亮度,闪烁频率 70~300 次/min 可调;应按照预留洞室尺寸配备控制器机箱。

(6)隧道 PLC 控制器

安装在隧道内,用于现场信息的采集与处理,用于交通监控装置的控制。

a. CPU 单元

(a)采用高速 32 位 RISC CPU 芯片;

(b)基本指令处理速度:主控不低于 $0.02\mu s$,其他不低于 $0.04\mu s$;

(c)本地 I/O 点数:不少于 900 点;

(d)高速数据总线金属底板结构便于插拔;

(e)所有本地控制器均采用双电源冗余结构(非双开关电源);

(f)电源电压范围:AC 220V ±15%;

(g)CPU 带 RS232/RS485 接口和编程外设口;

(h)具有自定义的通信功能,能与其他厂商的产品进行数据通信;具备与其他厂商的现场总线通信兼容的功能;

(i)具有自诊断功能:CPU 故障、I/O 校验错误、上位机链接出错、存储器故障等;

(j)用户应用程序、系统参数等数据能够以文件的形式存放于数据存储卡或 CPU 内存中。

b. 数字量输入单元(DI)

(a)输入点数:16 点;

(b)输入电压:DC 24V;

(c)连接方式:拆卸式端子排。

c. 继电器输出单元(DO)

(a)输出点数:16 点;

(b)最大开闭能力:DC 24V/AC 250V,2A;

(c)连接方式:拆卸式端子排。

d. 模拟量输入单元(AI)

(a)输入点数:4~8(可根据需要选择);

(b)输入范围:1~5V,0~10V,4~20mA;

(c)转换速度:≤1ms/点;

(d)总精度:电压±0.2%,电流±0.4%;

(e)外部连接:拆卸式端子排。

e. 串行通信单元

(a)端口类型:RS232C/RS422A/RS485 口;

(b)支持多种协议,能与其他厂商产品进行数据通信。

f. 以太网通信单元

(a)端口类型:标准的 RJ45 口;

(b)通信方式:屏蔽双绞线;

(c)通信速率:10/100Mbps 自适应;

(d)支持 TCP/IP,UDP/IP 协议。

g. 电源

(a)冗余双电源;

(b)采用 50Hz、220V±10% 的交流电;

(c)直流 24V 接线端子;

(d)为 PLC 各模块的集成电路提供工作电源。

h. 控制终端(触摸屏,与 PLC 为同一品牌)

(a)端口类型:RS232C/RS422A/485 和 10M/100M TCP/IP 以太网接口;

(b)显示分辨率:不小于 640×480;

(c)显示色彩:真彩(TFT);

(d)尺寸:不小于 10 英寸;

(e)防护等级:表面可达 IP65,背板 IP30。

(f)操作员可以在变电所通过此屏对本地内设备进行监视和就地手动控制,或在与管理站通信中断时,调用事先编程置入的任务表,控制现场设备。

(7)PLC 控制器机箱

a. 本地控制器机箱应可在隧道环境气候条件下使用。机箱为全天候防风雨机箱,不锈钢外壳,防护等级 IP65。

b. 机箱可放置所有的 19 英寸支架(包括单元模块、电源系统、接线防雷系统、散热系统等)。

c. 机箱内设置开关电源、接线端子、断路器、插座、保险丝盒、隔离变压器、防雷器、指示灯、荧光灯等,设备机箱应配备门锁,以防盗。

d. 机箱应严格按照隧道洞内预留洞室大小统一进行定制。

e. 邻近隧道口的设备机箱内应有防雷电及过电压装置以保护设备安全,雷电安全防护等级符合中华人民共和国公共安全行业标准 A 类。

f. 邻近隧道口的设备机箱内,交流电源进线端设交流电源防雷器,信号线进线端设数据信号防雷器,直流电源前设直流电源防雷器,并进行接地处理。所有防雷器应安装在引入线的前端。

(8)工业以太网交换机

安装在隧道内本地控制器机箱内,用于光纤环网组网。

a.工业以太网交换机采用无风扇散热方式的可网管型工业级设备;

b.端口:至少配备2个1000M单模光口,至少6个10/100Mbps电口;

c.安装可选择导轨安装或壁挂安装;

d.网络拓扑结构:支持总线、星形、树形、环形拓扑结构;

e.冗余功能要求:支持STP、RSTP等多种冗余机制,环网冗余恢复时间不大于20ms。

f.网管功能:交换机应支持虚拟局域网功能,全局及每个端口的单播、多播和广播限制器功能、地址表快速刷新、流量控制等功能;

g.交换机应具备完善的网络诊断功能,具备电源管理、链路状态管理、数据管理、冗余管理、端口管理、线缆测试、端口镜像等功能,支持SNTP简单网络时间协议;

h.支持SNMP/DHCP协议,能进行网络管理;支持IEE802.lP标准的优先级控制;支持IEEE802.3、802.3u;支持802.1D优先级(4 queues);流控制802.3x;

i.支持VLAN划分;SNTP(简单网络时钟协议);

j.多播过滤(GMRP),支持IGMP Snooping功能;

k.支持web界面SNMP v1/v2/v3;

l.采用宽温设计:工作温度-40~75℃;

m.能在恶劣环境条件下工作,如高温、强电磁干扰环境;需通过防电磁干扰、抗震动、危险场合应用等国际标准的认证。

## 902.15 隧道火灾报警系统

1.系统构成

长隧道内设置自动火灾检测器和火灾报警按钮,并通过计算机系统或本地控制器根据检测到的火灾情况控制隧道交通标志、风机和照明等。

隧道火灾报警子系统主要由隧道火灾探测装置、信息传输装置、与信息处理与报警装置构成,主要设备包括以下内容:

(1)光纤光栅火灾报警探测系统;

(2)手动报警按钮;

(3)变电所感烟探测器;

(4)火灾报警主机控制器;

(5)防雷器、线缆、机箱。

2.系统功能

火灾报警系统应能及时、准确的反馈出隧道内火灾发生的地点及报警信号。经传输线路至监控计算机系统,火灾报警后应能自动(或手动)将主监视器切换到发生火灾的位置,经人工确认后,由监控站计算机系统做出相应的控制预案措施,包括采取相应的救援措施并向有关部门汇报,监控系统向相应的外场设备发布控制命令如启动通风设备、信号灯、车道控制灯、灭火设备等,调整各外场设备的显示信息以便快捷、有序的诱导隧道内车辆及人员,保证隧道的安全运营。

隧道火灾报警产品必须符合质检总局、公安部、国家认监委公告2014年第12号《关于部分消防产品实施强制性产品认证的公告》。隧道火灾报警系统需满足《火灾自动报警系统设计规范》(GB 50116)的要求。

主机控制器功能:

(1)火灾报警控制器应具备高可靠性、应符合安装快捷、操作简便、反应准确、易维护的要求。

(2)火灾报警控制器由主控制器(提供回路控制)、主显示面板、联动显示板、电源模块等组成。

(3)火灾报警控制系统要求为无主再生网络型,系统内每一台火灾报警控制器均可控制、查询、访问任何一台火灾报警控制器的工作、报警状态或者主机控制相关区域机。

(4)单个回路连接设备的总数不宜超过200。

(5)火灾报警控制器配有回路控制卡,用于联接各探测器和监控模块。主机与外围设备之间构成网络相互通信。

(6)火灾报警控制器内配有工业级CPU微处理器模块;控制器配置液晶显示屏,最新报警信息始终显示在屏幕上。同时还配有各种控制显示板及LED显示灯。可显示系统的工作状态和火灾报警信号。

(7)火灾报警控制器能自动检测探测器、手报、模块等设备的运行状态,当任一设备出现故障后时,能准确报告故障设备的名称和位置并将之隔离,以确保系统的正常报警。并具有自动生成现场设备电子布置图形功能。

(8)火灾报警控制器具有火灾报警、档案记录功能,主机可以记录2000项以上报警和故障档案记录。

(9)火灾报警控制器内置防雷击抗高压保护设施。在瞬间高电压、电流或无线电波的冲击干扰下,仍能正常工作。

(10)火灾报警控制器还配有24V配用直流电源系统,自带浮充电回路,以便在外部电源失电后能继续保证火灾报警系统的正常运行。

3.技术指标

(1)火灾报警主机

a.主电源:AC 220V,50Hz;

b.功率消耗:监视状态:25W/8回路,报警状态:35W;

c.单回路容量:连接200个智能设备;

d.控制器容量:单机最大容量不小于2500点;

e.总线长度:最大可达到3000M;

f.通信接口:应同时具有至少1个以太网接口、一个RS232、两个RS485标准通信接口;

g.结构形式:应符合19英寸标准的机柜安装;

h.使用温度范围:0~40℃。

(2) 感烟感温火灾探测器

a. 具有电子编码,火灾探测灵敏度自动调节;

b. 工作电压:DC 18~30V;

c. 监视电流:≤50μA;

d. 报警电流:2mA;

e. 环境温度:-10~50℃;

f. 环境湿度:10%~95%RH;

g. 应具备电子地址编码,内置微型处理器(CPU)。

(3) 手动报警按钮

a. 工作电压:DC 18~30V;

b. 环境温度:-20~60℃;

c. 监视电流不大于250μA;

d. 报警电流:2mA;

e. 报警压力:100N±5%;

f. 具备智能电子地址编码,内置微型处理器(CPU)。

(4) 光纤光栅信号处理器

a. 信号处理器应在隧道控制室环境内正常工作;

b. 信号处理器能够对所有的探测进行温度测试,每个探测器的温度都可以在处理器的显示器上显示;

c. 工作电源:AC 220V,工作电流:<2A;环境温度:0~40℃;

d. 波长范围:1525~1565nm;

e. 分辨率:0.1pm/0.01℃,测试精度:5pm/±0.5℃;

f. 通道数:一般配置4通道,可选配多通道;

g. 门限报警温度设定范围:65~95℃,现场任意可调;差温报警温度设定:现场可调;

h. 采样频率:≥1Hz;

i. 输出信号:温度报警开关信号和故障报警开关,可以通过RS232/RS485端口和火灾报警控制器连接,实现温度和各光路故障报警;

j. 报警定位:报警发生后能够在终端上对报警点的消防分区进行定位,如有需要可以直接定位到具体点。

(5) 光纤光栅火灾探测器

a. 使用环境温度:-30~+180℃;

b. 分辨率:0.1pm/0.01℃;

c. 测试精度:5pm/±0.5℃;

d. 使用环境湿度:在湿度≥100%环境下连续工作不小于30天;

e. 响应时间:<20s;

f. 报警方式:差定温复合式;

g. 光缆传输距离:20km;

h. 最大弯曲半径:300mm;

i. 防护能力达到 IP68。

## 902.16 监控设备供电系统

1. 系统构成

监控设备供电系统主要由 UPS、参数稳压电源、太阳能供电设备、防雷器、配电箱、箱式变电站等构成。

2. 系统功能

一般道路监控外场设备用电均由就近各匝道收费站、服务区变配电室低压配电屏提供,少数远离供电设施的小功率设备(道路监控摄像机)由太阳能电系统提供。枢纽互通附近的外场设备用电均由外场箱式变电站提供。监控室内关键设备等由参数稳压电源和 UPS 等供电。

低压成套开关设备应具有 CCC 认证标志。

3. 技术指标

(1)配电箱

a. 配电箱与控制箱额定电压为交流 380V 或 220V,额定频率为 50Hz,额定电流满足设计要求。

b. 所有箱体外壳应用 1.5mm 厚的不锈钢板制造,表面采用涂/喷塑防腐处理,构造坚固,并配以活盖板,全防水防尘结构达到相关国家标准要求的 IP65 级。

c. 外壳应适合表面固定,便于安装和维修。底部、顶部及两个侧面,应备有适当的冲压孔,以便端接电缆或电线管,其孔洞应能密封。每根电缆与外壳的连接处,应有防水电缆密封装置。

d. 隧道内的配电箱与控制箱,采用专业配电箱,所有材料及制造工艺,除设计图及本规范另有规定外,均应符合有关的国家标准的规定。

e. 配电箱与控制箱应按设计图标出的尺寸和电气原理图制造,应配齐设计图中所有的电器元件及附件,构成一个完整的配电装置。

f. 所有箱体应设接地螺栓,以便与接零干线或接地干线可靠连接。

(2)箱式变电站

箱式变电站主要由高压配电装置、电力变压器、低压配电装置和电能计量装置构成。高压配电装置由高压开关设备、支持绝缘子、母线、熔断器及控制、测量等设备组成。低压配电装置由低压开关设备、熔断器、低压母线及分支线、避雷器、无功补偿装置、绝缘支持件及其控制、测量装置等组成。

a. 总体电气参数

(a)额定电压:10/0.4kV;

(b)变压器额定容量:80kV·A;

(c)额定频率:50Hz;

(d)绝缘水平:工频耐压:不低于 35kV;冲击耐压峰值:不低于 75kV。

b. 外壳与箱体技术要求

（a）箱式变电站外壳采用金属材料，并能耐受一定的机械力的作用。

（b）外壳的金属材料应经过防腐处理，表面覆盖层应有牢固的附着力，并应均匀一致。

（c）外壳应有足够的机械强度，在起吊、运输和安装时不应变形或损伤。

（d）箱体的基座应高出地基 300mm 以上。高、低压室和变压器室应设可自动开闭的照明设施。箱体应设足够的自然通风口和隔热措施，以保证在一般周围空气温度下运行时，所有电器设备的温度不超过其最大允许温度。

（e）箱体基座和所有外露金属件均应进行防锈处理，并喷涂耐久的防护层。

c. 高压配电装置技术要求

（a）高压配电装置所用开关柜宜选用加强绝缘型，其技术条件应满足相应的国家标准与电力、能源等行业规范的规定。配电装置应有由金属板制成的封闭间隔和门。如果门打开后有裸露的带电部分，则应进行防护。用于安装电器的板或构架，应有足够的强度和刚度。安装位置应便于导线连接、开关装置的操作、部件的维修和更换。

（b）高压母线和连线应有相别标记。其结合部位应采用支持绝缘子固定，一般部位使用导线夹固定，三相导线应各自单独固定。高压室门的内侧应标出主回路的线路图，同时应注明操作程序和注意事项。高压配电间隔的门面上应标出主回路图。

（c）避雷器的安装位置应尽量靠近所要保护的设备，并应便于试验，接地应符合有关标准的规定。高压带电显示器的安装位置应便于观察。

d. 变压器技术要求

（a）变压器应设安装滚轮，安装基座上应设轨道。铭牌应尽可能面向箱门。

（b）变压器相连接的高、低压连线宜采用绝缘线，其截面选择应满足额定电流和热稳定电流的要求。变压器的端子上宜设绝缘保护罩。

（c）变压器室应根据高压配电装置设计技术规程的要求装设可靠的安全防护网或遮栏并设闭锁装置。

e. 低压配电装置

（a）低压配电装置所选用的电器产品，包括低压开关柜，其技术性能应满足各自相应的国家标准，并是通过国家正式鉴定的定型产品。低压固定面板式结构的配电装置应有金属板制成的间隔和门，其位置设置应便于电器元件的安装、试验、操作、检修或交换。

（b）低压配电装置的连线均应有明显的相别标记。低压主开关应选择能可靠开、断运行地点系统短路电流。低压室门的内侧应标出主回路的线路图，信号灯及仪表的装设位置应易于观察和安全地更换。

（c）低压配电装置应能装设低压无功补偿装置，其补偿容量为变压器容量的 20%。无功补偿装置应能根据系统无功功率的变化自动投切。

f. 电能计量装置

（a）箱式变中所配用的电能计量柜（箱）应满足供电部门的规定。

（b）电能计量装置的尺寸、布置方式和颜色均应与箱式变内的高、低压配电装置相协调。

g. 变电站接地装置

（a）箱式变的接地系统应符合电力设备接地相关的国家标准与行业规范的要求。

（b）箱式变的箱体应设专用接地导体，该接地导体上应设有与接地网相连的固定连接端子，其数量不少于两个，并应有明显的接地标志。箱式变的金属骨架，高压配电装置、低压配电装置和变压器室的金属支架均应有符合技术条件的接地端子，并与专用接地导体可靠地连接在一起。

（c）箱式变的三室专用接地导体应相互连接，箱式变的所有高、低压设备的非带电金属裸露部分均应可靠接地。

h. 使用环境参数要求

（a）周围空气温度：-15 ~ +40℃；湿度：0 ~ 95%；

（b）海拔：不高于1000m。

（c）地震水平加速度：不大于$0.3g$。

（d）能抵御本项目安装现场日照、污秽、凝露及自然腐蚀的影响。

i. 其他要求

箱式变电站除满足本规范规定的技术条件外，还应满足中华人民共和国电力行业标准《6 ~ 35kV箱式变电站订货技术条件》（DL/T 537）的技术要求。

(3) 交流参数稳压电源

稳压电源的技术要求：

a. 采用三相交流参数稳压电源，容量根据设计图纸配置；

b. 输入电压：相电压：150 ~ 260V；线电压：240 ~ 450V；输入频率：50Hz；

c. 输出电压：输入380V±20%时，输出380V±3%；输入380V-30%或380V+20%时，输出380V±5%；

d. 运行效率：98%；功率因素：$\cos\phi \geq 0.99$；

e. 缺相保护特性：输入缺相，输出三相完整，输出精度380±5%，可长时间运行；

f. 三相线电压不平衡调整精度：相线电压≤1.5% 线电压≤2%；

g. 具备较强的抗干扰及抗浪涌能力；

h. 工作环境：温度 -25 ~ +45℃。相对湿度<95%，海拔4000m以下。

(4) UPS

a. 主机系统

（a）输入电压：三相五线制，AC 380V-42% ~ AC 380V+25%；

（b）输入频率：50Hz±10%；

（c）输入功率因数：≥0.99；

（d）输入电流谐波含量：≤3%；

（e）输出电压：三相五线制，AC 380V±1%；

（f）输出波形：正弦波；

（g）输出频率精度：50Hz±0.05%；

（h）同步速度：≤1Hz/s；

(i)谐波失真:≤3%(非线性负载),≤1%(线性负载);

(j)输出功率因数:0.8;

(k)峰值因数:≥3:1;

(l)三相不平衡负载能力:100%;

(m)过载能力:105%正常运行,125%10min,150%1min;

(n)动态稳定性:当负载100%突变时,输出电压波动小于5%,并在20ms内恢复到1%以内;

(o)在不配置内置蓄电池的情况下确保能正常可靠运行。

b.蓄电池

(a)型式:阀控式密封铅酸蓄电池;

(b)单体电池规格容量:12V/100Ah以上;

(c)单体电池均衡充电电压:13.8~14.1V;

(d)蓄电池组电压:±240V;

(e)电池后备时间不少于60min(满足设计要求);

(f)蓄电池采用与主机同一厂家的电池应具有泰尔认证;

(g)蓄电池应采用5年期及以上寿命电池;

(h)蓄电池组配套所必需的专用工具和配件。

c.设备功能及其他

(a)UPS上具有监控功能,配有RS-232接口或RS485、RJ45接口,能将UPS的工作状态及故障报警传送给监控中心。

(b)UPS面板指示:UPS具有异常状态显示输入电压、频率、输出电压、负载情况、频率、电池状态。

(c)UPS在电池放电时,应可预测并显示电池的剩余放电时间。

(d)UPS输入输出均具有防雷功能,输出端有电路开关保护及限流功能。

(e)UPS具备完善的保护功能:输出短路保护、输出过载保护、过温度保护、电池电压低保护、输出过欠压保护、抗雷击浪涌能力。UPS发生故障时必须发出声光告警。

(f)UPS应标配紧急停机功能(EPO)。

(g)UPS必须有详细故障信息记录,可存储不少于500条信息。

(h)UPS具有和外部计算机联接的多种通信接口,并提供相关软件。

(i)UPS具有智能电池检测和自动电池放电维护功能。

(j)UPS应具有泰尔认证、节能认证、生产厂家应具有ISO 9001、ISO 14001等认证。

(k)UPS电源系统具有干接点信号和智能通信接口RJ45、RS232、RS485、SNMP,并提供通信规约,提供与通信接口配套使用的通信线缆和各种告警信号输出端子。当UPS发生各种故障、异常或所有工作电源消失时,UPS应能发出声光报警。

(5)太阳能供电设备

a.功能要求

(a)在太阳能供电系统正常寿命下,能保证用电设备连续20个阴雨天的情况下用电;

（b）在该连续20天（或满足设计要求）阴雨天的特殊气候条件下，蓄电池允许放电达到其额定容量的80%，性能正常，并保证蓄电池具有5年的使用寿命；

（c）应具备蓄电池充放电自动控制与管理功能，最大限度保证电能充分利用，保证蓄电池使用性能与使用寿命；

（d）能通过远程软件控制蓄电池充放电阈值；

（e）监控管理站能够随时检测各监控点系统设备运行情况，包括蓄能耗能、电池欠压、设备故障等，出现异常情况自动报警。

b. 主要技术指标

·光伏组件采用单晶硅电池，受恶劣天气影响要小，具备弱光发电的性能；

·光电转化率不低于17%；

·额定功率不低于400W，满足《公路沿线设施太阳能供电系统通用技术规范》(GB/T 24716)；

·方阵应具备一定的抗雷、雨、风、冰雹、防火和抗震等抗击自然灾害的能力和自动除雪等功能。

c. 控制管理平台

（a）充放电控制单元

·冲放电控制单元额定电压(DC)为12V和24V自适应；

·可设置各组蓄电池的充、放电电压，并具备就地手动设置与远程设置功能；

·应具备外电源（柴油发电机等）接入充电接口，具备快速充电功能。

（b）保护单元

·使用环境温度：－10～＋60℃，使用海拔：≤5500m；

·具有蓄电池过充、过放、输出过载、过压、温度过高等保护功能，具有防雷、防静电、防电磁干扰等功能。

（c）负载管理单元

·具有人机界面LCD显示，如蓄电池电压、充电电流、发电及放电容量、放电电流、工作模式、系统参数、系统状态等；

·根据电量情况，可对负载和蓄电池组进行管理控制。

（d）通信单元

·配置的标准通信接口，与光端机连接，实现数据远传；

·在监控中心配置客户端软件，并与监控系统平台软件整合，实现本项目所有风光互补供电系统进行远程监测与管理。

d. 储能系统

（a）蓄电池组

·采用阀控密封免维护胶体蓄电池，额定容量：≥400Ah；

·－10℃条件下蓄电池充放电效率不低于45%，40℃条件下蓄电池充放电效率不低于80%；

·－10～40℃环境下免维护连续工作3年后蓄电池容量衰减不超过30%；

- 使用寿命5年,免维护;
- 蓄电池应采取恒温保暖和防冻措施。

(b)恒温箱
- 在本项目所在地理位置的气候环境下,确保箱体内温度不低于0℃,不超过45℃;
- 蓄电池与箱体有效隔开,防止电池液偶然泄露对箱体的腐蚀;
- 柜体内、外表面均经酸洗、磷化后进行喷塑处理;
- 箱体应有防盗措施。

e.安装要求

太阳能光伏板安装在摄像机杆体上,安装要牢固、美观,能抵抗30m/s的风速。

(6)防雷器

a.防雷器型号的定义

(a)SPD1:三相开关型(10/350μs)和限压型(8/20μs)防雷器件组;

(b)SPD2:单相开关型(10/350μs)和限压型(8/20μs)防雷器件组;

(c)SPD3:三相限压型(8/20μs)防雷器件组;

(d)SPD4:单相限压型(8/20μs)防雷器件组;

(e)SPD5:视频信号防雷器;

(f)SPD6:数据信号防雷器;

(g)SPD7:网络信号防雷器;

(h)SPD8:直流电源防雷器。

b.防雷器配置要求

(a)收费站、服务区、隧道变电站(所)电源防雷

在收费站、服务区和隧道变电站(所)的变电所配电房的低压配电柜的市电电源总输入端和发电机供电的双供电回路的总输入端、外场箱式变压器的电源输入端的供电回路的相线及中性线对地线之间安装防雷器件组。

在收费站、服务区、隧道变电站(所)的电源输出给外场监控设备及输出给隧道洞内的供电回路需装设SPD1、SPD2防雷器件组(视回路相数确定)。

(b)隧道洞内的防雷

隧道洞内的第一个电源配电箱需设置SPD1防雷器件组,即相线和中线分别对地每线安装防雷器件组SPD1。

(c)外场监控设备的防雷

可变情报板等三相外场监控设备:在电源配电箱的开关前设置SPD1防雷器件组。

摄像机、车辆检测器、光照度检测器、气象检测器、交通信号灯等单相外场监控设备:在电源配电箱的开关前设置SPD2防雷器件组。

外场摄像机信号防雷:采用视频型号防雷器SPD5与控制信号防雷器SPD6。

所有外场数据电缆需要配备网络信号防雷器SPD7;

太阳能电池供电回路:直流电源输入端安装直流电源防雷器SPD8。

c.防雷器组件的技术要求

三相 B+C 级防雷器：
(a) 采用模块化结构，可插拔；
(b) 标称工作电压 $U_n$：AC 240V/415V；
(c) 最大持续电压 $U_c$：AC 350V；
(d) 冲击电流 $I_{imp}$ (10/350)：100kA；
(e) 标称放电电流 $I_n$ (8/20)：25kA；
(f) 电压保护水平 $U_p$：≤1.5kV；
(g) 响应时间：L-N：≤20ns，N-PE：≤100ns；
(h) 最大后备保护熔断器 315A（gL/gG）；
(i) 窗口状态指示和自带遥信报警。

单相 B+C 防雷器：
(a) 采用模块化结构，可插拔；
(b) 标称工作电压 $U_n$：AC 240V；
(c) 最大持续电压 $U_c$：AC 350V；
(d) 冲击电流 $I_{imp}$ (10/350)：50kA；
(e) 标称放电电流 $I_n$ (8/20)：25kA；
(f) 电压保护水平 $U_p$：≤1.5kV；
(g) 响应时间：L-N：≤20ns，N-PE：≤100ns；
(h) 最大后备保护熔断器 315A（gL/gG）；
(i) 窗口状态指示和自带遥信报警。

三相 C 级电源防雷器：
(a) 采用模块化结构，可插拔；
(b) 标称工作电压 $U_n$：AC 240/415V；
(c) 最大持续电压 $U_c$：AC 350V；
(d) 标称放电电流 $I_n$ (8/20)：L-N：60kA\N-PE：20kA；
(e) 最大放电电流 $I_{max}$ (8/20)：L-N：120kA\N-PE：40kA；
(f) 5kA 时残压：L-N：≤1.1kV，N-PE：≤0.25kV；
(g) 电压保护水平 $U_p$：L-N：≤1.4kV，N-PE：≤1.5kV；
(h) 响应时间：L-N：≤25ns，N-PE：≤100ns；
(i) 最大后备保护熔断器 125A（gL/gG）；
(j) 窗口状态指示和自带遥信报警。

单相 C 级电源防雷器：
(a) 采用模块化结构，可插拔；
(b) 标称工作电压 $U_n$：AC 240/415V；
(c) 最大持续电压 $U_c$：AC 350V；
(d) 标称放电电流 $I_n$ (8/20)：L-N：20kA\N-PE：20kA；
(e) 最大放电电流 $I_{max}$ (8/20)：L-N：40kA\N-PE：40kA；

(f)5kA 时残压:L-N:≤1.1kV、N-PE:≤0.25kV;

(g)电压保护水平 $U_p$:L-N:≤1.4kV、N-PE:≤1.5kV;

(h)响应时间:L-N:≤25ns,N-PE:≤100ns;

(i)最大后备保护熔断器 125A(gL/gG);

(j)采用 AEC 主动能量吸收技术;

(k)窗口状态指示和自带遥信报警。

视频防雷器:

(a)防雷器设定电压 $U_c$:(DC/AC)≤6.2V/4.2V;

(b)插入损耗(10MHz):≤0.2dB;

(c)额定放电电流 $I_n$(8/20μs):芯-屏蔽线/芯-地≤0.5kA/10kA;

(d)残余浪涌电流(8/20μs):芯-地≤10kA;

(e)响应时间 $t_a$:芯-屏蔽线/芯-地≤1ns/≤100ns;

(f)温度范围:-40~+80℃;

(g)保护等级:IP20。

数据信号防雷器:

(a)防雷器设定电压 $U_c$:DC 13.5V;

(b)标称电流 $I_N$:1.0A;

(c)额定放电电流 $I_n$(8/20μs):10kA;

(d)残余浪涌电流(8/20μs):芯-地:20kA;

(e)响应时间 $t_a$:芯-芯/芯-地 ≤500ns/≤500ns;

(f)温度范围:-40~+85℃;

(g)保护等级为 IP20。

网络信号防雷器:

(a)雷电流幅值:8/20μs;

(b)额定放电电流 $I_n$(8/20μs):单模块 15kA;

(c)最大放电电流 $I_{max}$(8/20μs):单模块 40kA;

(d)最大持续耐压 $U_c$:单模块 75V;

(e)$I_n$ 时的保护电压 $U_p$:500V;

(f)响应时间 $t_a$:25ns;

(g)具有热插拔功能;

(h)安装方式:模块化结构,标准导轨安装;

(i)告警方式:有变色窗口,可视告警。

直流电源防雷器:

(a)雷电流幅值:8/20μs;

(b)额定放电电流 $I_n$(8/20μs):单模块 15kA;

(c)最大放电电流 $I_{max}$(8/20μs):单模块 40kA;

(d)最大持续耐压 $U_c$:单模块 AC 75V,DC 100V;

(e) $I_n$ 时的保护电压 $U_p$:500V;

(f) 响应时间 $t_a$:25ns;

(g) 具有热插拔功能;

(h) 安装方式:模块化结构,标准导轨安装,告警方式:有变色窗口告警;

(i) 采用模块化设计,模块与底座可以带电插拔;

(j) 每个模块具有出厂检测参数。

## 902.17 光、电缆系统

1. 电力电缆

(1) 电缆敷设

a. 所有电缆将按设计图纸所示的方式敷设。

b. 电缆敷设期间将采用一切必要的预防措施以防机械损伤。

c. 所有电缆敷设将与国内标准或相适应的IEC标准相一致,特别是在电缆转弯处,其电缆弯曲半径与电缆外径的比值,不小于国内标准或相适应的IEC标准所规定的数值,在混凝土排管和钢管内敷设的电缆,不得在管内接头。

d. 电缆敷设要整齐,尽量避免交叉,固定不得损伤绝缘;电缆不应敷设在边缘的凸出部分上,并且不得弯折或扭曲,以免损伤。

e. 所有电缆线夹和电缆固定件的设计能保证承受最大的短路电流所产生的电动力,并能支撑电缆的重量。

f. 根据敷设地点的具体条件,所有电缆线路按规定在电缆终端和接头附近留出适当的电缆盘留长度并做好标记。

(2) 电缆试验

电缆应进行型式试验、车间试验和现场试验,以保证所供应的电缆满足本规范和相关的中国标准所规定的性能要求,这些试验至少应包括:

a. 结构检查;

b. 绝缘介质试验;

c. 导体电阻试验;绝缘电阻试验;

d. 绝缘强度蒸汽衰减试验;击穿电阻试验;

e. 抗拉强度和延伸试验;

f. 负载损耗试验;加速老化试验;

g. 冷弯曲试验;缆芯缠绕试验;

h. 火焰蔓延试验;温度标准试验。

以下仅对高压电缆:

a. 局部放电试验;局部耐压试验;

b. 抗弯局部试验;介质损耗的测量;

c. 冲击耐压试验以及该试验后的工频耐压试验。

2. 光缆

(1) 纤芯基本要求

a. 单模光纤技术规范应符合 ITU-TG652 建议；

b. 模场直径：$(9~9.5)\mu m \pm 10\%$；

c. 包层直径：$125 \pm 2\mu m$；

d. 包层不圆度：$\leq 2\%$；

e. 同心度误差：$\leq 1\mu m$；

f. 截止波长：$1150\leq \lambda_c \leq 128\mu m$；

g. 损耗（在 $1280~1330\mu m$ 时）：$0.4dB/km$，在 $1550\mu m$：$0.25dB/km$；

h. 在光缆工作温度范围内的衰减变化：$\leq 0.1dB/km$；

i. 色散在 $1285~1330nm$ 时：$3.5PS/\mu m \cdot km$；

j. 最大允许张力：270daN 符合 IEC794.1.E3 要求；

k. 碾压性能：最大承载：30daN/cm 符合 IECC794.1.E3；

l. 最小弯曲半径：静态：150mm；动态：200mm；

m. 温度范围：安装时：$-20~+60℃$；存储时：$-50~+70℃$。

(2) 光缆的技术要求

a. 光缆的机械性能：光缆的机械性能应能经受拉伸、压扁、冲击、反复弯曲、扭转、曲绕、钩挂等项检验；

b. 光缆中的光纤应采用单模光纤，每根光纤应可通过色码识别在光缆中的位置；颜色应容易分辨，在光缆工作寿命期间不应受影响或腐蚀；

c. 光缆的防护性能：光缆应具备防潮、防水、防鼠咬、防腐蚀、防雷等性能；

d. 光缆的接头盒：光缆的接头盒应具备优良的机械性能，并具有防潮、防水性能。接头盒内的光纤接头的质量对连接光纤的强度不应有明显影响。

(3) 光缆的敷设要求

a. 光缆应按实际长度铺设，铺设时不应超过光缆厂家规定的牵引张力和弯曲半径的要求，光缆的接续点应按照光缆设计图纸实施，不得私自断缆和接续，根据项目实际需求确实需要接续时，应报业主与监理工程师批准后方可实施；

b. 在敷设光缆之前，每个管道要用合适的方法清理；

c. 光缆在每个人手孔内要有 20m 左右的盘留；

d. 光缆应在所有中间人孔中给以支托，在光缆布设在管箱时，根据要求提供附加的环境保护，保证获得规定的光缆寿命；

e. 可以使用光缆牵引润滑剂，但必须得到监理工程师同意。

(4) 光缆接续

a. 光缆应在人孔外十分清洁的环境中接续；

b. 光缆接续应采用熔接法，光缆接头应配有单独的接头护套；

c. 每根光缆在 1310nm 波长的接头损耗不超过 0.1dB；

d. 在所有光缆需要分歧或分配出与单独终端单元相连的光纤接头应使用接头盒保

护;接头盒的设计应易于安装;

e.接头盒应为光缆接头提供一个密闭的、防潮的环境。接头盒应能重新进入,以便维修和满足其他工作要求;

f.在光缆线路所处的温度和其他环境条件下,接头盒预期使用寿命至少40年;

g.当接头设于桥上(或跨线桥)的金属接头管箱时,应按要求提供附加的环境保护,以确保规定的使用寿命;

h.接头应牢固地安装在每个人孔中;

i.接头应安装在尽可能高处,以免浸水。

(5)光缆端接

a.每根光缆应端接在光缆终端盒或光纤配线架上,光缆应在每个通信站端接;

b.光纤配线架的容量足以端接所有室外光纤;

c.进局光缆应有标志,以区别其他电缆;

d.设备侧的光缆长度应作适当预留,一般为10~20m,可存在光端机室或进线室;

e.进局光缆的弯曲半径不应太小,以免产生微弯曲损耗。

## 902.18 公路超限超载系统

1. 系统构成

公路超限超载系统主要由抓拍单元、石英传感器、称重控制器、长宽高检测激光雷达、车辆检测器电荷放大器、称重处理服务器、补光灯等构成。

2. 系统功能

对通过公路主线车道的车辆,系统可以自动检测出该车辆的总量、轴重、连轴信息、连轴重量、轴胎数、轴距、车速、车辆长宽高等信息;能对车辆进行准确、有效的自动分离(能判断挂车和半挂车),保证车辆和数据一一对应。

系统具有故障自检功能,系统中各设备和线路发生故障时,系统能取得相应的故障信息,在现场的显示设备上进行显示,并能够将这些故障信息传送给高清车牌识别摄像机。

3. 技术指标

(1)卡口抓拍单元

a.捕获率:≥99%;

b.识别牌照种类:车牌类别:民用车牌(除5小车辆),警用车牌,军用车牌,武警车牌;车牌颜色(红外补光方案除外):黑、白、蓝、黄、绿;

c.牌照识别率:≥95%;

d.车身颜色识别准确率:深浅色分类准确率:≥80%;10种常见颜色车辆的识别准确率:≥70%;

e.车型判别:5种(大货车、小货车、客车、轿车、面包车);

f.图像分辨率:2752×2208;

g.图片格式及占用空间:JEPG,24bit 彩色;IS-3012:每张约300KB,IS-3013:每张约400KB,IS-3016:每张约600KB;

h. 接口：RJ45,1000Mbps 以太网,TCP/IP 协议；

i. 供电电源：AC 100～240V,48～52Hz；

j. 总功耗（双向4车道）：<400W；

k. 工作环境温度：标配：-10～+60℃；低温型：-30～+70℃。

(2)石英晶体传感器、电荷放大器

a. 称重传感器：石英晶体+高强度金属外壳；

b. 石英晶体传感器由石英晶体经特殊加工形成,采用传感器压力/电荷转换器件,特点是工作性能稳定,不受温度变化影响,全密封结构,无机械运动及磨损,防水、防砂、耐腐蚀、坚固耐用、免维护、便于更换；

c. 应用范围：1～180km/h 时速均适用,速度对测量结果影响小；

d. 传感器无缝隙,能与路面很好地结合；

e. 无需排水,可长期稳定工作；

f. 开挖量小,开挖深度仅80mm,宽度80mm；

g. 施工周期短,路面施工标准作业时间为8h,对路面强度和交通影响最低。实际寿命取决于路面的寿命；

h. 传感器免维护,无机械传动、无磨损,长期稳定性好；

i. 水平力无影响；

j. 坡度对测量结果影响较小；

k. 温度漂移小,在-40～+75℃正常工作。

(3)称重系统

a. 整车重量检测误差：≤5%；

b. 单轴额定载荷：30t；

c. 最大过载能力：≥150%；

d. 车牌正确识别率：≥95%；

e. 数据置信度：≥98%；

f. 速度误差：±2km/h；

g. 工作温度：-20～75℃；

h. MTBF：≥20000h；

i. 系统允许通过速度：1～180km/h；

j. 使用寿命：10年以上（路面完好情况下）。

(4)激光雷达长宽高检测系统

a. 车辆速度输出：区间测速误差小于±1m/s；

b. 车辆长度输出：车辆长度检测精度不低于±50mm,可预设超长报警；

c. 车辆宽度输出：车辆宽度检测精度不低于±30mm,可预设超宽报警；

d. 车辆高度输出：车辆精确测高高度不低于5200mm,精度不低于±20mm,可预设超高报警；

e. 系统车辆长宽高检测精度应以江西省或华东地区相关质检局或计量局测试数据

为准；

f. 可分辨跟车距离最小为150mm的前后两台车，并正确分车，有效防止车辆漏检、误检；

g. 可输出车辆顶部三维点云图像并可实现车辆顶部完整三维建模，便于后期历史数据追溯；

h. 激光雷达扫描频率不低于60Hz，以适应高速车流情况；

i. 本地至少保存最新1000辆车辆三维点云图像及最新7天系统工作状态Log记录，保留超限证据；

j. 激光雷达等主要传感器通过CE等电气安全认证，并获得原厂授权的安装，调试以及维护资质；

k. 系统能保证全天候、全自动、24h对通过车辆进行检测，系统软件可实现断电、故障时自我恢复；

l. 系统能与用户的时间同步服务器实现时间同步，确保数据共享的精确匹配；

m. 支持以太网远程软件批量升级；

n. 最大速度：不低于180km/h；

o. 适用车道宽度：1500~7000mm；

p. RJ-45以太网或串行通信，并支持定制协议开发；

q. 电源：AC 220~240V，50/60Hz；

r. 整机功耗：<200W；

s. 环境温度：-20~70℃；

t. 环境湿度：0~95%，无冷凝。

## 902.19  监控系统附属设施

1. 金属线槽

金属线槽应采用国内大型专业厂商的产品，桥架应为热镀锌钢制槽式电缆桥架，壁厚不应低于2mm，承包商应统一提供桥架及其安装附件（托架、盖板、连接片、螺栓、垫圈、工字钢立柱、膨胀螺栓等），所有金属钢件，均应热浸镀锌，镀锌量为600g/m$^2$。

2. 人（手）孔及管道

参见第906节  管道工程部分。

## 902.20  备品备件、仪表工具

1. 接地电阻测试仪

(1) 1/2LCD大字屏数字显示，读数方便；

(2) 具有抗地电压干扰的能力；

(3) 辅助接地电阻小于100kΩ；$R_c$小于1kΩ/10kΩ，对测试无影响；

(4) 接地测试回路开路时，能给出提示符；

(5)可测量地电压和地电阻率;

(6)电池供电,欠压指示。

产品功能描述

・测量参数:接地电阻测量;

・测量范围:0.00~19.99Ω;20~199.9Ω;200~1999Ω;

・基本误差:±(3.0%RDG+2d);

・测量参数:地电压测量;

・测量范围:1.99~19.99V;

・基本误差:±(5.0%RDG+2d);

・工作温度及湿度:0~40℃ 90%RH;

・耐压:AC 3kV,50Hz,1min。

在野外使用的所有专用工具,应有工具箱(包)保护使其免受损坏。

套装组合工具(钳子、拨线钳、压线钳、电工刀、螺丝刀、扳手等)。

2. 数字万用表

(1)可用于测量直流电流和电压、交流电流和电压、电阻、开路断路等;

(2)LCD 大字屏数字显示,读数方便;

(3)直流电流:0~60A;

(4)交流电流:0~60A;

(5)直流电压:0~600V;

(6)交流电压:0~600V;

(7)电阻:0~50MΩ;

(8)符合国际安全标准 IEC 61010-1。

3. 工程宝

(1)视频制式:NTSC/PAL 自动适应;

(2)显示屏幕:不小于 3.5 英寸 LCD 彩色屏幕;

(3)通信接口:可同时支持 RS232/RS485 总线及 RJ45;

(4)云台控制:兼容 Pelco-D/P、Samsung、Panasonic、Yaan 等多种协议;

(5)支持中/英文操作界面。

## 902.21 质量检验

参见"《公路工程质量检验评定标准》(机电工程)(JTG F80/2—2004)"中监控设施部分具体要求。

## 902.22 计量与支付

1. 计量

(1)按本节要求完成的项目均以工程量清单中的相应项目及单位,以前述规定的计量方法计量。

（2）安装测试及附件费用计入每个章节所列项目中，不再单独计量。

2. 支付

各项支付由承包人根据合同规定及工程实际完成情况申报，由监理工程师审查后支付。

3. 支付子目

| 子目号 | 子目名称 | 单位 | 备注 |
|---|---|---|---|
| 902-03 | 监控系统软件 | | |
| -a | 服务器操作系统 | 项 | |
| -b | 工作站操作系统 | 项 | |
| -c | 数据库管理软件 | 项 | |
| -d | 分中心监控应用软件 | 项 | |
| -e | 隧道管理站监控应用软件 | 项 | |
| -f | 监控视频控制管理软件 | 项 | |
| -g | 防病毒软件 | 项 | |
| 902-04 | 监控中心计算机系统 | | |
| -a | 服务器 | 套 | |
| -b | 工作站 | | |
| -1 | 业务工作站 | 套 | |
| -2 | 便携式工作站 | 套 | |
| -c | KVM套件 | 套 | |
| -d | 以太网交换机 | | |
| -1 | 以太网交换机(核心三层) 2光口24电口 | 台 | |
| -2 | 核心以太网交换机(核心三层) 4光口48电口 | 台 | |
| -3 | 以太网交换机(三层) 2光口24电口 | 台 | |
| -4 | 以太网交换机(三层) 4光口48电口 | 台 | |
| -5 | 以太网交换机(二层) 2光口24电口 | 台 | |
| -6 | 以太网交换机(二层) 4光口48电口 | 台 | |
| | … | | |
| -e | 网络激光打印机 | 台 | |
| -f | 彩色喷墨打印机 | 台 | |
| -g | 彩色扫描仪 | 台 | |
| -h | 19英寸标准机柜 | 台 | |
| -i | 服务器专用机柜 | 台 | |
| -j | 综合控制台 | 套 | |
| 902-05 | 隧道管理所计算机系统 | | |
| -a | 服务器 | 套 | |

续上表

| 子目号 | 子目名称 | 单位 | 备注 |
|---|---|---|---|
| -b | 工作站 | | |
| -1 | 台式工作站 | 套 | |
| -2 | 便携式工作站 | 套 | |
| -c | KVM套件 | 套 | |
| -d | 以太网交换机 | | |
| -1 | 以太网交换机(核心三层)2光口24电口 | 台 | |
| -2 | 核心以太网交换机(核心三层) 4光口48电口 | 台 | |
| -3 | 以太网交换机(三层)2光口24电口 | 台 | |
| -4 | 以太网交换机(三层)4光口48电口 | 台 | |
| -5 | 以太网交换机(二层)2光口24电口 | 台 | |
| -6 | 以太网交换机(二层)4光口48电口 | 台 | |
| | … | | |
| -e | 网络激光打印机 | 台 | |
| -f | 彩色喷墨打印机 | 台 | |
| -g | 彩色扫描仪 | 台 | |
| -h | 19英寸标准机柜 | 台 | |
| -i | 服务器专用机柜 | 台 | |
| -j | 综合控制台 | 套 | |
| 902-06 | 视频监控系统 | | |
| -a | 高清遥控摄像机 | | |
| -1 | 一体化球形遥控摄像机及配件 | 套 | |
| -2 | 枪式遥控摄像机及配件 | 套 | |
| -3 | 全景摄像机 | 套 | |
| -b | 高清固定摄像机 | | |
| -1 | 半球形固定摄像机及配件 | 套 | |
| -2 | 固定摄像机 | 套 | |
| -c | 激光夜视遥控摄像机及配件 | 套 | |
| -d | 道路监控摄像机立柱(12m高) | 套 | |
| -e | 道路监控摄像机立柱(8m高) | 套 | |
| -f | 视频编码器 | | |
| -1 | 视频编码器4路 | 套 | |
| -2 | 视频编码器8路 | 套 | |
| -3 | 视频编码器16路 | 套 | |
| -g | 视频解码器 | | |
| -1 | 视频解码器4路 | 套 | |

续上表

| 子目号 | 子目名称 | 单位 | 备注 |
|---|---|---|---|
| -2 | 视频解码器 8 路 | 套 | |
| -3 | 视频解码器 16 路 | 套 | |
| -h | 视频以太网交换机 | | |
| -1 | 以太网交换机(三层)2 光口 8 电口 | 台 | |
| -2 | 工业级以太网交换机(三层)2 光口 8 电口 | 台 | |
| -3 | 分中心万兆以太网交换机(三层) 4 光口 48 电口 | 台 | |
| -4 | 站级万兆以太网交换机(三层) 2 光口 24 电口 | 台 | |
| -i | 视频以太网光端机 | 对 | |
| -j | 视频光端机 | | |
| -1 | 1V | 对 | |
| -2 | 4V+1D | 对 | |
| -k | IPSAN 存储阵列 | 套 | |
| -l | 选配_T 硬盘 | 块 | |
| -m | 网络硬盘录像机 | | |
| -1 | 网络硬盘录像机 8 路 | 台 | |
| -2 | 网络硬盘录像机 16 路 | 台 | |
| -n | 32 英寸液晶监视器 | 台 | |
| -o | 26 英寸液晶监视器 | 台 | |
| -p | 视频分配器 8 路 | 台 | |
| -q | 19 英寸标准机柜 | 台 | |
| -r | 便携 4G 无线视频终端 | 套 | |
| -s | 移动终端端软件 | 项 | |
| -t | 辅助材料 | 项 | |
| 902-07 | 大屏幕显示系统 | | |
| -a | 液晶拼接单元 55 英寸 | 台 | |
| -b | 液晶拼接单元 46 英寸 | 台 | |
| -c | 图像拼接处理器 | 套 | |
| -d | LED 显示屏 | 套 | |
| -e | 显示大屏机架、底座 | 套 | |
| -f | 分中心室内显示屏 | 套 | |
| -g | 控制器(含软件) | 套 | |
| -h | 小间距 LED 显示屏(含控制器和软件) | 套 | |
| -i | 辅助材料 | 项 | |
| 902-8 | 视频事件检测系统 | | |
| -a | 视频事件检测器(4 路) | 套 | |

续上表

| 子目号 | 子目名称 | 单位 | 备 注 |
|---|---|---|---|
| -b | 视频事件检测器(8路) | 套 | |
| 902-9 | 道路交通检测系统/道路交通情况调查系统 | | |
| -a | 微波车辆检测器(2车道) | 套 | |
| -b | 微波车辆检测器(4车道) | 套 | |
| -c | 微波车辆检测器(8车道) | 套 | |
| -d | 视频车辆检测器 | 路 | |
| -e | 环形线圈车辆检测器(2车道) | 套 | |
| -f | 环形线圈车辆检测器(4车道) | 套 | |
| -g | 环形线圈车辆检测器(6车道) | 套 | |
| -h | 环形线圈车辆检测器(8车道) | 套 | |
| -i | 激光交通量调查设备(4车道) | 套 | |
| -j | 激光交通量调查设备(6车道) | 套 | |
| -k | 超声波车辆检测器(6车道) | 套 | |
| -l | 超声波车辆检测器(8车道) | 套 | |
| -m | 以太网数据光端机 | 对 | |
| 902-10 | 道路交通诱导系统 | | |
| -a | 大型门架式可变信息标志(2车道) | 套 | |
| -b | 大型门架式可变信息标志(4车道) | 套 | |
| -c | 大型门架式可变信息标志门架(2车道) | 套 | |
| -d | 大型门架式可变信息标志门架(4车道) | 套 | |
| -e | F型可变信息标志 | 套 | |
| -f | T型可变信息标志 | 套 | |
| -g | 双柱式可变信息标志 | 套 | |
| -h | 交通信息实时提示设施 | 套 | |
| -i | 车速反馈信息标志 | 套 | |
| -j | 以太网数据光端机 | 对 | |
| 902-11 | 道路环境检测系统 | | |
| -a | 能见度检测器 | 台 | |
| -b | 多要素气象检测器 | 台 | |
| -c | 一氧化碳/能见度检测器 | 套 | |
| -d | 风速风向检测器 | 套 | |
| -e | 亮度检测仪 | 套 | |
| -f | 照度检测仪 | 套 | |
| -g | 以太网数据光端机 | 对 | |
| 902-12 | 智能卡口与监测系统 | | |

续上表

| 子目号 | 子目名称 | 单位 | 备注 |
|---|---|---|---|
| -a | 卡口抓拍摄像机 | 套 | |
| -b | 卡口处理单元(含设备管理模块、存储模块、传输交换模块、电源防雷模块) | 套 | |
| -c | 一体化球形摄像机 | 套 | |
| -d | 智能卡口管理软件 | 套 | |
| -e | 闪光灯 | 套 | |
| -f | 以太网数据光端机(工业级) | 对 | |
| 902-13 | 隧道紧急电话、广播系统 | | |
| -a | 隧道内紧急电话 | 台 | |
| -b | 隧道外紧急电话 | 台 | |
| -c | 隧道内扬声器 | 个 | |
| -d | 隧道外扬声器 | 个 | |
| -e | 紧急电话、广播控制工作站 | 台 | |
| -f | 广播麦克风 | 套 | |
| -g | 值班电话机 | 套 | |
| 902-14 | 隧道交通控制系统 | | |
| -a | 隧道口交通信号灯 | 套 | |
| -b | 隧道内可变信息标志 | 套 | |
| -c | 车道指示器 | 套 | |
| -d | 电光标志 | | |
| -1 | 人行横洞标志 | 个 | |
| -2 | 车行横洞标志 | 个 | |
| -3 | 紧急电话指示标志 | 个 | |
| -4 | 紧急停车带指示标志 | 个 | |
| -5 | 紧急疏散指示标志 | 个 | |
| -6 | 电光诱导标志 | 套 | |
| -e | 隧道PLC控制器 | | |
| -1 | 主控制器(主PLC) | 套 | |
| -2 | 远端控制器(远端PLC) | 套 | |
| -f | 本地控制器机箱 | 套 | |
| -g | 工业以太网交换机 | 套 | |
| 902-15 | 隧道火灾报警系统 | | |
| -a | 火灾报警控制主机 | 套 | |
| -b | 感烟探测器 | 个 | |
| -c | 火灾报警综合箱 | 个 | |

## 第900章 机电工程

续上表

| 子目号 | 子目名称 | 单位 | 备注 |
|---|---|---|---|
| -d | 手动报警按钮 | 个 | |
| -e | 声光报警器 | 个 | |
| -f | 光纤光栅信号处理器 | 台 | |
| -g | 光纤光栅火灾探测器 | 条 | |
| -h | 支架 | 套 | |
| -i | φ5.4钢绞线 | m | |
| 902-16 | 监控设备供电系统 | | |
| -a | 配电箱 | | |
| -1 | 站级总配电箱 | 套 | |
| -2 | 室内配电箱 | 套 | |
| -3 | 户外配电箱 | 套 | |
| -b | 箱式变电站50KVA | 座 | |
| -c | 箱式变电站80KVA | 座 | |
| -d | 交流参数稳压电源20KVA | 台 | |
| -e | 交流参数稳压电源40KVA | 台 | |
| -f | 交流参数稳压电源60KVA | 台 | |
| -g | … | | |
| -h | UPS 5KVA | 台 | |
| -i | UPS 10KVA | 台 | |
| -j | UPS 20KVA | 台 | |
| -k | UPS 40KVA | 台 | |
| -l | UPS 60KVA | 台 | |
| -m | 太阳能供电系统 | 套 | |
| -n | 防雷器 | | |
| -1 | 电源防雷器(B+C三相) | 套 | |
| -2 | 电源防雷器(B+C单相) | 套 | |
| -3 | 直流电源防雷器 | 套 | |
| -4 | 视频信号防雷器 | 套 | |
| -5 | 数据信号防雷器 | 套 | |
| -6 | 网络信号防雷器 | 套 | |
| -7 | 防雷插座 | 套 | |
| 902-17 | 光、电缆 | | |
| -a | 电力电缆 | | |
| -1 | 电缆VV-1kV-4×50 | m | |
| -2 | 电缆YJV22-1kV-4×35 | m | |

续上表

| 子目号 | 子目名称 | 单位 | 备注 |
|---|---|---|---|
| -3 | 电缆 YJV22-1kV-4×16 | m | |
| -4 | 电缆 YJV22-1kV-4×10 | m | |
| -5 | 电缆 YJV22-1kV-2×10 | m | |
| -6 | 电缆 YJV22-1kV-2×4 | m | |
| -7 | 电缆 YJV-1kV-3×2.5 | m | |
| -8 | 电缆 YJV-1kV-5×10 | m | |
| -9 | 电缆 ZR-BV-500 4mm$^2$ | m | |
| -10 | 电缆 ZR-BV-500 16mm$^2$ | m | |
| -11 | 电缆 ZR-BV-500 35mm$^2$ | m | |
| | … | | |
| -b | 控制电缆 | | |
| -1 | KVVP-16×1.5mm$^2$ | m | |
| -2 | KVVP-10×1.5mm$^2$ | m | |
| -3 | KVVP-6×1.5mm$^2$ | m | |
| -4 | KVVP-2×1.5mm$^2$ | m | |
| | … | | |
| -c | 其他线缆 | | |
| -1 | 视频电缆 SYV-75-3 | m | |
| -2 | 视频电缆 SYV-75-5 | m | |
| -3 | 网线(UTP-5) | m | |
| -4 | 网线(UTP-6) | m | |
| | … | | |
| -d | 光缆 | | |
| -1 | 4芯单模光缆 | m | |
| -2 | 8芯单模光缆 | m | |
| -3 | 16芯单模光缆 | m | |
| -4 | 24芯单模光缆 | m | |
| -5 | 36芯单模光缆 | m | |
| -6 | 48芯单模光缆 | m | |
| -7 | 96芯单模光缆 | m | |
| -8 | 阻燃型4芯单模光缆 | m | |
| -9 | 阻燃型16芯单模光缆 | m | |
| | … | | |
| 902-18 | 公路超限超载系统 | | |
| -a | 抓拍单元 | 套 | |

续上表

| 子目号 | 子目名称 | 单位 | 备注 |
|---|---|---|---|
| -b | 补光灯 | 套 | |
| -c | 石英晶体称重传感器 | 套 | |
| -d | 电荷放大器 | 套 | |
| -e | 称重控制器 | 套 | |
| -f | 称重数据处理服务器 | 套 | |
| -g | 车辆检测器 | 套 | |
| -h | 以太网交换机(二层) | 套 | |
| -i | 户外机柜 | 套 | |
| -j | 激光雷达长宽高检测系统 | 套 | |
| -k | 门架 | 套 | |
| 902-19 | 监控系统附属设施 | | |
| -a | 金属线槽 | | |
| -1 | 400×100 | m | |
| -2 | 200×100 | m | |
| -3 | 150×100 | m | |
| -b | $\phi$114×4mm 热镀锌钢管 | m | |
| -c | $\phi$76×3.5mm 热镀锌钢管 | m | |
| -d | $\phi$50 金属软管 | m | |
| -e | $\phi$32 PE 管 | m | |
| -f | 镀锌扁钢 | m | |
| -g | 镀锌角钢 | m | |
| -h | 抗静电地板 | m$^2$ | |
| -i | 接地汇流排 | 块 | |
| -j | 监控室接地 | 项 | |
| -k | 尾纤 | 根 | |
| -l | 跳纤 | 根 | |
| -m | 光缆终端盒 | 个 | |
| -n | 光缆接续盒 | 个 | |
| -o | 插座 | 个 | |
| -p | 人孔 | 个 | |
| -q | 手孔 | 个 | |
| -r | C20 素混凝土 | m$^3$ | |
| 902-20 | 备品备件、仪表工具 | | |
| -a | 数字万用表 | 台 | |
| -b | 工程宝(3.5英寸) | 台 | |

续上表

| 子目号 | 子目名称 | 单位 | 备注 |
|---|---|---|---|
| -c | 光功率计 | 台 | |
| -d | 接地电阻测试仪 | 台 | |
| -e | 维护工具套装 | 套 | |
| -f | 一体化球形遥控摄像机及配件 | 套 | |
| -g | 枪式遥控摄像机及配件 | 套 | |
| | … | | |

# 第903节 通信系统

## 903.01 范围

本节适用于新建、扩建、改建高速公路项目通信系统的施工与管理。其他公路项目可参照执行。

通信系统工作内容主要包括各个分项子系统的设备采购（包括运输、安装、调试、测试、试运行和技术文件）、培训及缺陷责任期服务等工作。

## 903.02 概述

高速公路通信系统是为高速公路使用者和管理者提供大容量网络传输、高质量语音、数据、图像等信息交换的服务平台。省内高速公路通信系统由高速公路省级通信中心（即"江西省高速公路联网管理中心"）、路段通信（分）中心和无人通信站三级管理架构构成。高速公路通信系统的建设应当符合本技术要求，符合《高速公路通信技术要求》的规定；同时，还应符合国家标准、交通行业标准和省级通信系统的总体规划以及实施方案。

全省高速公路可根据通信技术发展情况，合理选用先进、成熟的通信技术，相关系统功能、配置规模以及性能指标等不应低于本技术要求的规定。全省各条路段通信系统技术方案，应遵循"统筹规划、统一标准、联网运行、分级管理、逐步完善"的原则，兼顾统一性、系统性和先进性，实现省内通信系统的互联互通。

## 903.03 SDH传输网系统

1. 系统构成

（1）高速公路通信系统SDH传输网由省干线通信网与路段接入网构成。

（2）应在省级通信中心和路段通信（分）中心之间设立干线传输网，承载省级通信中心至路段通信（分）中心之间的所有语音、数据和图像等信息传输。干线网应能有效覆盖全省高速公路网。

(3)在路段通信(分)中心与其直接管辖的基层无人通信站之间应设立路段接入网,为路段通信(分)中心及其所辖的收费站、隧道管理站、服务区、养护工区等基层管理部门提供语音、数据以及图像传输服务,并能通过路段通信(分)中心与省干线通信网连接。

2.系统功能

通信系统的功能,包括以下几点:

(1)为高速公路全线运营管理及监控、收费系统的数据传输及视频传输提供可靠的通信。

(2)SDH传输系统应综合考虑线路接口及容量预留,确保与周边已建成的高速公路通信系统联网。

3.技术参数

(1)省级干线分叉复用设备(ADM)

省干线ADM设备提供和支持多种功能。

a.容量

容量包括交叉容量、槽位接入容量。交叉容量最小支持200Gbit/s(1280×1280 VC-4)高阶交叉,20Gbit/s(128×128 VC-4),等效于(384×384VC-3)或(8064×8064 VC-12)低阶交叉,单子架接入能力最大支持156.25Gbit/s(1000×1000 VC-4);槽位接入容量支持622Mbit/s、1.25Gbit/s、2.5Gbit/s、10Gbit/s和20Gbit/s。

b.业务

业务包括SDH业务、PDH业务等多种业务类型。可以处理的业务类型包括SDH、PDH、以太网、RPR、ATM、DDN以及SAN业务。

c.业务接口

业务接口包括SDH业务接口、PDH业务接口等多种业务接口。

(a)STM-64 光接口;

(b)STM-16 光接口;

(c)STM-4 光接口;

(d)GE、10GE 以太网光接口;

(e)139264 Kbit/s 电接口;

(f)44736 Kbit/s 电接口;

(g)34368 Kbit/s 电接口;

(h)2048 Kbit/s 电接口;

(i)10/100 Mbit/s 以太网接口。

d.组网类型

支持STM-1/STM-4/STM-16/STM-64级别的链形、环形、环相切、环相交、环带链、双环互通方式、枢纽形和Mesh网等网络拓扑。

支持TM(Terminal Multiplexer)、ADM(Add/Drop Multiplexer)、MADM(Multiple Add/Drop Multiplexer)网元类型的配置和它们的混合配置。

e. 保护

设备提供设备级保护和网络级保护。

设备级保护：

**省级干线分叉复用设备(ADM)提供设备级保护类型**　　　　表903-1

| 业务领域 | 保护类型 |
|---|---|
| PDH | TPS保护 |
| 以太网 | TPS保护、PPS保护、BPS保护、DLAG保护、ELAG保护 |
| 交叉时钟单元 | 1+1热备份 |
| 控制通信单元 | 1+1热备份 |
| 电源单元 | 1+1热备份、1:N集中备份 |
| 风扇单元 | 风扇模块的电源互为备份 |
| | 风扇模块不少于3个 |
| 异常情况单板 | 软件加载过程中的断电保护、电源过压、欠压保护、单板温度检测功能 |

网络级保护：

SDH 支持线性复用段保护、复用段保护环、子网连接保护(SNCP)、子网连接多路径保护(SNCMP)和子网连接隧道保护(SNCTP)、DNI 保护、共享光纤虚拟路径保护、复用段共享光路保护。

以太网支持 RPR 保护。

f. 交流电源接入

设备支持110V/220V 交流电源接入，以实现在没有直流电源供电情况下的应用。

设备通过 UPM(Uninterrupted Power Modules)电源转换系统可以支持110V/220V 电源的接入。UPM 电源转换系统用于将110V/220V 交流电压转换为 $-48V$ 直流电压，给设备供电。单个 UPM 系统的输出功率 $5 \times 800W$。

g. 时钟

(a)支持 SSM 时钟协议；

(b)支持支路重定时；

(c)支持2路75Ω/120Ω 外部时钟源输入和输出；

(d)支持外时钟输出关断功能；

(e)支持线路时钟源；

(f)支持支路时钟源；

(g)支持跟踪、保持、自由振荡三种工作模式；

(h)支持智能时钟跟踪。

(2)省级干线中继设备(REG)

省干线中继设备技术参数参考:903.03.3.(1)省级干线分叉复用设备(ADM)

(3)分中心级光网络单元(OLT)

分中心级设备技术参数参考:903.03.3.(1)省级干线分叉复用设备(ADM)

(4)站级光网络单元(ONU)

a. 容量

容量包括交叉容量、槽位接入容量。交叉容量最小支持60Gbit/s(384×384 VC-4)高阶交叉,5Gbit/s(32×32 VC-4),等效于(96×96 VC-3)或(2016×2016 VC-12)低阶交叉;槽位接入容量支持622Mbit/s、1.25Gbit/s 和 2.5Gbit/s。

b. 业务

业务包括 SDH 业务、PDH 业务等多种业务类型。可以处理的业务类型包括:SDH、PDH、以太网、RPR、ATM、DDN 以及 SAN 业务。

c. 业务接口

业务接口包括 SDH 业务接口、PDH 业务接口等多种业务接口。

(a)STM-16 光接口;

(b)STM-4 光接口;

(c)STM-1 光接口;

(d)GE 以太网光接口;

(e)139264 Kbit/s 电接口;

(f)44736 Kbit/s 电接口;

(g)34368 Kbit/s 电接口;

(h)2048 Kbit/s 电接口;

(i)10/100 Mbit/s 以太网接口。

d. 组网类型

支持 STM-1/STM-4/STM-16 级别的链形、环形、环相切、环相交、环带链、双环互通方式、枢纽形和 Mesh 网等网络拓扑。

支持 TM(Terminal Multiplexer)、ADM(Add/Drop Multiplexer)、MADM(Multiple Add/Drop Multiplexer)网元类型的配置和它们的混合配置。

e. 保护

设备提供设备级保护和网络级保护。

设备级保护:

**站级光网络单元(ONU)提供设备级保护类型** 表903-2

| 业 务 领 域 | 保 护 类 型 |
|---|---|
| PDH | TPS 保护 |
| 以太网 | TPS 保护、PPS 保护、BPS 保护、DLAG 保护、ELAG 保护 |
| 交叉时钟单元 | 1+1 热备份 |
| 控制通信单元 | 1+1 热备份 |
| 电源单元 | 1+1 热备份、1:N 集中备份 |
| 异常情况单板 | 软件加载过程中的断电保护、电源过压、欠压保护、单板温度检测功能 |

网络级保护:

SDH 支持线性复用段保护、复用段保护环、子网连接保护(SNCP)、子网连接多路径保护(SNCMP)和子网连接隧道保护(SNCTP)、DNI 保护、共享光纤虚拟路径保护、复用段共享光路保护。

以太网支持 RPR 保护。

f. 交流电源接入

设备支持 110V/220V 交流电源接入,以实现在没有直流电源供电情况下的应用。

设备通过 UPM(Uninterrupted Power Modules)电源转换系统可以支持 110V/220V 电源的接入。UPM 电源转换系统用于将 110V/220V 交流电压转换为 -48V 直流电压,给设备供电。单个 UPM 系统的输出功率 2×270W。

g. 时钟

(a)支持 SSM 时钟协议;

(b)支持支路重定时;

(c)支持 2 路 75Ω/120Ω 外部时钟源输入和输出;

(d)支持外时钟输出关断功能;

(e)支持线路时钟源;

(f)支持支路时钟源;

(g)支持跟踪、保持、自由振荡三种工作模式。

(5)网管服务器(含网管软件)

网管服务器,含网管软件,服务器配置不低于以下指标:

- 类型:机架式服务器,可支持 8 个 2.5 英寸 SAS/SATA/SSD;
- 处理器:2 个 E5-2407 处理器,每处理器 16MB 二级缓存;
- 支持的单条内存容量:4GB、8GB、16GB、32GB;
- 内存:16GB 内存(DDR3),可以扩充至 384GB;
- 扩展插槽:最多支持 5 个 PCIe 扩展卡,1 个全高全长,1 个全高四分之三长,2 个半高 PCIe 标准卡,1 个 RAID 卡使用的非标准 PCIe 插槽;
- 支持 2 个板载千兆以太网网口,网口芯片支持虚拟化;
- SAS 硬盘控制器:带电池保护的内置 236MB 缓存,支持 RAID0,1,5,0+1;
- 硬盘:3×300GB SAS;
- CD-RW/DVD-ROM Combo;
- 冗余电源和风扇,可热插拔;
- 光纤通道:4 个;
- 配置 5 个 USB 接口,支持标准键盘、MOUSE、串口、并口;
- 配置数据库软件和操作系统软件。

## 903.04  BITS 系统

1. 系统构成

在省通信中心设置区域基准时钟(LPR)为全省高速公路数字同步网提供最高时钟基准。区域基准时钟(LPR)是由同步供给单元和全球定位系统(GPS)构成,采用双铷钟和双 GPS 结构。其同步供给单元既能接受 GPS 的同步,也能与接受交通运输部通信中心

PRC 的同步。

基准时钟要求有很高的稳定性、准确性和可靠性,关键板卡、板件要求进行冗余配置。在整个网络同步时钟系统中,基准时钟是各级时钟的唯一参考标准,为了使网同步参考频率成为产生 UTC(Universal Time Coordinate,协调世界时)时标的标准频率,基准时钟应定期与 UTC 进行时间和频率的比对,比对周期应小于 30 天。

BITS 须按同步状态信息 SSM(Synchronization Status Message)选用输入基准信号,并且根据时钟工作状态输出同步状态信息 SSM,以支持光纤数字传输系统从正反两个方向传送同步定时信号。BITS 系统的 2048kbit/s 输入信号和 2048kbit/s 输出信号中同步状态信息 SSM 必须符合 ITU-T G.704 建议。

2. 系统功能

(1)BITS 设备须能配置为基准时钟或从钟;

(2)BITS 的时钟模块须冗余配置;

(3)BITS 时钟须具有自由运行、快捕、跟踪、锁定、保持等功能。

3. 技术参数

(1)区域基准时钟(LPR)

通信中心 BITS 设备作为时间服务器,为各系统提供统一的时间。采用 NTP 组网方案,为个系统服务器提供统一时间。各系统的工作站时间与各自的服务器时间同步。

数字同步网接口要求和 1 级基准时钟(LPR)的技术指标应满足中华人民共和国信息产业部《数字同步网工程设计规范》(YD/T 5089—2005)的要求。

**LPR 主要技术指标**　　　　　　　　　　　　　　　　　　　　　表 903-3

| 项目 | 区域基准时钟(LPR) | |
|---|---|---|
| 自由状态频率准确度 | $\pm 1.0 \times 10^{-11}$ | |
| 保持状态频率准确度 | $\pm 1.0 \times 10^{-11}$/3 天 | |
| 牵引范围 | N/A | |
| 跟踪能力 | $\pm 1.2 \times 10^{-13}$/天 | 满足 ITU-T G.812、Bellcore-GR-1244 要求 |
| 相位瞬变 | ≤10ns | |
| 输出抖动 | ≤5ns | |
| 输入信号种类 | GPS 信号输入端口 | E1、2048kHz、8kHz、10MHz、5MHz |
| 输入阻抗 | 75Ω/120Ω/高阻 | |
| 输入信号抖动、漂移容限 | 遵从 ITU-T G.823 | |
| 输出端口数 | 最大可达 400 路输出 | |
| 输出信号种类 | E1、2048kHz、1544kHz、8kHz、10MHz、5MHz | |
| 输出阻抗 | 75Ω/120Ω | |
| 输出波形 | 满足 ITU-T G.703、G.704 的要求 | |
| 信号监测种类 | 频偏、TIE、MTIE、TDEV、LOS、AIS、OOF、BPV | |

(2)管理终端(含软件)

· BITS 管理终端(含软件);

· CPU:至强四核处理器;

· 处理器主频:2330MHz;

- 内存:8GB,最大内存:64GB;
- 缓存:≥6MB L2 缓存;
- 硬盘接口:SATA 或 SAS;
- 硬盘容量:500G;
- 独立显卡,显存≥512MB;
- 两个 10/100/1000Mbit/s 网络适配器;
- 配置声卡;
- 光驱类型:Combo;
- 24 英寸宽屏液晶显示器、人体工学键盘、光电鼠标,至少 4 个 USB 接口,串口、并口等;
- 正版 Windows 7 Professional 或以上版本操作系统(随机提供),随机附件等。

## 903.05 SDH 电源系统

1. 系统构成

通信电源由交流供电系统、直流供电系统、防雷接地系统、电源管理系统等构成。

应为每个通信站和综合通信网相连的所有通信设备提供和安装交流和直流供电设备。包括成套稳压、整流和蓄电池等设备。应采用高频开关技术,以保证良好的电气性能和可靠性。整流模块按 $n+1$ 方式配置。交流配电设备应能接入一路柴油发电机。

2. 系统功能

(1)电源应具有灵活性并采用积木组合结构。全部电源要求稳定、可靠和安全,便于维护。

(2)承包人应提供构成配电系统的全套设备和安装配件,包括汇流条、配电柜、支架、保安器、相应连接器以及所需配线。

(3)电源设备能达到全自动化,进行遥控、遥测和遥信,适合无人值守的要求。

(4)每个站的功耗值,承包人应根据所选用的各种通信设备的满负荷和安全系数进行计算确定。工程量清单中为通用参考值。

(5)通信电源应符合《光缆通信无人值守电源技术要求》、中国通信行业标准《通信电源设备安装设计规范》(YD 5040—2005)、《通信电源设备安装工程验收规范》(YD 5079—2005)等要求。

(6)环境条件。

a. 环境温度

工作温度:-5 ~ +40℃

储存温度:-40 ~ +70℃

b. 相对湿度:≤90%(+40℃)

c. 交流输入

交流供电系统应采用三相五线制。

单相:187~242V

三相:323~418V

频率:50Hz±5%

3.技术参数

(1)48V高频开关电源

a.交流配电单元

(a)交流输入为三相380V或单相220V可选,交流进线为三相五线制,单相为三线制;

电压变动范围:380V±20%或220V±20%;

频率变化范围:50Hz±10%;

电压波形正弦畸变率:≤5%;

(b)220V交流输出要求不少于5路,各输出分路设保护装置;

(c)绝缘。

设备各带电回路对地绝缘电阻均不低于2MΩ,配电设备带电回路对地或非电连接的两个带电回路之间应能承受50Hz 2500V交流电压1min无击穿,无飞弧现象。

b.直流配电单元

(a)输出电压为额定-48V,范围为-40~-57V;

(b)浮充及充电:

监测和控制输出电压整定值的允许误差为±0.5V;

浮充电压范围控制为-43.2~-56.2V;

均充电压上限值控制制点为-57.6V;

运行中能接两组蓄电池或一组蓄电池;

(c)电压降:

直流配电单元电压降:≤500mV;

(d)输出分路:

无人站电源输出分路要求为4路;

各输出分路设保护装置;

(e)绝缘:

设备各带电回路对地绝缘电阻均不低于2MΩ。

设备各带电回路对地或非电连接的两个带电回路之间应能承受50Hz、1000V交流电压1min不产生击穿飞弧现象;

工作在60V以下,不与主电路连接的辅助电路应能承受50Hz、500V交流电压1min无击穿无飞弧。

c.高频开关整流模块

(a)整流模块以$n+1$方式工作,按比例均分总负荷量,在单模块50%~100%额定电流输出范围内,其均分负荷不平衡度≤±5%额定电流值;

(b)效率与功率因素:

效率≥90%;功率因数≥0.99;

(c)杂音电压：

电话衡重杂音电压：300~3400Hz 时：≤2mV；

峰~峰值杂音电压：0~20MHz 时：≤200mV；

宽频杂音电压：3.4~150kHz 时：≤50mV；

　　　　　　　0.15~30MHz 时：≤20mV；

离散频率杂音电压：3.4~150kHz 时：≤5mV；

　　　　　　　　　150~200kHz 时：≤3mV；

　　　　　　　　　200~500kHz 时：≤2mV；

　　　　　　　　　0.5~30MHz 时：≤1mV；

(d)负载效应：

不超过直流输出电压整定值的 ±0.5%；

(e)源效应：

不超过直流输出电压整定值的 ±0.1%；

(f)温度系数(1/℃)：

不超过直流输出电压整定值的 ±2‰；

(g)稳压精度：

不超过直流输出电压整定值的 ±0.6%；

(h)动态响应：

负载效应恢复时间不大于 200μs，超调量不超过直流输出电压整定值的 ±5%，开关机过冲幅度最大峰值不超过直流输出电压整定值的 ±10%，启动冲击电流不大于最大输入电流有效值的 150%；

(i)绝缘：

交流电路对地，交流电路对直流电路之间应能承受 50Hz、1500V 的交流电压 1min 无击穿，无飞弧现象，漏电流≤30mA；

直流电路对地应能承受 50Hz、500V 交流电压 1min 无击穿，无飞弧现象，漏电流≤30mA；

在正常大气压条件下，相对湿度为 90%，试验电压为直流 500V 时，整流器主回路的交流部分和直流部分对地，交流部分对直流部分的绝缘电阻均不低于 2MΩ。

(2)48V 蓄电池组

a. 应采用全密封免维护阀控式蓄电池组。蓄电池的电压要求见表903-4。

**蓄电池的电压要求**　　表903-4

| 电池类型 | 浮充电压<br>(V/cell) | 再充电或均衡充电压<br>(V/cell) | 初充电电压<br>(V/cell) |
|---|---|---|---|
| 阀控式密封铅酸蓄电池 | 2.23~2.27 | 2.30~2.35 | 2.35 |

b. 通信(分)中心设 2 组蓄电池组，一组蓄电池的容量能确保设备正常运行 6h 以上，其余通信站均设一组蓄电池，其容量能确保设备正常运行 10h 以上。

c. 超过低压作业点时(一般为 -43V)，蓄电池不应继续放电。

d.蓄电池安装牢固,具有防震措施。

通信用阀控式密封铅酸蓄电池应符合《通信用阀控式密封铅酸蓄电池》(YD/T 799—2010)的规定。

(3)电源网管软件

a.电源系统具有集中监控管理功能,进行遥控、遥测和遥信,实现无人值守。

b.监控主要内容如下:

(a)系统查询功能:主要供电设备的运行状态;

(b)告警功能:

·输入电源故障;

·输出电压过高、过低;

·主要配电柜开关状态;

·稳压器故障告警;

·整流模块故障;

·监控模块故障;

·熔丝故障。

c.系统应具有本地和远程监控功能的通信接口。各通信站的电源监控器经通信接口(10/100M 以太网电接口或者 RS232/RS485)与监控计算机通信;

d.电源监控系统可由光纤综合业务接入网的监控系统实现。

(4)网管服务器及终端

电源网管服务器及网管终端,含电源网管软件,服务器配置不低于以下指标:

·类型:机架式服务器,可支持8个2.5英寸 SAS/SATA/SSD;

·处理器:2个 E5-2407 处理器,每处理器16MB 二级缓存;

·支持的单条内存容量:4GB、8GB、16GB、32GB;

·内存:16GB 内存(DDR3),可以扩充至384GB;

·扩展插槽:最多支持5个 PCIe 扩展卡,1个全高全长,1个全高四分之三长,2个半高 PCIe 标准卡,1个 RAID 卡使用的非标准 PCIe 插槽;

·支持2个板载千兆以太网网口,网口芯片支持虚拟化;

·SAS 硬盘控制器:带电池保护的内置236MB 缓存,支持 RAID0,1,5,0+1;

·硬盘:3×300GB SAS;

·CD-RW/DVD-ROM Combo;

·冗余电源和风扇,可热插拔;

·光纤通道:4个;

·配置5个 USB 接口,支持标准键盘、MOUSE、串口、并口;

·配置数据库软件和操作系统软件。

管理终端(含软件):

·CPU:至强四核处理器;

·处理器主频:2330MHz;

- 内存:8GB,最大内存:64GB;
- 缓存:≥6MB L2 缓存;
- 硬盘接口:SATA 或 SAS;
- 硬盘容量:500G;
- 独立显卡,显存≥512MB;
- 两个 10/100/1000Mbit/s 网络适配器;
- 配置声卡;
- 光驱类型:Combo;
- 24 英寸宽屏液晶显示器、人体工学键盘、光电鼠标,至少 4 个 USB 接口,串口、并口等;
- 正版 Windows 7 Professional 或以上版本操作系统(随机提供),随机附件等。

## 903.06  IPRAN 传输系统

1. 系统构成

IPRAN 传输系统是综合业务接入传输平台,由核心层、骨干层和接入层设备组成。

2. 系统功能

(1)提供充足的高速公路通信传输资源,保证语音、数据、图像等信息的实时传输;

(2)实现集中的通信网络运行、维护和管理信息系统;

(3)实现或预留与相邻路段通信系统的联网带宽;

(4)系统应采用模块化的硬件结构,便于硬件和业务的扩充;

(5)主要设备能在不中断通信的情况下,可带电进行设备板卡的热插拔操作,且在软件升级时不影响通信系统的正常运行。

3. 技术参数

IPRAN 设备根据所处的位置设备分为以下 A/B 两类。A 类设备根据业务需要分为 A1 和 A2。其中 A1 类设备为盒式设备,主控、交换矩阵、电源、风扇等可不冗余。A2 和 B 类设备的主控、交换矩阵、电源、风扇等必须冗余配置。

(1)核心层设备

根据实际情况,核心级设备采用 B 类设备建设。具体参数参考表 903-5。

**核心级设备 B 类设备技术参数**　　　　　表 903-5

| 设备类型 | B 类 | |
|---|---|---|
| | B1 | B2 |
| 每槽位带宽要求 | ≥10G | ≥20G |
| 业务槽位数 | ≥4 | ≥6 |
| 单向可配置端口容量 | ≥60G | ≥120G |
| 网络端口 | 以太网接口 GE、10GE | 以太网接口 GE、10GE |
| 业务端口 | 以太网接口 FE、GE、10GE | 以太网接口 FE、GE、10GE |

(2)骨干层设备

根据实际情况,骨干层设备采用A2类或B1类设备建设。具体参数参考表903-6。

**骨干层设备采用A2类/B1类设备技术参数**　　　　　表903-6

| 设 备 类 型 | A2 | B1 |
|---|---|---|
| 每槽位带宽要求 | ≥10G | ≥10G |
| 业务槽位数 | ≥2 | ≥4 |
| 背板带宽要求 | ≥30G | ≥60G |
| 端口最低配置容量 | 2×10GE+16FE/GE(自适应) | 4×10GE+24FE/GE(自适应) |
| 网络端口 | 以太网接口GE、10GE | 以太网接口GE、10GE |
| 业务端口 | 1. TDM接口:E1<br>2. 以太网接口FE、GE、10GE | 以太网接口FE、GE、10GE |

(3)接入层设备

根据实际情况,骨干层设备采用A1类或A2类设备建设。具体参数参考表903-7。

**接入层设备A类设备技术参数**　　　　　表903-7

| 设 备 类 型 | A 类 | |
|---|---|---|
|  | A1 | A2 |
| 每槽位带宽要求 | ≥4G | ≥10G |
| 业务槽位数 | ≥1 | ≥2 |
| 背板带宽要求 | ≥4G | ≥30G |
| 端口最低配置容量 | 4GE+4FE/GE+2FE(自适应) | 2×10GE+16FE/GE(自适应) |
| 网络端口 | 以太网接口GE | 以太网接口GE、10GE |
| 业务端口 | 以太网接口FE、GE | 1. TDM接口:E1<br>2. 以太网接口FE、GE、10GE |

(4)性能要求

a.性能要求

(a)包转发时延

当设备和链路负载小于90%的情况下,1518Byte长度及以下包转发时延均应小于200μs,抖动小于20μs。同时在部署QoS后,在低等级的业务造成网络拥塞时,保证高等级业务流量的延时和抖动不受影响。

(b)丢包率

当设备和链路负载小于90%的情况下,保证丢包率为0;同时在部署QoS后,在低等级的业务造成网络拥塞达时,保证高等级业务不受影响。

(c)无故障连续工作时间

单台设备必须有高的可靠性,可用率不小于99.999%,无故障连续工作时间:MTBF大于69000h。单端口故障恢复时间小于10min,单卡板故障恢复时间小于20min,单机故障恢复时间小于30min。

b. 接口要求

链路聚合功能：必须支持网络侧和用户侧的链路聚合功能，端口类型支持POS/ETH等，对于ETH链路聚合，必须实现对VLAN及SVLAN的透传承载。

VRRP功能：支持VRRP（virtual router redundancy protocol）。

c. 通信协议支持

通信协议处理模块包括众多通信协议，参考附件通信协议标准。

d. VLAN/SVLAN支持

（a）必须支持SVLAN功能；必须支持QinQ透传功能；

（b）必须支持QinQ直接终结入三层功能，此三层IP口必须是可路由可调度接口；同时综合接入网汇聚路由器必须支持一对一的三层终结能力，多对一的三层终结能力；

（c）必须支持单口SVLAN的内外层可配置范围均为1~4096；

e. 单播路由协议及性能要求

必须同时支持RIPV1、RIPV2、OSPF、BGP4、IS-IS协议，综合接入网汇聚路由器设备至少应具备2万条BGP/IGP路由转发能力，不少于2万条VPN路由转发能力；

f. MPLS，流量工程（TE）和快速重路由（FRR）

（a）MPLS基本协议和功能要求

要求单台设备支持LDP邻居数量大于10个并保证性能和稳定性。设备在10个LDP邻居的情况下，要求至少2000个标签/s的更新能力，单台设备时故障切换造成包转发中断时间小于500ms。

在不同的软、硬件配置的情况下建立和拆掉LSP的速度，要求大于2000LSP/s。

（b）单条LSP进行链路保护的速度应在50ms以内。

g. VPN

城域网将提供基于MPLS技术的二层和三层VPN业务，要求综合接入网汇聚路由器必须支持MPLS L2/L3 VPN相关功能。

h. QoS

路由器和板卡要求队列数量大于或等于4K/单板，ACL大于2K/单板（具备拆分为进出各1K能力），要求每队列带宽保证误差小于5%。

提供MPLS的COS服务，支持802.1p、IP Precedence、DSCP和MPLS EXP的相互映射。

层次化QoS，必须支持TR059中建议的层次化QOS调度方式。能够根据VLAN/SVLAN/IP控制单个用户或单个业务的总带宽，实现业务接入侧服务质量的保证。必须支持同一用户不同VLAN之间的带宽调度，必须支持同一用户不同IPP值的带宽调度。支持对每级的队列进行拥塞避免和流量整形。

i. 设备可用性

设备应该具备99.999%的总体可用性（软、硬件）；例行维护时间不计算在内；系统无故障连续工作时间（MTBF）必须大于69000h。

所有元件必须支持热插拔；必须支持关键部件冗余，及从故障板卡到备份板卡的自动切换；建议支持不同业务转发板的端口备份；从主用电源到备用电源的切换必须是自动的,不能引起业务的中断;设备应该支持以太网冗余,可以在 800ms 内恢复点对点的千兆以太网连接;在切换到冗余控制板卡时,设备能维护 VC、PPP 或 RFC 1483/2684 会话的状态,并保持与之相关的所有功能或协议;满配的设备冷启动后应该在 10min 内完全正常运作;在有冗余配置的情况下,从机箱中抽走控制板卡时及重新插入控制板卡时,设备必须能够继续转发流量。

j. 互通性要求

(a)投标人提供的设备必须能够与现有的其他网络设备(以太网交换机、路由器、SDH设备等)实现物理层互通;

(b)投标人提供的设备必须能与主流路由器厂家的设备实现路由协议(RIPv1、RIPv2、OSPFv2、ISIS、BGPv4)的互通;

(c)投标人提供的设备必须能和主流路由器厂家的设备实现 MPLS 及相关协议的互通;

(d)投标人提供的设备应能与其他厂家设备 L2/L3 MPLS VPN、VPLS 等 VPN 业务的互通;

(5)接入网网管服务器(含网管软件)

接入网网管服务器,含网管软件,服务器配置不低于以下指标:

· 类型:机架式服务器,可支持 8 个 2.5 英寸 SAS/SATA/SSD;

· 处理器:2 个 E5-2407 处理器,每处理器 16MB 二级缓存;支持 DDR3 1600MHz;

· 支持的单条内存容量:4GB、8GB、16GB、32GB;

· 内存:16GB 内存(DDR3),可以扩充至 384GB;

· 扩展插槽:最多支持 5 个 PCIe 扩展卡,1 个全高全长,1 个全高四分之三长,2 个半高 PCIe 标准卡,1 个 RAID 卡使用的非标准 PCIe 插槽;

· 支持 2 个板载千兆以太网网口,网口芯片支持虚拟化;

· SAS 硬盘控制器:带电池保护的内置 236MB 缓存,支持 RAID0,1,5,0+1;

· 硬盘:3×300GB SAS;

· CD-RW/DVD-ROM Combo;

· 冗余电源和风扇,可热插拔;

· 光纤通道:4 个;

· 配置 5 个 USB 接口,支持标准键盘、MOUSE、串口、并口;

· 配置数据库软件和操作系统软件。

(6)机柜

· 采用载荷分散均布的多点框架结构 19 英寸标准机柜;

· 机柜主结构选用大于等于 2.0mm 的碳素冷轧钢板,整柜净载荷为 1600kg 以上;

· 机柜侧向封闭槽设计,使用专用并柜附件后,并柜间隙小于 3mm,确保了机柜系统的整体高密性;

· 机柜内置侧向封板和空气限流构件,以确保空气前进后出的流向,提升冷却效率;

· 机柜具备抗震功能。

## 903.07 语音交换系统

1. 系统构成

语音业务网即电话交换网,由本地电话网、省域长途电话网及交通运输部省际长途电话网三级体系构成。

(1)在省级通信中心设置一级交换中心(汇接局),主要职能是转接所在本地网的长途终端话务,以及省际长途来去话务。

(2)在路段通信(分)中心设置汇接局或端局,与本省一级交换中心共同构成省域长途电话网,汇接局或端局与一级交换中心均有直达路由,汇接局或端局与辅助汇接局均有直达路由,相邻汇接局或端局之间亦设直达路由。省域长途电话网主要负责省域内局间汇接及转接接续。

(3)本地网由汇接局或端局和用户电路组成,主要负责本局所辖范围内的终端话务交换和出入市话交换,以及部分局间话务交换。

(4)电话交换网目前宜采用IP语音交换系统。根据技术发展情况,可组建软交换电话网,其系统功能、局间信令及接口要求应符合本技术要求规定。

2. 系统功能

(1)高速公路通信网内业务电话(BT)、指令电话(CT)和传真机(FAX)等业务。

(2)提供市话和国内长途自动接续业务。

(3)中继汇接、选择路由和号线连选。

(4)提供话务台服务和电脑话务员。

(5)提供用户服务等级分类。

(6)会议电话功能。

(7)指令电话功能。

(8)数字电话功能。

(9)提供自动测试功能。

(10)话务量统计功能。

3. 技术参数

(1)IP语音交换机

a. 一般要求

语音综合交换系统应能与现有市话网和长途网内各种制式的交换机及现行的各种标准信号方式密切配合工作,并且不需改动现有交换设备或中继电路接口。语音综合交换系统应具备中国No.7中继信令,并能方便地增加某些业务子系统等要求。

语音综合交换系统与各通信站语音综合接入设备之间应支持SIP与H.323两种接口模式,推荐采用SIP协议进行语音通信。

b. 可靠性要求

MTBF(Mean Time Between Failures):至少为10年。

提供双业务网口,当一个网口出现故障时,另一个网口自动承担工作,实现备份。

支持电源模块的均流、备份和热插拔。

支持主控板的1+1热备份。当主用板出现故障时,备用板可以自动接替主用板继续工作。切换时间<3s。

支持媒体资源板的负荷分担。正常工作时,各单板分担全部负荷;当某块单板出现故障时,其他单板能够承担全部负荷。

c. 协议要求

(a)软交换设备与各种媒体网关之间的协议建议采用SIP协议;

(b)SS7/IP协议主要用于信令网关与软交换设备与设备之间;

(c)软交换设备之间可以采用SIP进行互通;

(d)软交换设备应支持ISUP,可选支持TUP;

(e)软交换设备应支持ISDN DSSI协议与中继媒体网关进行互连。

d. 接口要求

(a)网关要求

·信令网关(SG):跨接在No.7信令网与IP网之间的设备,负责对No.7信令消息进行转接、翻译或终结处理,根据应用与服务情况,信令网关可独立设置也可与中继网关合设;

·中继网关(TG):跨接在SCN网络和软交换网络之间,负责TDM中继电路和分组网络媒体信息之间的相互转换,此外中继网关也可以接入PRI;

·接入网关(AG):能够实现用户侧语音、传真信号到分组网络媒体信息的转换,用户侧接入的用户可以是:POTS接入、ISDN BRI和PRI接入。

(b)中继接口要求

语音交换设备(含程控交换机、语音综合交换系统)之间的中继接口均为光纤数字通道,接口为2048kbit/s数字接口。信号方式采用中国No.7信令。2048kbit/s数字中继接口A符合ITU-T G.703、G.704、G.705、G.732和Q.512标准。

(c)功能要求

·须提供窄带接口实现与PSTN和传统PBX(Private Branch Exchange)的互联互通,支持SS7、PRA、R2和FXO/FXS;

·提供分组中继实现交换设备之间的互联互通,支持SIP协议;

·提供分组协议实现分组终端设备的接入,支持SIP、H.248等VoIP控制协议,支持RTP(Real-time Transport Protocol)等VoIP传输协议,支持T.30、T.38传真协议;

·支持Telnet、TFTP(Trivial File Transfer Protocol)等协议,可方便地接入远端网管系统和进行系统加载;

·支持SNTP(Simple Network Time Protocol)协议;

·内嵌语音会议系统,融合了传统交换、软交换、语音网关的功能;

·丰富的嵌入式IVR(Interaction Voice Response)资源,实现友好语音提示和二次拨号;

·支持TDM(Time Division Multiplex)交换、TDM-IP交换和纯IP交换;

- 支持多种编解码、防抖动缓存、回声抑制、静音压缩、舒适噪声生成、自动增益、丢包补偿，为语音和视频的高质量传送提供保证；
- 支持分布式架构、集中式管理。

e. 市话接续

数字中继接口：语音综合交换系统和信令网关之间使用信令传送协议（SIGTRAN），在IP网上传送No.7信令信息，具体SIGTRAN协议为No.7信令MTP第三级用户适配层（M3UA）协议，M3UA应符合YD/T 1192—2002的相关规定。

f. 用户信号方式

数字用户接口：语音综合交换系统应向用户提供2M、10/100M、1000M等数字化服务。

g. 互通功能

（a）软交换应可以通过信令网关实现分组网与现有No.7信令网的互通；

（b）可以通过软交换中的互通模块，采用SIP协议实现与未来SIP网络体系的互通；

（c）可以与其他语音综合交换系统、数字程控交换机互联互通；

（d）提供IP网内H.248终端、SIP终端、H.323终端和MGCP终端之间的互通；

（e）可以根据需要回退到升级前的版本；

（f）可支持以下业务：

- 一号通业务、同振业务、顺振业务；
- 电话会议业务，具有自行接入式、主席召集式、系统召集式三种方式；
- 支持多种限呼方式，支持智能路由功能；
- 支持主叫识别类业务、呼叫前转类业务、秘书类业务、代答业务、改号业务、热线业务和自动总机等补充业务。

h. 语音处理能力

（a）软交换应可以控制媒体网关、H248终端、MGCP终端是否采用语音压缩，并提供可以选择的语音压缩算法，算法应至少包括G.711、G.729、G.723.1、G.726等；

（b）软交换应可以控制媒体网关及终端是否采用回声抵消技术；

（c）软交换应可以控制媒体网关及终端对语音包缓存区的大小进行设置；

（d）软交换应能够根据主被叫信息、承载属性以及媒体协商结果确定本次呼叫采用的编码方式，以及是否采用回波消除等信息，从而控制媒体网关及终端完成接续。

i. 多路业务处理能力

（a）BHCC（Busy Hour Call Completion）：30路同时发起呼叫，平均呼叫接通时间＜1.5s；

（b）平均语音编码动态切换时间＜60ms；

（c）最大会议通道数：不低于90个。

**IP语音交换机参数** 表903-8

| 参　数 | 规　格 |
| --- | --- |
| 用户容量 | 10000 |
| 数字中继容量 | 900 |

续上表

| 参　数 | 规　格 |
|---|---|
| 模拟中继容量 | 56 |
| 局内最大并发数 | 2000 |
| BHCC | 180000 |
| 会议容量 | 最多320个会议厅,960个与会方,单会议厅最大支持120个与会方 |
| MTBF | ≥10年 |
| 协议 | SIP,E1/SS7,E1/R2,E1/PRI,E1/QSIG,T1/PRI,T1/QSIG |
| 接口 | 2个主控板插槽 |
| | 1个RS-232串口 |
| | E1/T1接口:≥8 E1单板 |
| | 3GE |
| 电源 | AC 100～240V,50Hz/60Hz<br>DC -38～-75V,15.5A |
| 最大功耗 | 400W |

(2) 语音网关

语音网关是基于IP的语音/传真(VoIP/FoIP)媒体接入网关,提供基于全球IP网络(国际互联网或企业内部互联网)的高效、高质量的话音服务。语音网关通过标准的SIP协议与IP PBX或NGN设备配合组网,满足不同用户规模、不同应用场景的接入需求。

主要技术要求：

·用户和模拟中继容量:最少支持128线

·每块模拟用户板可提供至少32路POTS用户,最大支持224FXS

·每块模拟中继板可提供12路模拟中继

·供电要求:AC 100～240V,60/30Hz,DC 3.5A 48V

·用户线距离(用户线线径0.4mm,话机没有接并线条件下)5.0km

·并线话机数目(用户线距离≤2.0km,用户线的线径0.4mm条件下)≤3

·实现功能:主叫号码显示、主叫号码限制、呼叫转移、三方通话、呼叫等待、缩位拨号等

·支持语音编码标准:G.729、G.711

支持VOIP协议:SIP协议、MGCP协议

(3) 维护终端(含维护软件)

·CPU:至强四核处理器

·处理器主频:2330MHz

·内存:8GB,最大内存:64GB

·缓存:≥6MB L2缓存

·硬盘接口:SATA或SAS

·硬盘容量:500G

- 独立显卡,显存≥512MB
- 两个10/100/1000Mbps网络适配器
- 配置声卡
- 光驱类型:Combo
- 24英寸宽屏液晶显示器、人体工学键盘、光电鼠标,至少4个USB接口,串口、并口等

(4)计费终端(含计费软件)

电信计费平台:
- 采用B/S平台框架、统一系统门户,计费系统数据库采用oracle数据库,后台系统支持统一的Linux操作系统
- 话单分拣采用B/S架构程序,支持跨平台操作。可进行集中采集、集中业务控制
- 系统采用SOA架构设计,功能开发简捷迅速,针对业务变化或新需求可快速完成
- 接口开发、模块即插即用,具体统一的接口管理功能
- 系统参数、业务参数、权限参数数可灵活配置

话单采集系统:
- 实时采集,最小频率单位为秒
- 主备同步采集
- 配置采集参数
- 支持多种交换机采集
- 磁盘空间不足时,自动清除过期话单
- 话单分拣系统
- 话单分拣的速度为30万条/min
- 话单主叫、被叫加密入库
- 稽核话单,异常话单告警,通过网络发送告警信息到某台或几台终端

计费管理系统:
- 用户档案电话号码、用户名称、联系人的管理
- 查询明细话单时,可自定义各种查询条件
- 灵活的费率管理,能实现各种优惠
- 话费统计的响应时间在30s内
- 支持自动出账
- 支持呼入话单计费
- 支持电信、联通、移动等运营商数据导入
- 支持运营商结算
- 明细话单、用户档案等所有数据都可以以excel、txt、dbf等多种方式导出
- 所有操作都要有详细的日志并方便查询
- 所有的模块支持自定义查询,自定义排序
- 系统能自动稽核数据并自动产生差错数据的数据报告
- 支持自定义菜单,方便升级维护

- 支持二次开发,系统管理员自己可二次开发查询、报表
- 操作员密码加密存入数据库
- 支持 UNIX/Linux/Windows 操作系统
- 汇总速度:5~10min
- 收费检索速度:1s
- 收费整体速度:10s 内

计费终端:
- CPU:至强四核处理器
- 处理器主频:2330MHz
- 内存:8GB,最大内存:64GB
- 缓存:≥6MB L2 缓存
- 硬盘接口:SATA 或 SAS
- 硬盘容量:500G
- 独立显卡,显存≥512MB
- 两个 10/100/1000Mbit/s 网络适配器
- 配置声卡
- 光驱类型:Combo
- 24 英寸宽屏液晶显示器、人体工学键盘、光电鼠标,至少 4 个 USB 接口、串口、并口等
- 正版 Windows 7 Professional 或以上版本操作系统(随机提供),随机附件等

(5)音频配线柜

音频配线柜内音频配线单元由保安接线排、保安单元等部件组成,外线侧连接铜芯双绞线市话通信电缆,内线侧连接接入设备的用户电路,可通过跳线进行线号分配接续,且具有过电压、过电流防护、告警功能及测试端口功能。

性能指标:
- 接线排绝缘电阻:≥1000MΩ
- 接线排抗电强度(耐压):能承受(AC)1000V/1min 作用无击穿、飞弧现象
- 簧片间接触电阻:≤7mΩ
- 成端处接触电阻:≤3mΩ
- 绕接式拉脱力:≥22N(导线直径 0.4mm)
- 卡接式拉脱力:≥25N
- 工作温度:-5~+40℃
- 相对湿度:≤85%(+30℃时)
- 大气压力:70~106kPa。

## 903.08 视频会议系统

1.系统构成

会议电视系统可以同时实现两地或多个地点之间的图像、语音、数据的交互通信。在

通信(分)中心设置 MCU 及会议室型会议电视终端设备作为会议电视主会场,在各无人通信站设会议室型会议电视终端设备作为会议电视分会场,各分会场由通信分中心主会场统一进行会议管理控制。视频会议系统包括多点控制单元(以下简称:MCU)、会议终端、录播设备、视音频采集设备、视音频处理设备、视频播放设备、管理软件等。

2. 系统功能

高速公路视频会议系统主要用于远程对工作布置、问题讨论、工作汇报、人员培训等实际需要,能够以更高的效率和更低的成本,满足集中式管理的需求,实现持续、快速、高效的整体运营。高速公路视频会议系统能够实现多媒体视频的各种功能,同时要求系统运行稳定、操作方便、结构清楚,便于维护和扩展,并确保能与相邻路段视频会议系统互通。

具备完善的会议管理功能,包括会议预约、会议审批、会议通知、会议控制、会场监控、信息统计、故障告警、会议统计等,可对全网进行管理,包括设备升级和设备配置等。

(1) 音频特性

- 支持智能混音或定制混音
- 静音与哑音控制
- 语音激励检测
- 自动回声消除(AEC)
- 背景噪音抑制(ANS)
- 自动增益控制(AGC)

(2) 会议控制

- 导演控制、主席控制、语音激励、自动轮询等多种控制方式
- 支持多组会议同时召开,分别控制,互不干扰
- 会议过程中支持加入申请、主席申请、发言申请及插话申请
- 支持 IOS 和 Android 等移动设备接入、参与、控制会议

(3) 安全特性

- 基于 H.235 的会议加密流程
- 内置 128 位 AES 硬件加密功能
- 会议密码保护、会议锁定保护
- 管理用户认证与授权
- 内置防火墙设置

(4) 录放像控制

- 支持会议数字录放像的控制

(5) 多画面

各种多画面组合模式

- 各画面的来源可采用动态跟随或手动指定等方式进行切换
- 支持数字多分屏显示,应能提供 1080P/720P 下的 16 分屏
- 具备多种分屏模式,在会议进行中应允许用户随意切换分屏显示模式

- 允许设置某一分屏窗口为指定会场或语音激励自动选择会场或轮询自动切换会场；
- 在会议中切换分屏图像不会影响 MCU 的容量

(6) 双视频流
- 支持 H.239 标准双视频流功能
- 视频格式及视频分辨率均可设置
- 支持发起双流的权限设置

(7) 内置网守
- 支持注册、地址解析、呼叫控制、带宽控制、区域管理等功能
- 支持计费功能，可向 Radius 服务器发送用户认证和计费信息

(8) 会议召集
- 以 Web 方式登录 MCU 进行定时预约或立即召开
- 在终端侧以遥控器或 Web 方式进行呼叫

(9) 多级级联
- 支持简单级联和合并级联两种级联模式
- 合并级联时支持主从 MCU 间的完全互通、互控
- 采用直观的树型分层结构实现级联管理

(10) 管理与维护
- 支持 SNMP 标准网管协议
- 支持 MCU 的配置界面化
- 采用 Telnet、FTP、Web 进行在线配置与远程升级
- 通过 RS232 进行本地管理
- 系统登录、管理等事件日志
- 运行监测、告警、在线诊断及故障修复

(11) 网络适应性
- 内置代理客户端实现防火墙/NAT 穿越
- 智能丢包恢复
- 丢包率为 10%，会议系统可以传输高质量的视音频信号
- 自动线路备份
- 动态速率调整
- QoS 设置(DiffServ, IP Precedence)
- 实现码流控制和平滑控制
- 断线自动重呼
- IP 地址冲突检测
- 支持网守自动发现和注册

(12) 软件架构：B/S 或 C/S

(13) 会议模板

- 支持会议模板的创建、保存、修改、复制和删除
- 在模板中可设置编码格式、会议速率、分辨率等会议参数

(14) 会议管理
- 创建即时会议和预约会议
- 支持各终端的手动或自动切换
- 支持智能混音与定制混音
- 支持会议点名功能
- 会议中可实时添加、呼叫、挂断、删除终端
- 可通过鼠标拖拉操作实现终端间的视音频选看
- 可对多个分会场进行监视、预览

(15) 级联管理
- 支持级联会议的创建、控制与管理
- 以树形分层方式显示各终端

(16) 用户管理
- 支持用户的认证、授权与分级
- 支持用户组的创建、修改和删除

(17) 字幕
- 支持对所有终端发送字幕,可群发或选择性发送
- 支持滚动、翻页等字幕显示方式的设置
- 字幕内容可现场录入或从文件中加载

(18) 日志管理
- 可及时记录操作的种类、时间等信息
- 支持按分类、时间进行日志查询操作

(19) 设备管理
- 可实现 MCU 的配置界面化
- 支持多 MCU 集中管理功能

3. 技术参数

(1) 微控制单元 MCU

a. 支持至少 12 个点 1080P/60 帧高清视频会议,可拓展到 24 个点 1080P/60 帧高清视频会议;

b. 要求采用嵌入式结构及嵌入式操作系统,非 PC 结构,能够支持 7×24h 长时间开机运行;

c. 必须与主流品牌的 MCU 能够数字级联;

d. 现场会议控制操作:基于有线模式,无线模式备份;

e. 图像分辨率支持:1080P、720P、D1、CIF、QCIF,支持基于 H.323 的视音频全编全解功能,支持多种分辨率视音频同时接入;

f. 视频编码支持 H.261、H.263、H.263+、H.264、MPEG-4 中的至少 4 种;支持 H.

264 HP 视频编码协议；

g. 音频编码：支持 G.711、G.722、G.722.1 Annex C、G.723、MPEG-4 中的至少 3 种音频协议；支持 G.729、AAC LC/LD 中的至少 1 种宽频语音编码协议；

h. 支持 H.323 和 SIP 混合组网；

i. 实现 1080P 50/60 帧的最低带宽为 4Mbit/s；实现 1080P 25/30 帧的最低带宽为 2Mbit/s(10)网络协议：TCP/IP、TELNET、HTTP、FTP、SNMP、DHCP、RTP/RTCP、NTP。

(2)高清会议电视终端

终端要求采用嵌入式操作系统，非 PC 结构，产品稳定，能够支持 7×24h 长时间开机运行；

终端具备诊断功能，具备多级环回测试功能，PING 功能、IP 地址冲突检测，系统日志、上电自检、丢包指示、IP 远程升级等功能。终端应具有丰富的远程维护功能，并支持多个用户同时对终端的维护；

分辨率：1080P、720p、D1、CIF、QCIF；

视频编码支持 H.261、H.263、H.263+、H.264、MPEG-4 中的至少 4 种；支持 H.264 HP 视频编码协议；

音频编码：支持 G.711、G.722、G.722.1 Annex C、G.723、MPEG-4 中的至少 3 种音频协议；支持 G.729、AAC LC/LD 中的至少 1 种宽频语音编码协议；

体系标准：H.323、SIP；

支持 H.264 编解码和标准 H.239 双流；

网络协议：TCP/IP、TELNET、HTTP、FTP、SNMP、DHCP、RTP/RTCP、NTP。

(3)高清摄像机

a. 支持高清视频信号：1080P/30，1080I/60，1080I/50，720P/60，720P/30；

b. 支持 HD-SDI 高清串行数字信号接口和 HDMI 高清串行数字信号接口；

c. 支持 YPbPr 高清分量视频信号接口；

d. 支持 10 倍光学变焦；

e. 支持 10 个用户可设置的预置位；

f. 云台动作其水平方向：±100°，最大转速：70°/s；其垂直方向：±30°，最大转速：50°/s；

g. 支持通过摄像机来控制终端；

h. 支持自动/日光/阴天/阴暗/荧光等多种白平衡模式；

i. 支持自动/手动聚焦和自动/手动校对光圈。

(4)高清电视机

60 寸或以上 LED 液晶电视（支持 1080p 或以上分辨率）。

(5)录播服务器

满足对十次会议所有会议视音频的存储和调取。

(6)有线定向麦克

频率：20~20000Hz；

灵敏度：-38±3dB。

## 903.09 光缆

(1) 纤芯技术要求

a. 光纤类型:单模,应符合 ITU-T G.652 要求;

b. 工作波长:1310nm、1550nm;

c. 几何特性:符合 ITU-T G.652 要求,其中:

- 模场直径:标称值 $(9 \sim 10)\mu m \pm 10\%$
- 包层直径:标称值 $125 \pm 2\%$
- 包层表面不圆度:≤2%
- 模场/包层同心偏差:≤1μm

d. 截止波长:$1100 \leq \lambda_c \leq 1280(nm)$;

e. 筛选张力≥5N,加力时间不小于1s;

f. 总色散系数≤3.5 Ps/nm·km(1258~1330nm);

g. 光缆部分:

(a) 光缆结构:层绞式;

(b) 敷设方式:沿管道敷设;

(c) 维护方式:填充油膏;

(d) 加强件:金属加强件;

(e) 光纤色谱:每根光纤整个长度标色(承包人应提供本工程所需光缆纤束中光纤颜色和纤束扎线颜色及扎束方法);

(f) 衰减特性:衰减常数≤0.35dB/km(1310nm);衰减常数≤0.22dB/km(1550nm);

(g) 接头损耗:单个接头的平均接头损耗≤0.05dB(1310nm);单个接头的最大接头损耗≤0.08dB;

(h) 衰减温度特性:在-30~60℃范围内附加衰减≤0.05dB/km;

(i) 允许拉伸力:FST≥1500N,FLT≥600N;

(j) 允许侧压力:FSC≥1000N/100mm,FLC≥300N/100mm;

(k) 护套:达到一定的机械强度、防水、防震、防腐、防微生物侵蚀及啮齿动物咬伤。光缆浸水试验24h后,光缆外护套对地绝缘电阻在直流500V电压下不小于2000MΩ·km;浸水24h后,护套耐压强度不小于直流20kV,持续时间不小于2min;

(l) 光缆允许弯曲半径:≥4m;

(m) 安装时:≥光缆外径的20倍;

(n) 固定后:≥光缆外径的15倍;

其他有关指标应符合 ITU-T、ICE 及国内有关规范的规定。

(2) 光缆的技术要求

a. 光缆的机械性能:光缆的机械性能应能经受拉伸、压扁、冲击、反复弯曲、扭转、曲绕、钩挂等项检验。

b. 光缆中的光纤应采用单模光纤,每根光纤应可通过色码识别在光缆中的位置;颜色应容易分辨,在光缆工作寿命期间不应受影响或腐蚀。

c. 光缆的防护性能:光缆应具备防潮、防水、防鼠咬、防腐蚀、防雷等性能。

d. 光缆的接头盒:光缆的接头盒应具备优良的机械性能,并具有防潮、防水性能。接头盒内的光纤接头的质量对连接光纤的强度不应有明显影响。

(3) 光缆的敷设要求

a. 光缆应按实际长度铺设,铺设时不应超过光缆厂家规定的牵引张力和弯曲半径的要求,光缆的接续点应按照光缆设计图纸实施,不得私自断缆和接续。根据项目实际需求确实需要接续时,应报业主与监理工程师批准后方可实施。

b. 在敷设光缆之前,每个管道要用合适的方法清理。

c. 在光缆在每个人手孔内要有 20m 左右的盘留。

d. 光缆应在所有中间人孔中给以支托,在光缆布设在管箱时,根据要求提供附加的环境保护,保证获得规定的光缆寿命。

e. 可以使用光缆牵引润滑剂,但必须得到监理工程师同意。

(4) 光缆接续

a. 光缆应在人孔外十分清洁的环境中接续。

b. 光缆接续应采用熔接法,光缆接头应配有单独的接头护套。

c. 每根光缆在 1310nm 波长的接头损耗不超过 0.1dB。

d. 在所有光缆需要分歧或分配出与单独终端单元相连的光纤接头应使用接头盒保护;接头盒的设计应易于安装。

e. 接头盒应为光缆接头提供一个密闭的、防潮的环境。接头盒应能重新进入,以便维修和满足其他工作要求。

f. 在光缆线路所处的温度和其他环境条件下,接头盒预期使用寿命至少 40 年。

g. 当接头设于桥上(或跨线桥)的金属接头管箱时,应按要求提供附加的环境保护,以确保规定的使用寿命。

h. 接头应牢固地安装在每个人孔中。

i. 接头应安装在尽可能高处,以免浸水。

(5) 光缆端接

a. 每根光缆应端接在光缆终端盒或光纤配线架上,光缆应在每个通信站端接。

b. 光纤配线架的容量足以端接所有室外光纤。

c. 进局光缆应有标志,以区别其他电缆。

d. 设备侧的光缆长度应作适当预留,一般为 10~20m,可存在光端机室或进线室。

e. 进局光缆的弯曲半径不应太小,以免产生微弯曲损耗。

## 903.10　备品、备件及专用工具

1. STM-16/64 光接口板

(1) STM-16/64 光接口板(0~25km)

(2)STM-16/64 光接口板(25~50km)

(3)STM-16/64 光接口板(50~80km)

(4)STM-16/64 光接口板(80~100km)

2. 2Mbit/s 接口板

3. 以太网接口板

(1)8×10/100Mbit/s 以太网接口板

(2)4×10/100/1000M 接口板

4. 光功率计

5. 光时域反射仪(双光口)

6. 兆欧表

7. 数字万用表

## 903.11　附属设施

1. 网络激光打印机

(1)黑白激光打印机;

(2)打印尺寸:A3,A4;

(3)打印速度:8ppm/16ppm;

(4)分辨率:1200×1200;

(5)打印内存:≥16MB;

(6)可与以太网交换机直接联网,实现网络打印功能。

2. 通信机房空调

3. 综合防雷与接地系统

## 903.12　质量检验

参见《公路工程质量检验评定标准第二册机电工程》(JTG F80/2—2004)中通信设施部分具体要求。

## 903.13　计量支付

1. 计量

(1)按本节要求完成的项目均以工程量清单中的相应项目及单位,以前述规定的计量方法计量。

(2)安装测试及附件费用计入每个章节所列项目中,不再单独计量。

2. 支付

各项支付由承包人根据合同规定及工程实际完成情况申报,由监理工程师审查后支付。

## 第900章 机电工程

3. 支付子目

| 子目号 | 子目名称 | 单位 | 备注 |
|---|---|---|---|
| 903-3 | SDH 传输系统 | | |
| -a | 省级干线分叉复用设备(ADM) | 套 | |
| -b | 省级干线中继设备(REG) | 套 | |
| -c | 分中心级光网络单元(OLT) | 套 | |
| -d | 站级光网络单元(ONU) | 套 | |
| -e | 网管服务器(含网管软件) | 套 | |
| 903-4 | BITS 系统 | | |
| -a | 区域基准时钟(LPR) | 套 | |
| -b | 管理终端(含软件) | 套 | |
| 903-5 | SDH 电源系统 | | |
| -a | 48V 高频开关电源 | | |
| -1 | 120A 48V 高频开关电源 | 套 | |
| -2 | 90A 48V 高频开关电源 | 套 | |
| -3 | 60A 48V 高频开关电源 | 套 | |
| -4 | 30A 48V 高频开关电源 | 套 | |
| -b | 48V 蓄电池组 | | |
| -1 | 300AH 蓄电池组 | 组 | |
| -2 | 200AH 蓄电池组 | 组 | |
| -3 | 100AH 蓄电池组 | 组 | |
| 903-6 | IPRAN 传输系统 | | |
| -a | A1 设备 | 套 | |
| -b | A2 设备 | 套 | |
| -c | B1 设备 | 套 | |
| -d | B2 设备 | 套 | |
| -e | 网管服务器(含网管软件) | 套 | |
| 903-7 | 语音交换系统 | | |
| -a | IP 语音交换机 | 套 | |
| -b | 语音网关 | 套 | |
| -c | 网管软件 | 套 | |
| -d | 计费软件 | 套 | |
| -e | 维护终端 | 套 | |
| -f | 计费终端 | 套 | |
| -g | 音频配线柜 | 套 | |

续上表

| 子目号 | 子目名称 | 单位 | 备注 |
|---|---|---|---|
| -h | 传真机 | 台 | |
| -i | 电话机 | 台 | |
| -j | 操作台 | 套 | |
| 903-8 | 视频会议系统 | | |
| -a | 微控制单元MCU | 套 | |
| -b | 高清会议电视终端 | 套 | |
| -c | 高清摄像机 | 台 | |
| -d | 高清电视机 | 台 | |
| -e | 录播服务器 | 套 | |
| -f | 有线定向麦克 | 套 | |
| -g | 机柜 | 个 | |
| -h | 操作台 | 套 | |
| 903-9 | 光缆 | | |
| -a | 普通光缆 | | |
| -1 | 8芯 | m | |
| -2 | 16芯 | m | |
| -3 | 24芯 | m | |
| -4 | 32芯 | m | |
| -5 | 40芯 | m | |
| -6 | 48芯 | m | |
| -7 | 60芯 | m | |
| -b | 铠装光缆 | | |
| -1 | 8芯 | m | |
| -2 | 16芯 | m | |
| -3 | 24芯 | m | |
| -4 | 32芯 | m | |
| -5 | 40芯 | m | |
| -6 | 48芯 | m | |
| -7 | 60芯 | m | |
| -c | 光接头盒及其安装材料 | 项 | |
| -d | 光缆熔接及辅助材料 | 项 | |
| -e | 光缆敷设 | 项 | |
| 903-10 | 备品备件及专用工具 | | |

续上表

| 子目号 | 子目名称 | 单位 | 备注 |
|---|---|---|---|
| -a | STM-16/64 光接口板 | | |
| -1 | STM-16/64 光接口板(0~25km) | 块 | |
| -2 | STM-16/64 光接口板(25~50km) | 块 | |
| -3 | STM-16/64 光接口板(50~80km) | 块 | |
| -4 | STM-16/64 光接口板(80~120km) | 块 | |
| -b | 2Mbit/s 接口板 | 块 | |
| -c | 以太网接口板 | 块 | |
| -d | 光功率计 | 台 | |
| -e | 光时域反射仪(双光口) | 台 | |
| -f | 兆欧表 | 台 | |
| -g | 数字万用表 | 块 | |
| 903-11 | 附属设施 | | |
| -a | 打印机 | 台 | |
| -b | 通信机房空调 | | |
| -1 | 1.5 马力 | 台 | |
| -2 | 2 马力 | 台 | |
| -3 | 2.5 马力 | 台 | |
| -4 | 3 马力 | 台 | |
| -5 | 5 马力 | 台 | |
| -c | 综合防雷与接地系统 | 项 | |

# 第904节 收费系统

## 904.01 范围

本节适用于新建、扩建、改建高速公路项目收费系统的施工与管理。其他公路项目可参照执行。

收费系统工作内容主要包括各个分项子系统的设备采购、运输、安装、调试、测试、试运行、技术文件、培训及缺陷责任期服务等工作。

## 904.02 概述

收费系统由收费软件、收费分中心计算机系统、收费站计算机系统、收费车道系统、电子不停车收费系统、视频监控系统、路径识别系统、照明系统、安全设备、供配电、光电缆工程及附属设施等构成。

根据江西省高速公路联网管理中心相关要求,收费系统在业务上采用"江西省高速公路联网收费管理中心(以下简称"省联网中心")—收费分中心—收费站"三级管理体制。为保证高速公路收费系统的联网,收费系统应符合交通运输部《收费公路联网收费技术要求》和《江西省高速公路联网收费技术要求》以及省联网中心的相关要求。

## 904.03 收费软件

1. 软件构成

收费系统软件由平台软件和全省统一收费软件构成。

2. 软件功能

(1)实现全省高速公路收费及清分结算,负责车道、收费站、收费分中心的收费功能。

(2)实现全国高速公路 ETC 联网收费、清分结算,负责车道、收费站、收费分中心接收处理全国非现金支付黑名单和全省所有车道能正常交易全国 29 省市非现金卡收费功能。

3. 技术要求

(1)系统软件

操作系统及数据库软件应具备正版介质,并可降级使用至当前软件安装版本,满足统一收费软件运行环境。

a. 操作系统

收费(区域)中心服务器:Windows Server 2012 企业版(64 位)或以上;

分中心服务器:Windows Server 2012 标准版(64 位)或以上;

收费站服务器:Windows Server 2012 标准版(64 位)或以上;

收费站工作站:Windows 7 专业版(32 位/64 位)或以上。

计算机、工作站、车道工控机:Windows 7 专业版或以上。

b. 数据库管理系统软件

收费(区域)中心服务器:MS SQL Server 2012 企业版(64 位)或以上;

分中心服务器:MS SQL Server 2012 标准版(64 位)或以上;

收费站服务器:MS SQL Server 2012 标准版(64 位)或以上。

(2)联网收费应用软件

全省高速公路联网收费应用软件由省联网中心统一开发、管理和维护,具体的联网收费应用软件分类如下:

a. 车道软件:

· MTC 车道软件(含自动发卡车道软件、便携式收费机软件);

· ETC 车道软件(含 ETC 兼容车道软件)。

b. 收费站软件。

c. 收费分中心软件。

高速公路新建路段开通时,联网收费应用软件由省联网中心提供并负责安装调试,省联网中心根据软件安装调试统一标准收取收费软件安调费,所有的软件安调费用均在工程量清单中已计列专项暂定金。

## 904.04 收费分中心计算机系统

1. 系统构成

收费分中心计算机系统(但不限于)由计算机、交换机、光盘刻录机、激光打印机、激光多功能一体机、非接触式 IC 读写器、IC 卡组成。

2. 系统功能

(1)数据通信功能

数据通信功能通过网络操作软件完成。

a. 收集管辖区内收费站上传的收费数据和图像,存入数据库中;

b. 向联网中心传输收费原始数据、收费统计数据(交通量、通行费、IC 卡、拆账等);

c. 接收省联网中心下传的系统运行参数(同步时钟、费率表等);

d. 向省监控中心传输交通量信息。

(2)数据统计功能

完成收费分中心各种报表的统计、制作和打印,包括通行费、交通量情况报表、管理报表、拆账报表等,按日、月、年分别进行统计,也可键入时段进行相应报表的查询。

(3)数据后备及恢复功能

除硬盘存储数据外,还采用光盘机对历年的资料进行备份。无论收费分中心计算机系统或网络通信设备发生故障,都不会有任何数据丢失或被破坏的情况发生,投标人应在投标书中说明他将采用何种技术和手段实现本功能。

(4)IC 卡管理功能

可对全路的 IC 卡进行统计、查询、调配,对坏卡、流失的卡进行登记统计,形成卡的黑名单并下发。

(5)系统管理功能

包括操作员的登录操作、权限设定、系统维护、故障自动报警、帮助提示等功能。

3. 技术指标

(1)计算机

a. 液晶显示器

· 24 英寸液晶显示器,LED 背光,分辨率:≥1920×1080

· 平均亮度:≥250cd/$m^2$

· 对比度:≥1000:1

· 液晶屏采用 A 级板,零坏点

· 可视角度(水平/垂直):≥176°/176°

· 响应时间:≤8ms

b. 服务器
- CPU 个数:≥2 个,单个 CPU 核心数:≥4 个
- CPU 型号:≥Intel E5 2600 v3 系列
- CPU 主频:≥2.4GHz
- 内存:总内存≥32GB,内存条数量≥2 个,单条内存≥8GB
- 磁盘:企业级 SATA 硬盘,裸容量≥4TB,数量≥4 个,单块容量≥1TB,磁盘阵列模式:RAID5
- 网络:端口≥2 个千兆以太网口
- 采用≥2U 机架式服务器

c. 业务计算机
- CPU:频率≥2.4GHZ,CPU 核数≥4 个
- 内存:≥8GB,DDR3 或以上
- 显卡:独立显卡,显存≥512MB
- 硬盘:≥1TB,≥7200rpm,SATA
- 光驱:标配 DVD 刻录光驱
- 网卡:10M/100M/1000M 自适应
- 键盘、鼠标:标准键盘鼠标

d. 磁盘阵列
- 处理器:64 位处理器
- RAID 等级:0,1,3,5,0+1
- 缓存:≥8GB
- 通道:≥4 个 FC+4 个 IP 接口
- 热拔插硬盘盒:≥12 个
- 传输速率:≥160MB/s
- 热拔插风扇:≥4 个
- 热拔插电源:双电源($n+1$ 冗余)
- 主机/阵列接口:主机接口为 FC,内部接口为 SAS
- 背板:光纤
- 接口:RS-232 或网络
- 存储容量:≥300GB,≥15000 转,SAS 硬盘个数:≥6

(2)收费分中心以太网交换机(三层)
- 交换容量:≥15T
- 转发速率:≥2800Mpps
- 业务槽位:≥3
- 电源:电源模块冗余
- 内存:≥256M;闪存:≥128M
- 地址表大小:≥12K

·支持基于端口、协议类型、MAC 地址、IP 子网定义 VLAN,支持 GVRP 协议,支持 VLAN 的动态管理

·配置单主控、双电源,≥48 个 10/100/1000M TX 自适应以太网接口,其中,≥4 个千兆光电复用接口,要求 48 个电口分布在 2 块独立的板卡,配置 2 个千兆单模光模块

·提供 IP 多播路由的协议

·支持 SNMP/RMON,使网络管理者可以方便地提取各种统计数据,优化网络配置

(3)光盘刻录片

·产品类型:DVD+/-RW 光盘

·容量:4.7GB

·包装方式:单片包装

(4)激光打印机

·幅面:A3、A4

·黑白打印速度:25ppm

·内存:64M

·分辨率:1200×600

·首页输出时间<10s

·支持网络打印

·接口类型:1 个 IEEE-1284 并行端口,1 个 USB 端口,1 个 10/100M 网口

(5)激光多功能一体机

·功能:打印/复印/扫描/传真

·接口类型:USB 2.0 端口,RJ-11 传真端口,RJ-11 电话线输出端口

·内存:64MB

·配置快速以太网外部打印服务器完成网络打印

·打印规格:

打印速度 18ppm

打印分辨率(dpi):1200×1200

打印尺寸:A4

·复印规格:

复印速度(页/分):18 ppm

复印分辨率(dpi):600×600

连续复印:1~99 页

复印缩放:25%~400%

复印尺寸:A4

·传真规格:

调制解调器速度:33600bit/s

传送速度:3s/页

传真分辨率:300×300

线路：公共电话交换网络
·扫描规格：
扫描元件：CIS
扫描分辨率：600×600
扫描尺寸：A4
·电气规格：
功耗：打印380W,复印380W,就绪7W,节能5W

(6)非接触式IC卡读写器

经过部路网中心检测通过的产品

非接触IC卡读/写器主要由读/写核心单元、读/写天线和接口组成。读/写天线安装在操作台的顶部。当采用天线与读写单元分离时,两者之间连线长度不小于1200mm；

IC卡读写器能对本标准中卡片应用要求规定的逻辑加密卡和双界面CPU卡进行操作,具有双SAM模块,支持双SAM应用,SAM模块采用本标准之卡片应用求规定的接触式CPU卡(PSAM卡),可以完成本标准之车道系统处理流程；

读/写器应具有极强的抗干扰能力。机箱应全封闭、防尘、防水、防震、免维护。车辆上或车道附近使用的无线电设备及各种电气装置不应对读/写器工作造成干扰或错误读/写；

读写器应配套提供对IC卡进行读写,密码校验等操作的标准库函数；

能够以MAD格式,对符合ISO/IEC 14443 Type A标准的Mifare 1非接触逻辑加密卡进行读写；

能够采用PBOC全指令集,对符合ISO 7816标准的PSAM卡进行接触式操作；

能够采用PBOC全指令集,对符合ISO 7816、ISO 14443 Type A标准的Mifare Pro双界面CPU卡进行非接触式操作；

应具有极强的抗干扰能力；

工作频率13.56MHz；

数据通信符合ISO 9798-4标准；

读写距离0~80mm,夹角≥80°；

采用标准RS232接口与车道计算机通信,波特率≥38400bit/s,数据线≥1.2m；

读写错误率≤0.01‰；

典型交易时间≤150ms,能够同时对多张卡(6张)进行操作；

电源 AC 220V±10%,50Hz±2%；

防护等级≥IP66；

工作环境,温度-20~55℃、湿度5%~95%非冷凝；

MTBF≥100000h；

MTTR≤0.5h。

(7)IC卡

需要根据江西省高速公路联网收费相关要求,来确保非接触式IC卡选型、文件结构、数据存储格式等。

(8)备份链路路由器

· 包转发率:包转发率≥600pps

· 主机接口数:≥10GE

· 槽位数:≥3

· 板卡:支持通道化 E1、非通道化 E1、异步串口、同异步串口、全制式 3/4G 扩展板卡等广域网接口扩展,并提供板卡实物图

· IP 路由支持静态、RIP/RIPng、OSPF、OSPFv3、BGP、IS-IS 等路由协议

· 可靠性:支持 VRRP、VRRPv3

· 网络安全:支持 PPPoE Client&Server,PORTAL,802.1x

· 支持 IKE,IPSec,支持国密办加密算法

· QOS:支持流量监管(CAR、LR)

· 支持拥塞管理(FIFO、PQ、CQ、WFQ、CBQ、RTPQ)

· 支持拥塞避免(WRED/RED)

· 网络管理:支持 SNMP V1/V2c/V3,MIB,SYSLOG,RMON,WEB 网管,TR069

## 904.05 收费站计算机系统

1. 系统构成

收费站计算机系统由计算机、交换机、光盘刻录机、激光打印机、激光多功能一体机、收费站自助金库、非接触式 IC 读写器、便携式收费机、广播系统组成。

2. 系统功能

收费站计算机系统的功能是实现对收费站的管理,其主要功能如下:

(1)数据通信功能

收费站计算机系统为 10/100M 的以太网。收费站计算机系统中每个车道控制器和收费站工作站都是独立的,互相没有通信关系,它们只与收费站服务器通信。信息的主要流向是自下而上的。数据通信功能通过网络操作软件完成。

实时结算收费车道的原始数据和特殊车辆图像,存入数据库中。

向收费分中心、省联网中心传输收费原始数据、拆分数据、收费统计数据(交通量、通行费、IC 卡、拆账等)。

接省联网中心下传的系统运行参数(费率表、黑名单、系统设置参数等)并下传给收费车道。

(2)统计、检索、打印报表功能

根据收费系统的功能和管理要求,可自动产生收费情况报表、交通量情况报表、管理报表等三大类报表。如有要求,可实时显示和打印当天(当班)本站或某车道累计收费额和分车型车流量。

(3)数据后备及恢复功能

除硬盘存储信息外,还采用光盘机对历年的资料进行备份。无论收费站工作站、服务

器、车道控制器或网络通信系统发生故障,都不会有任何数据丢失或被破坏的情况发生。

(4)财务管理功能

收费员下班后,可通过终端输入所收现金的种类、数量,自动完成通行费的计算工作,收费分中心计算机统计值与收费员交款的差异也会显现出来(如有差异),如果出现长短款的情况,可以在稽查后经授权修正数据。

(5)IC卡管理功能

收费站卡的管理包括卡的发放、查询、回收清点、调配申请、统计等。应负责提供一套详细的IC卡管理软件方案,防止卡的流失。

(6)设备状态监控管理功能

实时跟踪收费站内所有收费设备、网络设备的状态,并即时报警,以便于发现和处理。纳入状态监控的设备可分为三类,分别是网络设备、UPS电源设备和收费终端设备。

网络设备包括网络中的服务器、交换机、工作站等,主要监控其是否在线、工作状态是否正常以及查看指定设备其他相关信息等。当有任何设备离线一定时间后,立即报警并以报警日志的形式记录。

UPS电源设备,主要监控其是否在线、工作状态是否正常以及查看指定设备其他工作参数等。当有任何设备启用或离线时立即报警并记录报警日志,当有任何设备工作状态发生变化时,也要记录在案。

收费终端设备包括所有车道控制机,主要监控其是否在线、相关设备(打印机、IC卡读写器、栏杆机、车辆检测器、计重设备)等工作状态是否正常以及查看指定设备其他相关信息等。当有任何终端设备离线或设备工作状态异常时,立即告警,并记录系统日志。

(7)系统管理功能

包括操作员的登录操作、权限设定、系统维修测试、故障自动报警、帮助提示等功能。

(8)图像语音管理功能

所有图像及语音信号由硬盘录像机实时不间断记录,根据权限通过网络调看。

(9)拆账功能

车道控制器根据费率表对通行费进行计算并拆分,将拆分结果上传收费站服务器进行汇总。

(10)收费作业控制功能

对收费员的键盘输入进行处理,通过基本输入输出模块控制一系列车道外围设备,完成入口发卡,出口收费的操作。

3.技术指标

(1)计算机

a.液晶显示器

· 具体参见904.04.3.1.a

b.服务器

· 具体参见904.04.3.1.b

c.业务计算机

·具体参见 904.04.3.1.c

(2)收费站以太网·交换机(三层)

·交换结构:≥256G

·转发速率:≥75Mpps

·内存:≥256M;闪存:≥128M

·地址表大小:8K

·支持基于端口、协议类型、MAC 地址、IP 子网定义 VLAN,支持 GVRP 协议,支持 VLAN 的动态管理

·提供 48 个固定的 10/100/1000M TX 自适应以太网接口,4 个千兆光接口模块和 2 个千兆单模光模块

·支持 SNMP/RMON,使网络管理者可以方便地提取各种统计数据,优化网络配置

(3)刻录盘片

·具体参见 904.04.3.3

(4)激光打印机

·具体参见 904.04.3.4

(5)激光多功能一体机

·具体参见 904.04.3.5

(6)收费站自助金库(投包机)

收费站自助金库(投包机)设置在收费站财务室内。主要技术指标如下:

·键盘个数:不小于 12 个

·每个包的存款金额:0~100000 元

·身份识别方式:IC 卡。开启方式:IC 卡开启的电子锁。身份确认方式:键入密码

·网络功能:具有和主机联网的 10/100M 局域网卡

·红外测控网:检测存款包是否进入保险箱

·显示器:彩色液晶显示屏

·打印机打印速度:不小于 90 mm(3 行)/s。收据存根:收条及日报表。纸型:票据专用打印纸

·内存记录保护时间:>10000h。收费员使用记录存储量:>1000 条

·附件:IC 卡读写器、读写器电源、PC 安装软件、存款包等

(7)非接触式 IC 卡读写器

经过部路网中心检测通过的产品。

出于系统安全性的考虑,非接触式 IC 卡及其读写器在投入使用前。非接触式 IC 卡由江西省高速公路收费中心统一制作、统一发行、统一调配、统一管理,非接触式 IC 卡读写器也必须由江西省高速公路收费中心统一初始化发行。

(8)便携式收费机

·内置一套工业控制计算机,含工业级主板、笔记本硬盘、液晶显示器、收费专用键盘、开关电源等组成

- 内置便携式票据打印机、IC 卡读写器(配备至少 4 个 psam 卡槽)等
- 数据通信:一个 10/100M 网口,2 个串口,至少 3 个 USB 口
- MTBF:10000h
- 打印机具有退纸功能

(9)手持式便携式收费机
- 应急收费设备应能方便地实现移动读写通行卡,票据打印等车道收费功能
- 手持机内嵌车道收费软件,车道收费软件满足江西省联网收费技术规范要求
- 电源:≥4000mAH 充电式聚合物电池
- 持续工作时间:≥24h
- 内嵌 PSAM 卡卡座,支持 ISO7816 T=0,T=1 通信协议
- 读写 IC 卡类型:逻辑加密卡、CPU 卡、双界面 CPU 卡、DESFIRE 卡
- LCD 显示界面:字库:中文,国家二级字库,尺寸:240×160 点阵
- 存储空间:128MB RAM/1GB Flash
- 无线通信:WIFI 无线通信,支持 IEEE802.11b/g 协议,蓝牙通信,支持协议版本 2.0(内置)
- RTC 时钟:精度 ±1s/24h
- 显示屏幕:支持触摸输入,分辨率:240×320,彩色 3.2 英寸 QVGA 显示屏,TFT-LCD、65 色
- 外部接口:USB 接口(10PIN、USB2.0),IO 扩展口(14PIN、支持 RS232 接口)
- 扩展插槽:SIM 卡,PSAM 卡,Micro SD(TF)卡,最大支持 8G
- 典型交易时间:≤150 ms
- 打印机应能打印 89mm 穿孔高速公路专用收费票据
- 打印机票仓装票不少于 200 张
- 打印机具有 USB、蓝牙通信接口,与手持机实现无线通信
- 打印机内置电池可连续打印 20000 行以上

(10)广播系统

a. 音控器
- 具备音量调整功能
- 在音量调节范围内不加产生频率失真
- 有强行切入优先功能

b. 扬声器
- 视安装环境方便可选用壁挂式或吊顶式扬声器
- 频率响应:100~12000Hz

(11)备份链路路由器
- 包转发率:包转发率≥600pps
- 主机接口数:≥10GE
- 槽位数:≥3

·板卡:支持通道化 E1、非通道化 E1、异步串口、同异步串口、全制式 3/4G 扩展板卡等广域网接口扩展,并提供板卡实物图
·IP 路由:支持静态、RIP/RIPng,OSPF,OSPFv3,BGP,IS-IS 等路由协议
·可靠性:支持 VRRP、VRRPv3
·网络安全:支持 PPPoE Client&Server,PORTAL,802.1x
·支持 IKE,IPSec,支持国密办加密算法
·QOS:支持流量监管(CAR、LR)
·支持拥塞管理(FIFO、PQ、CQ、WFQ、CBQ、RTPQ)
·支持拥塞避免(WRED/RED)
·网络管理:支持 SNMP V1/V2c/V3,MIB,SYSLOG,RMON,WEB 网管,TR069

## 904.06 MTC 入口车道收费系统

1. 系统构成

入口车道收费系统由(但不限于)入口岗亭、非接触式 IC 卡读卡器、专用键盘、显示器、票据打印机、通行信号灯、自动栏杆机、车辆检测器、雨棚信号灯、手动栏杆、车牌自动识别设备、整车式称重系统要求及相关设备、广场以太网交换机(二层)、设备机柜组成。

2. 系统功能

(1)对收费员的键盘输入进行处理,通过基本输入输出模块控制一系列车道外围设备,完成入口发卡的操作。

(2)图像抓拍及处理功能:对通过车辆进行图像抓拍,并存储到车道控制机内。

(3)接收上级机构下传的系统运行参数(同步时钟、费率表、黑白名单、系统设置参数)。

(4)正常状态下,将收费数据及时送至上级机构数据库。

(5)对外围设备实施控制,并具有设备状态自检、监视功能。

(6)在系统网络中断时,车道设备独立进行工作,系统运行参数不会发生紊乱,系统数据可以通过存储媒质拷贝并恢复到收费站数据库中,网络恢复后,系统数据可恢复正常传输,并把积累的数据上传。

3. 技术指标

(1)岗亭

要求符合:

《公路收费亭》(GB/T 24719—2009);

《产品几何技术要求(GPS)光滑工件尺寸的检验》(GB/T 3177—2009)。

技术工艺要求:

a. 外观质量

·外观应平整、光滑、无凹凸现象,不得有焊接及铆接痕迹,紧固件不得有外露;收费亭门窗转角及接缝处不得有明显缝隙;

·外观颜色应均匀、简洁、醒目,宜进行外观颜色搭配设计,可采用橘红色、红色、橘黄、浅蓝、不锈钢板本色,或白色与其他颜色的搭配图案;

·收费亭内部装饰应具有简洁明快舒适高雅的效果;收费亭内部地板应铺设平整、紧密、无松动、翘曲现象。

b. 结构及设置要求

·收费亭应采用型钢作结构骨架,骨架应采用整体拼装或则焊接加工,以保证亭身不易变形、变弯,稳定牢固;收费亭顶部采用了整体结构,其周边用压条压制,同时安装前后,再进行密封处理;

·收费亭整体设计中心应低于亭子高度的1/2,收费亭的主体形式为曲面全景视窗,圆弧装饰件和曲线、面相配合;

·为保证收费亭整体加工性能,收费亭和部件宜采用模具加工尤其是外部边角及开孔处,圆角过渡应光滑平整;

·收费亭钢质外蒙皮可采用焊接或铆接工艺拼接成形,且应将拼接处打磨光滑使其平整,经处理后应该无焊接及铆接痕迹;

·收费亭接缝处应采用焊接、铆接、压条、密封胶条等工艺或专用材料进行处理,保证亭身具有良好的密封性能;

·收费亭通行门上半部应设计玻璃窗,单向收费亭的通行门设置在亭的背面,应向外开启并可采用闭门器,双向收费通行门应设置在侧面,应向内开启并可采用闭门器;门应设门锁,门锁机构应灵活可靠,门锁在门外侧锁止时,应能从内侧将其开启。通行门、前配电小舱的铰链使用定位型铰链,可使用带钢芯的管状橡塑密封条进行密封,通行门应推拉方便,灵活可靠无卡滞现象;

·收费亭正对来车方向,正面应设计为固定玻璃窗,侧面玻璃窗可左右或上下推拉开启,上下开启的玻璃窗应可以在任意高度随意锁定,玻璃窗应采用密封胶条嵌装等密封形式,收费窗应采用推拉方式,推移应灵活可靠无卡滞现象;

·收费玻璃窗应采用钢化玻璃或夹胶玻璃,玻璃可选用茶色玻璃等防晒隔热材质;使玻璃上部遮阳,正前方具备良好透视度,视野开阔;

·为方便安装和运输,收费亭应设置安全可靠的吊装环(或吊装孔);

·收费亭内部地板宜采用双层结构,底层为承重及找平层,可采用防水性能良好的绝缘、保温性能,如防静电地板、木质复合地板,地板应该预留收费亭底下人井维护地板开启口;

·四壁和顶棚尽量采用同一装饰层,宜选择保温、阻燃、绝缘的轻质材料。

c. 材料物化性能

·收费亭外蒙皮采用镀锌钢板时,表面层应该采取喷塑或则喷涂油漆进行涂层保护;

·收费亭成品应在外蒙皮与内壁之间充填隔热、保温阻燃性能良好的环保型材料。

d. 电气安全性能

·应在收费亭内适宜位置布设配电箱,外开门并加锁。配电箱内设置接线端子或接线排,方便亭内收费设备和电器设置电源的引入,每路电源应独立设置漏电保护器;

- 亭内应预埋各种管线孔槽,方便各种设备管线引入。各种线缆敷设应采用暗线方式,内设电线应采用2.5mm²以上线铜芯线,不应在亭内敷设明线,收费亭应设计安全接地装置;
- 配电箱中电气系统动力线与地线间及动力线之间的绝缘电阻均应不小于2MΩ。

e. 力学性能

收费亭顶部任意部位应能承受20kPa的荷载。

f. 可维护性能

要求旋转机柜能够完全旋转出岗亭前仓,维修时不受防撞立柱及旋转机柜的阻碍。

g. 防护性能

经淋水试验后,亭内部顶部正面玻璃窗及侧壁(包括门、窗)不得有漏水现象。

h. 照明条件性能

亭内电器件,开关、插座等均选用符合国家安全规范的优质电器件系列,亭内顶灯和前收费照明灯采用优质防眩居室用灯,亭内设置断电应急照明灯;在只有亭内照明设置提供照明的条件下,收费亭内工作台面照度达到100~200lx;亭内顶灯和前收费照明灯采用优质防眩居室用灯。

i. 防噪声性能

为保护收费亭具有良好的防噪声性能收费亭门窗缝隙均应安装密封胶条保证亭内噪声小于60dB(A)。

j. 环境控制性能

- 收费亭必须配备冷暖空调
- 车道岗亭内必须配备冷暖空调
- 空调主机设置在收费亭顶部,收费亭顶部为全封闭整体形式
- 空调外机安装于亭顶后部空调支架上,空调内机置放于收费员操作台的后方;空调安装后,顶部不得有裂缝和变形
- 亭内应设计排气扇,排气扇安装位置应充分考虑收费窗、空调等的相对位置,使其尽量达到良好通风对流效果

(2)工控机

- CPU 个数≥1
- CPU 型号:≥Intel I7 3代或E3 2代系列,建议采用核显型号
- CPU 主频:不低于3.3 GHz
- 核心数:≥4(单个CPU所含核心)
- 内存:≥8GB,单条内存4GB或以上,数量≥2条
- 磁盘容量:1TB,企业级SATA硬盘
- 网络端口:≥2个千兆以太网口
- 配置串口个数:≥4个,并口个数:≥2个
- 配置高清视频采集卡,分辨率:≥1080p
- 主板遵循标准:PICMG 1.3工业级主板

(3)车道控制器

·控制接口:具备自动栏杆控制接口、车检器接口(≥2路)、雨棚信号灯接口(正向)、通行号灯接口、报警器接口和扩展接口等共16路

·继电器:可插拔,触点额定电流:10A

·电源:输入:220V±20%,50Hz±2%,具备防雷浪涌功能

(4)半球摄像机

采用顶装固定一体化半球型摄像机。

a.摄像头

·1/3英寸CMOS或CCD

·分辨率:≥1080

·最低照度不低于0.3lx

·宽动态范围:标准102dB,最大120dB

·信噪比:52dB

b.配备必要的电源、视频防雷设备,确保设备安全。

c.安装

·摄像机安装在收费亭内收费工作台的右上方,便于观察收费员的操作

·摄像机支架牢固,在收费车道车辆频繁通过的震动性环境下,摄像机角度不发生变化,并且一经安装固定,收费员不能任意改动摄像机角度

(5)岗亭空调

·必须配备至少1.5马力冷暖空调

(6)附属设施

a.椅子

·普通座椅

b.照明

·支持两路,1路市电,1路UPS供电

·照明光源采用三基色高显色性白光光源,具有节能高效的特点

·应急照明能在停电的瞬间提供后备照明,后备时间大于0.5h

c.配电箱

·配电系统包含配电系统的空气开关、电源防雷器和漏电保护装置等,根据使用需要分为照明配电箱和收费机电系统配电箱,两者互为分离,独立使用

d.防雷

·包含视频防雷器、防雷插座、网络防雷等防雷系统

e.收费亭内拾音器

·工作电压:6~12V直流

·传输距离:400m~1km

·监听范围:监听场合50$m^2$内不失真

·静态电流:3.5mA

f. 车道拾音器
- 监听距离:5m
- 音频传输距离:1000m
- 频率响应:20~20kHz
- 灵敏度:-48dB
- 信噪比:80dB(1m40 dB 音源)50dB(10m40 dB 音源)1kHz at 1 Pa
- 输出阻抗:600Ω 非平衡
- 电源电压:直流稳压 DC 8~20V(推荐使用 12V,大于 500m 推荐 15V)
- 电源电流:20mA
- 工作环境:温度:-10~+65 ℃,相对湿度:0~95%
- 防水咪头
- 其余:其他岗亭附属设施还必须包括亭内喇叭、配电箱、照明、排气扇、灯钮盒、衣帽钩、插座、储物柜等必要设施。其中灯钮盒摆放拾音器、对讲按钮、报警按钮、布/撤防按钮等设备

g. 对讲回音抑制器

对讲回音抑制器用于减轻和消除因空间和网络延时等原因引起的对讲回音现象,使车道对讲分机和监控对讲主机间的对讲语音更清晰。
- 监听距离:>3m
- 音频传输距离:3000m
- 噪声消除频响范围:20Hz ~8kHz
- 灵敏度:-20dB
- 信噪比:75dB
- 抑制回声尾音消除时长:184ms
- 动态范围:104dB(1kHz at Max dB SPL)
- 最大承受音压:120dB SPL(1kHz,THD 1%)
- 输出阻抗:600Ω 非平衡
- 噪声抑制控制参数:15db 稳态
- 输出信号幅度:2.5Vpp/-25db
- 保护电路:30kV Air contact ESD 雷击保护、电源极性反接保护
- 驱动能力:内置前置放大电路,可直接驱动耳机
- 电源电压:直流稳压电源 DC 12V/100mA(9~18V)
- 电源电流:100mA
- 音频输出功率:3W

(7)非接触式 IC 卡读写器

- 非接触 IC 卡读/写器主要由读/写核心单元、读/写天线和接口组成。读/写天线安装在操作台的顶部。当采用天线与读写单元分离时,两者之间连线长度不小于 1200mm
- IC 卡读写器能对本标准中卡片应用要求规定的逻辑加密卡和双界面 CPU 卡进行

操作,具有双 SAM 模块,支持双 SAM 应用,SAM 模块采用本标准之卡片应用求规定的接触式 CPU 卡(PSAM 卡),可以完成本标准之车道系统处理流程

- 读/写器应具有极强的抗干扰能力。机箱应全封闭,防尘、防水、防震、免维护。车辆上或车道附近使用的无线电设备及各种电气装置不应对读/写器工作造成干扰或错误读/写
- 读写器应配套提供对 IC 卡进行读写,密码校验等操作的标准库函数
- 能够以 MAD 格式,对符合 ISO/IEC 14443 Type A 标准的 Mifare I 非接触逻辑加密卡进行读写
- 能够采用 PBOC 全指令集,对符合 ISO 7816 标准的 PSAM 卡进行接触式操作
- 能够采用 PBOC 全指令集,对符合 ISO 7816、ISO 14443 Type A 标准的 Mifare Pro 双界面 CPU 卡进行非接触式操作
- 应具有极强的抗干扰能力
- 工作频率:13.56MHz
- 数据通信符合 ISO 9798-4 标准
- 读写距离 0~80mm,夹角≥80°
- 采用标准 RS232 接口与车道计算机通信,波特率≥38400bit/s,数据线≥1.2m
- 读写错误率:≤0.01‰
- 典型交易时间:≤150ms,能够同时对多张卡(6 张)进行操作
- 电源:AC 220V±10%、50Hz±2%
- 防护等级:≥IP66
- 工作环境:温度-20~55℃、湿度5%~95%非冷凝
- MTBF:≥100000h
- MTTR:≤0.5h

(8)专用键盘

按照《江西省高速公路收费键盘样式(2007 新版)》定制收费专用键盘,型号为 KY59A,59 键。

- 机械式键盘
- 防水、防尘方式:①塑料膜包封;②专用密封
- 不锈钢制或硬塑,键盘重量不小于2kg
- 操作温度:-10~55℃
- 存贮温度:-30~+80℃
- 单键使用寿命:10000000 键次
- MTBF:10000h
- MTTR:0.5h

(9)显示器

- 19 英寸液晶显示器
- 分辨率:≥1280×1024

- 平均亮度：≥250cd/m²
- 响应时间：≤8ms
- 对比度：500∶1

(10) 字符叠加器

- ≥4路独立视频输入，每路分配输出2/3/4路
- 内置国标GB2312字库，汉字和字符可混合叠加
- 通过PC可将任何汉字、字符同时或分别叠加到任何一路视频信号上
- OSD模块化设计

字符叠加器主机断电时，视频叠加信号自动保存，编程数据永不丢失

- 通过RS232、以太网络接口与PC机通信，叠加显示的内容及位置完全可编程

(11) 通行信号灯

a. 通行信号灯安装在收费岛上收费亭的后部，其安装位置和亮度应满足在任何环境条件下，在收费亭前的驾驶员能清晰看见；

b. 通行信号灯中心距路面高度约1.5m，立柱采用不锈钢材料，规格为$\phi 100 \times 3mm$，下法兰以及基础法兰钢板厚度不低于12mm；

c. 通行信号灯为红绿两色灯，发光单元采用LED；

d. 外壳采用1.5mm厚不锈钢；

e. 含黄色声光报警器，黄色闪光报警器由黄色闪光灯和报警器组成，安装在通行信号灯上方，受车道控制机控制。报警定时为10s或由收费员（值班员）确认后，予以解除。报警器发出的声响和闪光应使收费广场范围内的人员可以听见或看见；

f. 通行信号灯主要技术指标：

- 有效直径：≥200mm
- 光源：超高亮度红色LED(0.8cd/颗)、超高亮度纯绿LED(1.2cd/颗)
- MTBF：LED应大于15000h，白炽灯泡应大于3000h
- 密封性：IP54
- 工作环境：温度：−20～+60℃，湿度95%在−5～+60℃之间

g. 黄色声光报警器主要技术指标：

- 显示单元：超高亮黄色$\phi$10-LED
- 视角：≥30°
- 可视距离：200m
- 控制电压：DC 12V
- 工作环境温度：−25～+55℃
- 工作环境湿度：≤95%
- 频闪：80次/min
- 控制方式：手动控制
- 功耗：≤5W
- MTBF：≥15000h

(12) 自动栏杆

a. 车道尾部安装自动栏杆。自动栏杆受控于车道控制器,栏杆的抬起由收费员操作键盘控制,栏杆的下落由车道控制器车辆检测到检测器的数据后控制;

b. 栏杆由铝合金材质制成,杆体表面贴有红、白相间的高强反光膜。栏杆的断面形状可为长方形、圆形或其他形状,杆长≥3.0m,栏杆臂下边缘距水平地面的高度在750～1050mm之间;

c. 栏杆悬臂被车辆碰撞,可以水平移动,如碰撞力过大时,悬臂应自行脱离,以保护自动栏杆的机械传动装置,减轻对碰撞车辆的损害。自动栏杆发生故障或断电时,栏杆悬臂自动复位至垂直状态;

d. 自动栏杆箱体宜采用2mm以上厚的钢板制成,为便于维修,机箱留有门、锁;

e. 自动栏杆还应包括通信控制以及车辆检测模块,车辆检测器采用环形线圈检测器,它由埋在每条车道路面下的环形线圈和设于车道控制机内的检测器构成,用于统计驶入、驶出车道的车辆数和控制车道摄像机的图像抓拍以及控制通行信号灯、自动栏杆的动作;

f. 电机部分技术指标:

- 满足《收费栏杆技术条件》(JTT 428—2000)
- 快速启动和停止,由水平到竖直和由竖直到水平的运动时间≤1.4s
- 使用寿命:5000000 往复次或大于 10 年
- 功耗:单相电机≤60W
- MTBF 大于 300 万次,MTTR 小于 30min
- 使用环境温度:-30～70℃
- 环境湿度:95% 无冷凝
- 带有防冲撞机构,可抗 5 级风力,又能安全脱开
- 电源:AC 220V±15%,50Hz±2Hz
- 防护等级:IP65

(13) 车辆检测器

a. 车辆检测器采用环形线圈检测器,它由埋在每条车道出口处路面下的环形线圈和设于车道控制器内的检测器构成。每个收费站每一条出、入口车道均设置1套双通道车辆检测器(ETC 车道设置≥2套)。每套车辆检测器带2组环形线圈。1组位于收费亭位置,用于控制车道计算机图像采集卡抓拍车辆头部图像;1组位于岛尾,用于统计驶入、驶出车道的车辆数和控制通行信号灯、自动栏杆的动作;

b. 车辆检测器应可以检测通过本路的各种车辆。当拖挂车通过检测器时应判为一辆车;当两辆车快速、慢速或相距很近地通过检测器时,应判为两辆车;

c. 各车道的检测器不能互相干扰。金属物体在两车道之间的收费岛上移动时,不能影响检测器的性能和精度;

d. 当车道处于关闭状态时,检测器通常应仍处于工作状态,以检测在车道关闭时的违章车辆。当有违章车辆通过时,应能引起系统报警,直至事情处理完毕;

e.环形线圈安装包括以下内容,但不局限于此:开槽、布线、封装(填充适当的填充剂);

f.主要的技术指标:

- 线圈电缆由截面积不小于 1.5mm² 多股铜导线构成,应用于超低压电路(AC32V 以下)
- 线圈电感量范围:20~1000μH
- 灵敏线敏度为四级可调:高 0.02%L/L、次高 0.05%L/L、中低 0.1%L/L、低 0.5%L/L
- 频率:面板上四级可调:20~70kHz
- 响应时间:100ms
- 调谐:全自动
- 电源要求:DC 24V±15%,150mA 最大输入电流
- 贮存温度:-40~+85℃
- 操作温度:-40~+85℃
- 湿度:高达 95%,无冷凝
- 检测器具有加电自动复位和人工复位两种功能
- 检测精度≥99.9%

(14)雨棚信号灯

a.雨棚信号灯安装在每一车道上方的雨棚上,在车道迎车流行驶方向的收费大棚上方安装红色(用×表示)、绿色或黄色(用↓表示)的组合信号灯。MTC 车道红色表示车道关闭,车辆不允许驶入该车道。绿色表示车道开放,车辆可以驶入该车道;ETC 车道红色表示车道关闭,车辆不允许驶入该车道。黄色表示车道开放,车辆可以驶入该车道;在双向广场车道逆车流行驶方向的收费大棚上方安装红色(用×表示)反向禁行信号灯;

b.雨棚信号灯由收费亭的 UPS 供电;

c.雨棚信号灯的尺寸:600mm×600mm(内框);

d.承包商将负责提供和安装雨棚信号灯的连接件、托架、紧固件和其他附属安装材料,安装角度应调整到使驾驶员获得最佳的视认效果,并将雨棚信号灯控制线缆引至收费亭内车道控制机附近(线缆留有 1.0m 的余量),并负责将控制线缆接入车道控制机机柜内的 I/O 板上;

e.连接件、托架、紧固件和其他附属安装材料均包含在设备本身,不在单列费用;

f.主要技术指标如下:

- LED 光源:

　　红色:直径 26mm

　　　　波长 626nm

　　　　亮度 4000~9400cd/m²

　　　　半功率角≥30°

　　绿色:直径 26mm

　　　　波长 515~525nm

亮度 3000~4000cd/m²

半功率角 ≥ 30°
- 显示内容：正向：红叉和绿色箭头；反向：红叉
- 结构指标：黑色防水机箱
- 壳体为1.5mm厚冷轧钢板；带遮阳罩
- 封装：防水、防尘、防锈蚀机箱，密封性IP55
- 安装角度：垂直方向向前倾6°，水平方向±15°可调
- 重量：约12kg
- 电气性能指标

亮度：纯红，纯绿超高亮发光二极管，1000m内可见

寿命：10万h

电源：220V±15%，50Hz±3Hz

MTBF：10000h

MTTR：0.5h

温度：-20~+60℃
- 工作湿度95%（在-5~+60℃之间）

(15)雾灯

a.雾灯安装在每一车道的岛头部分，在雾天、黑夜或能见度低的条件下，开启雾灯用于指示车道位置；

b.雾灯具有高亮度，具有很强的穿透力，以保证在雾天、黑夜或能见度低的条件下，眼睛视力0.8以上的驾驶员在75m以外能清晰可见；

c.雾灯安装距离岛面为1.5m，立柱采用不锈钢材料，规格为φ60×3mm，下法兰以及基础法兰钢板厚度不低于12mm；

d.雾灯由收费站人工开关统一控制；

e.主要性能指标如下：
- 光源：高亮度LED
- 琥珀色，波长590nm
- 透光面直径：160mm
- 外形尺寸：φ190mm×60mm
- 黄闪频率：0.6s/0.4s
- 电源：交流220V
- 功耗：30W
- 环境温度：-20~60℃外壳防护
- 环境湿度：10%~95%
- LED平均寿命：>50000h
- 安全性能：达到GB 14887标准
- MTBF：>20000h

(16)手动栏杆

a. 手动栏杆主要由横杆、旋转轴、底座等组成。横杆、立柱等主要金属构件宜采用不锈钢制成,其他易腐蚀的金属构件应按有关国家标准作相应的防腐处理;

b. 横杆与旋转轴连接应灵活、无卡滞现象;横杆处于开启或关闭位置时应有锁定装置;横杆处于关闭位置时应保持水平;

c. 横杆长度宜在 3500~5000mm 之间,横杆下边缘距水平地面的高度在 750~1050mm 之间。横杆表面应贴敷红白相间的反光膜,红白间距为 250mm,并在横杆中部悬挂禁止驶入标志;

d. 所有构件采用不锈钢材料,壁厚不小于 3mm,下法兰以及基础法兰钢板厚度不低于 12mm。具体结构在施工图阶段明确;

e. 各部件表面应光滑平整,无明显凹凸变形,边角过渡圆滑;金属构件防护层色泽均匀,无划、裂痕等损伤;

f. 手动栏杆应符合《收费栏杆技术条件》(JT/T 428.1~428.2—2000)。

(17)车道摄像机

a. 摄像机系统:

· 传感器类型:1/3 英寸 CMOS 或 CCD

· 分辨率:1920(H)×1080(V)

· 200 万像素图像传感器

· 自动光圈:DC 驱动

· 电子快门:自动/手动(1/25~1/10000s)

· 自动白平衡,自动增益控制,自动背光补偿

· 信噪比:≥50dB

· 宽动态:≥120dB

· 视频压缩标准:H.264

· H.264 编码类型:BaseLine Profile/Main Profile/High Profile

· 压缩输出码率:1~8Mbps,CBR/VBR 可调

· 视频帧率:1920×1080@25fps/30fps,1280×720@25fps/30fps,帧率可调

· 支持双码流或多码流,支持 ONVIF 协议

· 网络接口:1 个 RJ45 接口 10M/100M 自适应以太网口

· 电源:DC 12V 或 AC 220V 可选

· 功耗:≤8W

b. 镜头:

· 使用红外滤光器的光学变焦镜头

· 变焦参考范围:6~20mm

· 光圈 F:1.5~5.6

· 室外防护罩:摄像头装在防护罩内,用以防护外界各种不利环境条件

· 防护罩应密封、防尘、防雨、雪,配有遮阳罩

(18)车牌自动识别设备
- 车牌号信息长度:≤16字节
- 牌照信息内容:颜色、汉字、字母、数字
- 允许车辆行驶速度:0~160km/h
- 工程应用整牌识别率:≥90%
- 牌照定位率:≥98%
- 车辆捕获率(5~160km/h):≥99%,能准确捕获中线行驶车辆
- 抓拍图像及车牌识别时间:≤0.5s
- 牌照二值化图:≤280字节
- 平均无故障时间:MTBF≥20000h
- 平均修复时间:MTTR≤30min
- 辅助光源要与抓拍单元一体化
- 辅助光源寿命:≥100万次
- 设备接口:RS232串口;10/100M以太网口;PCI接口(不支持图像采集卡软件识别)模式
- 支持平台:WINDOWS 98/NT/2000/ Pro/XP
- 工作电源:AC 220V±10%;50Hz±2Hz
- 功耗:<50W
- 工作环境温度:-10~+85℃(处理单元);-50~+50℃(抓拍单元)
- 工作环境相对湿度:<95%
- 防护等级:IP66

(19)整车式称重系统要求及相关设备
- 系统建设要求及设备参数均参见《高速公路计重收费整车式称重系统技术要求》(DB 36/T835—2015)。

(20)以太网交换机(二层)
- 交换矩阵:≥64G
- 转发速率:≥17Mpps
- 内存:≥64MB;闪存:≥32MB
- 地址表大小:8K
- 支持基于端口、MAC地址、IP子网定义VLAN,支持GVRP协议,支持VLAN的动态管理
- 提供48个及以上固定的10/100M TX自适应以太网接口,2个千兆光电复用上联端口和1个千兆单模光模块
- 支持SNMP/RMON,使网络管理者可以方便地提取各种统计数据,优化网络配置

(21)设备机柜

机柜主体采用优质冷轧钢板,带风扇。根据设备的安装尺寸定制,保证设备可靠,方便地使用。

## 904.07 MTC 出口车道收费系统

1. 系统构成

出口车道收费系统由(但不限于)出口岗亭、非接触式 IC 卡读卡器、专用键盘、显示器、票据打印机、费额显示器、通行信号灯、自动栏杆机、车辆检测器、雨棚信号灯、手动栏杆、车牌自动识别设备、整车式称重系统要求及相关设备、称重设备冲洗设备、超宽车道路肩计重设备车辆分离器防撞柱、广场以太网交换机(二层)、设备机柜组成。

2. 系统功能

(1)对收费员的键盘输入进行处理,通过基本输入输出模块控制一系列车道外围设备,完成入口发卡、出口收费的操作;

(2)图像抓拍及处理功能:对通过车辆进行图像抓拍,并存储到车道控制机内;

(3)接收上级机构下传的系统运行参数(同步时钟、费率表、黑白名单、系统设置参数);

(4)正常状态下,将收费数据及时送至上级机构数据库;

(5)对外围设备实施控制,并具有设备状态自检、监视功能;

(6)在系统网络中断时,车道设备独立进行工作,系统运行参数不会发生紊乱,系统数据可以通过存储媒质拷贝并恢复到收费站数据库中,网络恢复后,系统数据可恢复正常传输,并把积累的数据上传。

3. 技术指标

(1)岗亭

·具体参见 904.06.1

(2)工控机

·具体参见 904.06.2

(3)车道控制器

·具体参见 904.06.3

(4)半球摄像机

·具体参见 904.06.4

(5)岗亭空调

·具体参见 904.06.5

(6)附属设备

·具体参见 904.06.6

(7)非接触式 IC 卡读写器

·具体参见 904.06.7

(8)专用键盘

·具体参见 904.06.8

(9)显示器

·具体参见 904.06.9

（10）字符叠加器

· 具体参见 904.06.10

（11）票据打印机

· 具体参见 904.06.11

（12）费额显示器

费额显示器由机箱、显示单元和接口等组成。

a. 费额显示器安装在车道专用基础上，其安装位置应使驾驶员在各种照明和自然环境条件下能清晰地看见其显示的内容，费额显示器中心部位距路面高度为1.5m，立柱采用不锈钢材料，规格为 $\phi 100 \times 3mm$，下法兰以及基础法兰钢板厚度不低于12mm；

b. 机箱外壳采用1.5mm厚不锈钢，全密封（IP54）、防水、防尘；

c. 费额显示器在长期暴露在太阳光直射的环境条件下，其可见性不能降低；

d. 在工作条件下，通行车辆的应支付的费额、余额、通行指示信息等以字符及数字方式显示在车道信息屏上。当车辆驶出检测器检测域后，费额显示器即处于空白状态；

e. 费额显示器是由车道控制机控制的，当调整系统参数时，不需要变更费额显示器；

f. 含有单独的语音报价系统，并能根据系统调整时更改语音内容；

g. 主要的技术指标：

· 采用LED点阵式显示屏，选用单色LED点阵显示模块，像素数量64行×128列

· 内置16×8点阵ASCII码字库，16×16点阵GB2132一级汉字字库，全屏可显示4行×16列，64个字符（32个汉字）

· 发光亮度 $>1500cd/m^2$

· 可自动多级（最少四级）调节发光强度，以防止在夜间产生眩光。长期暴露于太阳光的环境条件下，发光强度不能降低

· 像素间距 >4.75mm，发光管直径 >3.75mm，显示区尺寸 >305mm×610mm

· 扫描速率 >120Hz

· 输入电压：AC 220V，功耗：≤60W

· 箱体防护等级：IP65，全密封，防水，防尘

· 工作温度：-20～+70℃，相对湿度：10%～95%

· 平均无故障工作时间不小于15000h，平均故障修理时间小于0.5h

h. 满足以下通信协议要求：

· 通信方式采用1个标准的RS-232C串口，缺省设置为：9600bit/s，8bit UART，1位起始位，8位数据位，1位停止位

· 字符模式命令格式："命令+亮度+位置+数据"。位置字节为0时命令串长度为67字节，位置字节非0时命令串长度为20字节。各字节含义：

| | 字节数 | 数值 | 含义 |
|---|---|---|---|
| 命令 | 1 | 0x44(D) | 正常显示 |
| 亮度 | 1 | 0~255 | 0表示显示关闭，255表示最高亮度，其他值按显示器支持的亮度等级均匀对应到0至255 |

续上表

| | 字节数 | 数值 | 含 义 |
|---|---|---|---|
| 位置 | 1 | 0 | 0表示全屏显示,位置从左上角开始,先行后列计算 |
| | | 1~4 | 行的位置,从上至下 |
| 数据 | | 16 | 每行显示16字节字符串(8个汉字) |
| | | 64 | 位置为0时全屏显示64字节字符串(32个汉字) |
| 结束符 | 1 | 0x0D | 本条命令结束 |

显示关闭命令:"命令+结束符"。命令串长度为2字节。各字节含义:

| | 字节数 | 数值 | 含 义 |
|---|---|---|---|
| 命令 | 1 | 0x43(C) | 关闭显示 |
| 结束符 | 1 | 0x0D | 本条命令结束 |

(13)通行信号灯

·具体参见904.06.12

(14)自动栏杆

·具体参见904.06.13

(15)车辆检测器

·具体参见904.06.14

(16)雨棚信号灯

·具体参见904.06.15

(17)雾灯

·具体参见904.06.16

(18)手动栏杆

·具体参见904.06.17

(19)车道摄像机

·具体参见904.06.18

(20)车牌自动识别设备

·具体参见904.06.19

(21)整车式称重系统要求及相关设备

·具体参见904.06.20

(22)以太网交换机(二层)

·具体参见904.06.21

(23)设备机柜

·具体参见904.06.22

## 904.08 入口自动发卡系统

1. 系统构成

自动发卡机是一种具有高度自动化IC卡管理水平的机电设备,由嵌入式自动发卡机、自动车型分类器、系统控制软件等组成。车辆经过发卡机时,驾驶员按动发卡机的发卡按钮,根据语音提示取得IC卡,取卡后通行。

2. 系统功能

收费车道系统的功能必须满足江西省高速公路联网收费的相关规定。

接收收费站下传的系统运行参数(同步时钟、费率表、黑白名单、系统设置参数)。

正常状态下,将收费数据及时送至收费站数据库。

对外围设备实施控制,并具有设备状态自检、监视功能。

在系统网络中断时,车道设备必须独立进行工作,系统数据可以通过存储媒质拷贝并恢复到收费站数据库中,网络恢复后,系统数据可恢复正常传输,并把积累的数据上传。

3. 技术指标

(1)自动发卡机

自动发卡机的作用是接收控制软件的指令,由控制软件将入口车道的相关信息写入通行卡并发给驾驶员。自动发卡机上下各设2个出卡口,上卡口供大型车驾驶员取卡,下卡口供小型车驾驶员取卡;出卡口采用热备份机制,卡夹内剩余卡数少于设定值时可自动上传报警信息,更换卡夹时,其他通道可继续发卡;卡机操作面板设有取卡按钮、记账卡/储值卡刷卡区域。

a. 模块化设计,上下发卡箱体可独立拆卸;

b. 出卡口有上下两个高度,方便对应大、小车驾驶员取卡;

c. 配置语音提示功能、指示灯提示功能,有效指引驾驶员按键取卡、刷CPU卡;

d. 保温壳体机箱,对灰尘、雨水、虫咬、大风具有防护功能;

e. 模块化装配,各部位各零件有独立接口;

f. 主要性能参数:

· 适用IC卡厚度范围:0.6~1mm

· 每分钟发卡能力:不少于30张

· 额定功率:100W

· 卡盒容量:不少于2000张(标准卡,厚度0.76mm)

· 平均无故障时间(MTBF):5000h

· 通信接口:RS232

· 读写器满足省联网中心相关要求

· 适用IC卡尺寸:86mm×54mm

· 噪音:≤60dB

(2)自动车型分类器

· 测量数据:车长、车高、轴距、车速和车辆外形扫描图

· 车型分类准确率:>95%

· 车速范围:0.5~100km/h

· 车道宽度:2.8~4.5m

· 工作电压:AC 220V±10%

- 最小车距:10mm
- 车高测量范围:30~220cm
- 数据输出接口:RS232,RS485

(3)系统控制软件

自动发卡系统控制软件安装在车道工控机上,实现车道收费设备(自动发卡机、自动车型分类器、自动栏杆机、车牌自动识别系统等)自动控制,自动完成发卡业务;同时将各种业务数据实时上传到收费站数据库。控制软件可实现自动发卡车道全天候无人值守全自动安全快速发卡,对自动发卡车道实行全程监控。

## 904.09 ETC电子不停车收费系统

1. 系统构成

ETC收费车道系统包括车道天线、路侧读写控制器、收费计算机系统以及其他外围设备。

2. 系统功能

(1)探测车辆的到来和离开,对车辆进行计数,并传送检测结果。结合车辆识别可判断来车是否有电子标签(以下简称OBU)。

(2)具有实时的图像抓拍功能。当车辆通过车道时,抓拍设备自动对车辆图像进行抓拍并保存。

(3)在入口车道将入口收费站、车类等信息写入ETC卡;在出口车道,根据车辆经过的入口收费站、车类信息,查费率表,计算通行费金额,回写出口标识。

(4)根据车道计算机控制指令正确控制车道设备的动作,包括:自动栏杆起落、雨棚灯的切换、通行信号灯的切换、声光报警器的开启和关闭、费额显示器的显示等。

(5)完成车道和收费站之间的数据交换。包括:自动接收收费站下传的同步时钟、费率表、记账卡黑名单表、记账卡的有效启用日期、OBU的有效启用日期、收费站信息表、收费员信息表等系统设置参数等;上传ETC卡原始通行费数据、入口车道的过车记录、上下班登记表等。

(6)收费车道系统能够以独立作业的方式工作,在出现异常情况时,车道系统可降级运行和脱机操作。例如当收费站计算机不工作或网络出现问题时,作业参数、数据记录均可存储在本地。当车道长期独立工作时,可通过人工的方式用其他存储介质将收费数据上传至收费站。

(7)如果车辆通过ETC车道时出现异常,系统应及时通过费额显示器显示提示,车道系统将拦截该车辆、不允许通过,系统不再对该车辆进行处理,由工作人员引导至旁边的普通车道通过。

3. 技术指标

(1)ETC读写设备

a.相控阵天线

- 频率:信道1:下行5.830GHz,上行5.790GHz;信道2:下行5.840GHz,上行

5.800GHz
- 频率容限:±10ppm
- 带宽:≤5MHz
- E.R.I.P:≤+33dBm
- 半功率波瓣宽度:水平面:<20°;垂直面:<25°
- 杂散发射:≤-36dBm/100kHz(30~1000MHz);≤-40dBm/1MHz(2400~2483.5MHz);≤-40dBm/1MHz(3400~3530MHz);≤-33dBm/100kHz(5725~5850MHz);≤-30dBm/1MHz(其他1~20GHz)
- 天线极化:右旋圆极化
- 信号调制方式:ASK,调制系数0.5~0.9
- 接收灵敏度:≤-92dBm
- 编码方式:FM0
- 位速率下行:256kbit/s;上行:512kbit/s
- 位误码率:≤10×10$^{-6}$
- 位时钟精度:±100ppm
- 交叉极化鉴别率:最大增益方向:RSUt≥15dB
- -3dB区域:RSUt≥10dB
- 通信区域:长度:3~15m可调,支持不少于2个通信扫描区域
- 满足低温(-40℃)和高温(+85℃)下的存储要求及射频指标(频率容限、载波频率、等效全向覆盖功率(E.I.R.P)、位速率、杂散发射、占用带宽、调制系数)符合国标规定且能正常交易,需提供第三方出具的高低温测试报告
- 满足高温55°,连续72h老化要求,需提供第三方出具的老化测试报告
- 防护等级 IP65

工作温度:-40~+75℃
- 存储温度:-40~+85
- 相对工作湿度:4%~98%
- 静电:8kV
- 振动/冲击:满足 GB 2423.13/满足 GB 2423.6
- EMC 特性:符合国家无线电管理标准,有效抵抗电磁干扰(10V/m,0.1~1000MHz AM 调幅电磁波)、低能量辐射
- 安全:支持双向认证及加/解密,高安全数据传输
- 提供安全芯片 PSAM 接口,以存放访问控制密钥和 ETC 应用信息
- 支持 TDES 的算法的数据控制和访问控制
- 应用更新:通过上位机接口进行在线程序和应用更新
- 接口:支持 RS232、以太网
- 平均无故障时间:≥70000h
- 使用寿命:15 年

## 第900章 机电工程

・典型交易时间：<270ms

b. 读写交易控制器

交易控制器和车道控制器之间的通信协议可以是异步串行通信协议也可以是TCP/IP协议，交易控制器能处理一系列完整的付款交易，保证安全可靠以及与其他系统的互换性；交易控制器具有系统初始化的程序指令，如设置车道天线频道、子频道和电源电压；交易控制器的管理功能可以连续监视DSRC微波链路的运行，在故障发生时会自动报警并且把状态变化传给车道控制机。其技术指标要求如下：

・可以处理一个或两个天线
・适用于单车道收费系统的应用
・通信频率：5.8GHz
・识别距离：3.7~11 m
・工作温度：-40~+75 ℃
・工作相对湿度：100%
・免维护寿命：不低于50000h
・电源：单相 AC 220V,50Hz
・包括必要的防雷、防浪涌设备及措施

c. 电子标签

・双片电子标签
・支持5.8GHz频段高速专用微波短程通信
・支持高速标准DES、三重DES运算
・支持250Kbit/s以上高通信速率
・支持LED、液晶、蜂鸣器等多种信息提示手段
・数据存储容量不小于256Byte,在128Byte内存可进行读、写、擦除再写操作,还开辟有可永久专用字区
・用户可自定义读写标准,使专有应用系统效率更加快捷
・内存可反复擦写100000次以上,免维护寿命不低于50000h
・有良好的电磁兼容性,抗干扰能力强
・通信：与电子标签读写器之间采用加密传输,加密算法采用3-DES,采用防冲突通信协议的二进制树形防冲突机制,不管工作区有多少个标签,每秒可有效识读多达50个标签
・工作温度：-40~85℃
・存储温度：-55~125℃

d. 读写天线的安装

・可以安装在雨棚上,也可以单独安装在车道门架上
・安装固定费用包含在报价中,待联合设计中确定安装方式

(2) 液晶显示器

・19英寸液晶显示器,LED背光,分辨率至少：1920×1080

- 平均亮度：≥300cd/m²
- 对比度：≥1000∶1
- 液晶屏采用 A 级板，零坏点
- 可视角度（水平/垂直）：176°/176°
- 响应时间：8ms

(3)工控机

具体参见 904.06.2

(4)车道控制器

- 具体参见 904.06.3

(5)摄像机及车牌自动识别设备

- 具体参见 904.06.18、904.06.19

(6)ETC 车道信息屏

- 可自动调节发光强度
- 发光器件：$\phi 5$ 半户外模块
- 像素间距：7.62mm
- 像素点组成：1 红色 LED
- 分辨率：144×72
- 发光亮度：大于 1500cd/m²
- 显示内容：收费信息及显示公告信息、图像
- 控制方式：RS232 通信
- 屏体尺寸：1157mm×608mm×115mm
- 显示区尺寸：1097mm×548mm
- 操作温度范围：-20~+75℃
- 相对湿度：10%~95% 非冷凝
- MTBF：大于 15000h
- MTTR：小于 0.5h
- 箱体防护等级：IP65
- 立柱式安装

(7)自动栏杆机

a. 车道头部安装自动栏杆。自动栏杆受控于 ETC 车道控制器，栏杆的下落由车道控制器车辆检测到检测器的数据后控制；

b. 栏杆由铝合金材质制成，杆体表面贴有红、白相间的高强反光膜。栏杆的断面形状可为长方形、圆形或其他形状，杆长≥3.0m，栏杆臂下边缘距水平地面的高度在 750~1050mm 之间；

c. 栏杆悬臂被车辆碰撞，可以水平移动，如碰撞力过大时，悬臂应自行脱离，以保护自动栏杆的机械传动装置，减轻对碰撞车辆的损害。自动栏杆发生故障或断电时，栏杆悬臂自动复位至垂直状态；

d. 自动栏杆箱体宜采用2mm以上厚的钢板制成,为便于维修,机箱留有门、锁;

e. 自动栏杆还应包括通信控制以及车辆检测模块,车辆检测器采用环形线圈检测器,它由埋在每条车道路面下的环形线圈和设于车道控制机内的检测器构成,用于统计驶入、驶出车道的车辆数和控制车道摄像机的图像抓拍以及控制通行信号灯、自动栏杆的动作;

f. 电机部分技术指标:

- 满足《收费栏杆技术条件》(JT/T 428.1~428.2—2000)
- 快速启动和停止,由水平到竖直和由竖直到水平的运动时间≤0.7s
- 使用寿命:5000000往复次或大于10年
- 功耗:单相电机≤80W
- 栏杆抬起时间小于0.7s
- MTBF大于100万次,MTTR小于30min
- 使用环境温度:-30~70℃
- 环境湿度:95%无冷凝
- 带有防冲撞机构,可抗5级风力,又能安全脱开
- 电源:AC 220V±15%,50Hz±2Hz
- 防护等级:IP65

(8)手动栏杆机

- 手动栏杆主要由横杆、旋转轴、底座等组成。横杆、立柱等主要金属构件宜采用不锈钢制成,其他易腐蚀的金属构件应按有关国家标准作相应的防腐处理
- 横杆与旋转轴连接应灵活、无卡滞现象;横杆处于开启或关闭位置时应有锁定装置;横杆处于关闭位置时应保持水平
- 横杆长度宜在3500~5000mm之间,横杆下边缘距水平地面的高度在50~1050mm之间。横杆表面应贴敷红白相间的反光膜,红白间距为250mm,并在横杆中部悬挂禁止驶入标志
- 各部件表面应光滑平整,无明显凹凸变形,边角过渡圆滑;金属构件防护层色泽均匀,无划、裂痕等损伤
- 手动栏杆应符合中华人民共和国交通行业标准 JT/T 428.1—2000《手动栏杆》

(9)车道机柜

- 通风顶盖,顶盖排气扇单元,带双锁装卸式侧门,带锁带孔全钢化玻璃前门,带锁带透气栅的背门,六输出电源单元,电缆走线槽,底部活动机架轮+调节脚×4等

(10)费额显示器

ETC专用费额显示器安装在ETC收费岛上,其技术特点应满足以下要求:

a. 费额显示器上显示的内容可通过软件进行控制,其技术参数:

- 发光器件:φ5半户外模块
- 像素间距:7.62mm
- 像素点组成:1红色LED
- 分辨率:144×72

- 发光亮度:大于 1500cd/m²
- 显示内容:收费信息及显示公告信息、图像
- 控制方式:RS232 通信
- 屏体尺寸:1157mm×608mm×115mm
- 显示区尺寸:1097mm×548mm
- 操作温度范围: -20 ~ +75℃
- 相对湿度:10% ~95% 非冷凝
- MTBF:大于 15000h
- MTTR:小于 0.5h
- 箱体防护等级:IP65
- 立柱式安装

b. 通信协议:

- 通信方式采用 1 个标准的 RS-232C 串口,缺省设置为:9600bit/s,8bit UART,1 位起始位,8 位数据位,1 位停止位
- 字符模式命令格式:"命令 + 亮度 + 位置 + 数据"。位置字节为 0 时命令串长度为 67 字节,位置字节非 0 时命令串长度为 20 字节

c. 立柱的要求:

- 具有防锈、防撞等处理
- 若采用镀锌钢管,其钢管壁厚不小于 1.5mm
- 高度 1.5m 左右

d. 通行信号灯(含声光报警器)

- 红绿色光,当收费业务完成,车辆可以通行时变为绿灯
- 有效直径: >200mm
- 光源:超高亮度红色 LED,超高亮度纯绿色 LED
- 密封性:IP54

(11)雨棚信号灯

a. 雨棚信号灯安装在每条 ETC 车道上方的雨棚上,在车道迎车流行驶方向的收费大棚上方安装禁止通行(用红色×表示)和通行(用黄色↓表示)的组合信号灯。红色×表示车道关闭,车辆不允许驶入该车道。黄色↓表示车道开放,车辆可以驶入该车道;在双向广场车道逆车流行驶方向的收费大棚上方安装红色(用×表示)反向禁行信号灯;

b. 雨棚信号灯由收费亭的 UPS 供电;

c. 雨棚信号灯的尺寸:600mm×600mm(内框);

d. 承包商将负责提供和安装雨棚信号灯的连接件、托架、紧固件和其他附属安装材料,安装角度应调整到使驾驶员获得最佳的视认效果,并将雨棚信号灯控制线缆引至收费亭内车道控制机附近(线缆留有 1.0m 的余量),并负责将控制线缆接入车道控制机机柜内的 I/O 板上;

e. 连接件、托架、紧固件和其他附属安装材料均包含在设备本身,不在单列费用。

f. 主要技术指标如下：
   - LED 光源：黄色：直径 26mm
     波长 626nm
     亮度 4000~9400mcd
     半功率角 ≥ 30°
   - 显示内容：正向：黄色叉和黄色箭头；反向：黄色叉
   - 结构指标：黑色防水机箱
   - 壳体为 1.5mm 厚冷轧钢板；带遮阳罩
   - 封装：防水、防尘、防锈蚀机箱，密封性 IP55
   - 安装角度：垂直方向向前倾 6°，水平方向 ±15°可调
   - 重量：约 12kg
   - 电气性能指标：
     亮度：纯黄超高亮发光二极管，1000m 内可见
     寿命：10 万 h
     电源：220V±15%，50Hz±3Hz
     MTBF：10000h
     MTTR：0.5h
   - 温度：-20~+60℃；工作湿度 95%（在-5~+60℃之间）

(12) ETC 车道可变信息屏

a. 显示屏
- 显示尺寸：3m×0.6m
- 显示屏为模块化结构，每个模块为 24×24 点阵双基色模块，每个像素由红、纯绿两种 LED 组成，配比为 2 红 1 纯绿，显示板每平方米亮度≥8000cd，可实现 1 行 4 个或 6 个汉字（字体宽度可调）
- 像素型号：红色 LED 采用铝、铟、镓、磷四元素超高亮度 LED 管，纯绿色 LED 采用氯化钾超高亮度 LED 管
- 显示方向：可左至右或右至左，或上下滚动
- 显示屏为防风防雨型
- 每一 LED 显示单元由驱动模块独立控制其亮度，并采用电流驱动，具有过流保护功能；LED 发光亮度可根据外界环境条件自动或手动调节，至少六级以上
- 静态视认距离应不小于 200m，动态视认距离应不小于 180m

b. 控制器
- 可变信息屏控制器由传输介质、控制器单元、控制面板、电源供应器、亮度检测器及箱体等部分组成
- 对驱动模块故障、LED 组件断路、过电流保护、电网电源故障、通信故障、显示单元电源故障、控制器电源故障、温度过高、过低以及亮度等进行自检与监视
- 数据接口以太网、串口等多种方式

- 装有室外型的光敏开关,控制显示屏白天与夜晚的不同亮度
- 控制器单元,包括中央处理单元(CPU)、EPROM(可擦写记忆、存放程序及中文字形码和标准图形)和内部时钟
- 当接到的指令时,应校验有效性和精确性,向车道控制机发送确认正确与否信号,并驱动信息标志显示相应内容
- 在电源故障、无显示内容时,显示屏应为全黑,无任何亮点
- 监视每个显示单元的工作状态,当显示单元的损坏率达到一定程度,应将显示板关闭,并向车道控制机发出故障信息
- 设备应配有过电压和浪涌电压保护装置,在雷击时设备应不受影响,做到在项目使用环境下均能保证设备正常工作

c. 驱动器
- 每一显示单元由控制器控制驱动器模块开关(置入显示式清除状态)
- 驱动器模块应具有高可靠性,并便于更换和维修
- 在驱动器电源出现故障时,驱动器处于故障状态,这时所有显示单元处于关闭状态

d. 电源
- 可变信息屏的驱动系统和控制系统的工作电源都采用 $n+1$ 高可靠容错的开关电源系统,当其中一台电源发生故障时,其他电源仍有足够容量保障系统的正常工作,使开关电源具有高可靠性

e. 其他技术指标
- 温度:在 $-15 \sim +65$℃之间
- 湿度:10%~95%
- 抗风速:36m/s
- 电力:AC 220V±10%,50Hz
- 整屏亮度>8000cd/$m^2$,亮度自动调节至少六级
- 动态可视距离≥180m
- 视角度:30°
- 要求采用防雷器保护

f. 安装要求
- 机箱防护等级 IP65;双层机箱,内机箱全密封、外机箱防晒、防雨、可通风
- 箱体可采用钢板或强度大于钢板的金属材料制作
- 信息板内连接符合电气规范接地要求
- 门架式安装,显示屏净空要求 5.8m 以上

(13)雾灯
- 具体参见 904.06.16

(14)车辆检测器
- 具体参见 904.06.14

(15)岗亭

· 具体参见 904.06.1

(16)半球摄像机

· 具体参见 904.06.4

(17)岗亭空调

· 具体参见 904.06.5

(18)附属设施

· 具体参见 904.06.6

(19)ETC 自动车型识别系统

对进入 ETC 道口的车辆进行检测,将测得的车型信息与 ETC 读卡器读取的车型信息进行比对,从而确认车辆车载电子标签内的车型信息是否与车辆的实可以实时的、准确的识别车辆车型和传输车型数据。

自动车型分类依据中华人民共和国交通行业标准,首先进行客货分离,然后客车按照车辆出厂后国家有关行政主管部门核定的座位数进行分类,货车按照车辆出厂后国家有关行政主管部门核定的额定载重量(kg)进行分类。

· 智能车型分类,系统采用分布式计算架构,无需人工干预自动识别

· 采用基于激光视频主被动视觉融合技术的自动车型识别方式

· 具备车型分类、轴型判别和倒车判别车辆分离、客车货车判别、车轴计数、轴距测量和轮胎单双判别等多项功能

· 兼容车道自动发卡设备及车道 ETC 设备

· 主要技术参数:

· 识别精度:客货分离:≥98%,客车分型:≥96%、货车分型:≥95%

· 可检测车道数量:1 车道/台

· 车速范围:0.5~100km/h

· 车道宽度:2.8~4.5m

· 车高测量范围:0~450cm

· 最小车距:10mm

· 扫描频率:≥60Hz

· 扫描角度:≥90°

· 通信协议:RS232/RS422/RS485/LAN

· 通信速率:9500~115200bps 可选

· 工作电压:AC 220V

· 功率:150W

· 防护等级:IP65

· 温度范围:-35~60℃(工作状态),-50~80℃(非工作状态)

· 湿度:0~95%(不凝结)

· 振动:<2$g$

## 904.10 安全报警系统

1. 系统构成

安全报警子系统由安装在收费亭内的安全报警按钮和对讲与报警管理计算机等构成,同时收费站报警信号的传输通过硬盘录像机网络通道上传收费站。安全报警按钮闭合,产生电平报警信号,该信号输入至数字硬盘录像机并上传至对讲与报警管理计算机控制警铃报警,并且与视频监视系统之间联动。

2. 系统功能

(1)收费员按动报警开关驱动报警。

(2)信号电缆出现断路故障时产生报警。

(3)紧急报警器蜂鸣报警时间1~60s可调,报警时间不受报警开关动作时间的影响。

(4)蜂鸣声响将保证控制室内的操作员清楚地听到。

(5)报警器可向视频监控系统提供报警输出(开关)信号。

(6)报警器具有自检功能。

3. 技术指标

(1)安全报警主机

防区:十六防区/三十二防区;

电源:交流供电,自带后备蓄电池;

报警信号性质:短路或断路;

LED键盘,密码操作;

警号输出;

带主机级联输出RS-232/485,至少1个10/100M网口;

报警开关的报警电路打开时,则产生报警信号。电缆或电路断开时也会启动报警装置。

(2)报警开关

触点良好;

机械性能好,踏板按压寿命不低于2000次。

(3)IP对讲及报警管理软件

a. 报警控制功能

·实现对票亭按键报警、门磁、移动侦测等的报警接收和声光报警

·当警报信号发生时,不管用户处在那个界面,都在屏幕上以闪烁的标记作为提示并自动弹出报警信息窗口,包含警报时间、地点、警报类型等信息

·支持远程对现场进行布/撤防、报警和报警清除等操作

·接收到告警信息的监控中心除了声光提示外,还显示告警地点的联动视频画面

·所有报警信息均自动保存,可对报警信息进行查询、关联视频回放和统计计算,并可根据需要以报表打印输出。监控中心能够存储各种历史告警和统计数据,可将统计数据以类EXCEL报表打印输出

b. 对讲功能

·可视化双工对讲功能,通过DVR的对讲通道实现了语音双工IP数字多画面可视对讲,同时可实现所长、分中心、公司等对车道的可视语音双工对讲

·采用触摸屏操作方式,监控员只需在请求对讲的触摸屏图标上轻轻一点即可通话,使用更直观、更方便

·对于多个票亭请求语音对讲时,能对请求进行排队和排队提示,并在收费票亭进行对讲等待提示

·系统自动进行对讲录音,提供事后查证

·对讲关联视频通道自由组合,可以最多支持不同硬盘录像机4路视频组合

·支持通话时新通话请求提示功能

·支持点击视频屏幕结束对讲功能

·支持一键单工、双工对讲切换功能

·兼容、集成车道对讲与自动发卡机对讲功能

(4)报警协议转换器

·实现对讲及报警管理计算机USB转开关量信号功能,同时可控制警铃

(5)警铃

·采用工业级警铃,警铃声音应能让监控室清晰听见。值班站在稽查室门口应安装警铃,保证报警时综合楼内清晰听见

·MTBF:10000h

·温度:$-10 \sim +65$℃,相对湿度:$0 \sim 95\%$

## 904.11 路径识别系统

1. 系统构成

江西省高速公路联网收费路径识别系统是江西省高速公路联网收费系统的一个子系统,其目标是准确地识别路网内车辆实际行驶路径,实现通行费公平合理收取,为通行费的拆分结算提供强有力的依据。

采用车牌识别和DSRC识别技术。车牌识别技术是对摄像机所拍摄的车辆图像或者视频序列进行分析,识别经过车辆的车牌号、车牌颜色等信息。DSRC是建立路侧单元(RSU)与车载单元(OBU)之间微波通信链路,在车辆行进途中,在不停车的情况下,将标识点信息写入车载单元及非现金卡中。

传输软件将识别结果和图片上传到省联网中心,省联网中心再将识别结果下发到各收费站、出口车道,出口收费时将出口车道车牌识别器识别的车牌、入出口时间段与路径标识点车牌表进行查询比对,若查询匹配到路径标识点车牌,则出口车道联网收费软件将根据入口站点、经过的若干路径标识点和出口站点可以确定一条车辆行驶路径,并将该路径作为车辆通行的路径;若没有查询匹配到,则认为该车辆经过的是入口站点到出口站点的最短路径。

路径标识点采用单门架+路灯的方式,就半幅路而言,门架上每个车道布设1台高清

摄像机(含应急车道),摄像机视场交叉覆盖。应急车道一侧安装路灯位置:离龙门架15m,每7m一个,共4个路灯,在超车道一侧安装路灯位置:离龙门架18.5m,每7m一个,共4个路灯。路灯高度为8m。路径识别系统全天候平均识别率达到95%以上。设备布置如图904.11.1所示。

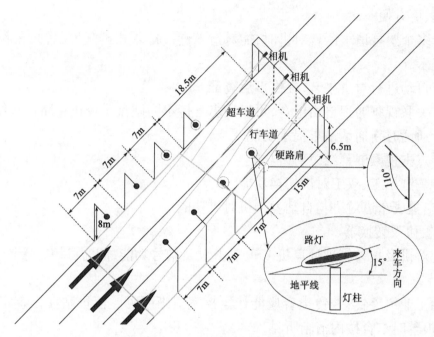

图904.11.1 路径识别系统方案示意图

2.技术参数

(1)管线

电力线和信号线应分开布线,避免相距过近或交叉,楼内布线应符合综合布线要求。机房内防静电地板下采用金属桥架走线。

(2)防雷电、抗干扰措施

承包人应根据本技术要求的要求,在系统构成、设备选型、设备接地,电力、信号电缆敷设等方面充分考虑防雷电、抗干扰的要求。

(3)高清车牌识别系统

·识别符合"GA36—92"(92式牌照)和"GA36.1—2001"(02式牌照)标准的民用车牌照和97式、04式新军车牌照、新能源车牌照与07式新武警车牌照的汉字、字母、数字、颜色等信息

·触发方式类型:采用视频触发,支持雷达触发

·车辆捕获率:≥98%

·有效车牌正确识别率:≥95%

·输出信息:1张车辆大图、车牌彩色小图、车牌二值图、车牌号码、附加信息文本等

·允许车辆行驶速度:0~220km/h

·设备通信接口:100M/1000M自适应网口

·配置不小于64G SD卡或 固态硬盘用于脱机识别数据存储

·具备网络校时功能

- 平均无故障时间：MTBF≥30000h
- 平均修复时间：MTTR≤90s
- 全天候连续工作，适应白天、黑夜、雨雪天气环境
- 环境：温度 -20~+60℃，湿度 20%~90%（无凝结）

(4) 标识 RSU 系统

标识 RSU 应支持多射频天线多车道并发覆盖，同时能够实现对 OBU 和 CPC 的路径标识，兼容方案见《收费公路联网收费多义性路径识别技术要求》（交通运输部 2015 年第 40 号公告）附录 D；

标识 RSU 与 OBU 之间的 DSRC 符合 GB/T 20851.2、GB/T 20851.3 及《收费公路联网电子不停车收费技术要求》的相关规定。标识 RSU 与 OBU 间的交互流程，符合《收费公路联网收费多义性路径识别技术要求》（交通运输部 2015 年第 40 号公告）；

标识 RSU 与 CPC 之间的 DSRC 符合 GB/T 20851.2、GB/T 20851.3 及本技术规范的相关规定。标识 RSU 与 CPC 间的交互流程见《收费公路联网收费多义性路径识别技术要求》（交通运输部 2015 年第 40 号公告）附录 F。

标识 RSU 采用联机工作方式。

标识 RSU 应支持以太网方式的上位机通信接口，具有通过上位机接口进行在线程序和应用更新的能力。与上位机接口符合《电子收费 路侧单元与车道控制器接口》（GB/T 28423）。

标识 RSU 应具有网络监测接口，支持标识 RSU 关键参数、配置管理、版本管理、诊断测试、日志管理、告警等信息监测功能。

标识 RSU 系统全车道（含应急车道）全天候标识成功率（卡或标签至少一个成功）达到 99.5% 以上。

环境条件：
- 工作温度：一般要求 -20~+70℃（寒区 -35~+40℃）
- 存储温度：-40~+85℃
- 相对工作湿度：4%~100%
- 静电：8kV
- 振动：应符合 GB/T 2423.13
- 冲击：应符合 GB/T 2423.6 试验 Eb 和导则
- 盐雾：应符合 GB/T 2423.18
- 雷击：抗 4kV、10/200μs 雷击

(5) 系统软件

路径识别系统的软件包括系统支撑软件和应用软件。

a. 系统支撑软件

系统支撑软件包括：数据库管理系统（DBMS）和服务器操作系统。

(a) 数据库管理系统

Microsoft SQL Server 2012 简体中文标准版及以上。

(b)服务器操作系统

Microsoft Windows Server 2012 简体中文标准版及以上。

(c)管理操作系统

Microsoft Windows 10(X64)简体中文版及以上。

b. 路径识别管理软件应用软件

应用软件是指为实现路径识别系统功能的各级计算机系统应用软件或模块,在这里统称为路径识别管理软件,路径识别管理软件完全兼容现有联网收费系统。目前,在现有的路径识别系统中路径识别管理软件具备主要功能,运行基本正常,但仍需优化和完善,尤其是要满足路径识别点规模扩大、数据量剧增的性能要求。

路径识别管理软件分为省收费中心、路段分中心、收费站、出口车道和路径识别点软件。总体技术要求:在网络正常情况下,路径识别点的识别结果必须在 5min 内传送到所有出口车道(包括 MTC、ETC 车道),出口车道根据识别结果拟合车辆行驶路径,正确计算和拆分通行费。

具体要求如下:

(a)省联网中心要求:

· 支持 1 年的路径识别点数据、图像查询,支持车牌模糊查询

· 支持至少保存 1 年的路径识别点数据、3 个月的路径识别点图像

· 支持路径识别点数据每分钟一次自动下发至收费站数据库

· 支持路径识别点数据手动下发到指定的收费站数据库

· 支持日志查询收费站下发结果(包含下发时间及下发记录条数)

· 支持日志查询车道下发结果(包含下发时间及下发记录条数)

· 支持自动删除过期数据

(b)收费分中心要求:

· 支持半年的路径识别点数据、图像查询,支持车牌模糊查询

· 支持日志查询收费站下发结果(包含下发时间及下发记录条数)

· 支持日志查询车道下发结果(包含下发时间及下发记录条数)

(c)收费站要求:

· 支持 3 个月的路径识别点数据、图像查询,支持部分车牌模糊查询(至少输入三位数)

· 支持保存最近 48h 的路径识别点信息

· 支持路径识别点数据手动下发到指定的出口车道(包括 ETC 出口)

· 支持日志查询车道下发结果(包含下发时间及下发记录条数)

· 支持自动删除过期数据(包含 ETC 中间库)

(d)出口车道要求:

· 支持自动匹配路径识别结果,正确计算通行费

· 支持查看识别点车牌小图片

· 支持手动添加、更改、删除识别点信息

·支持日志记录车道下发结果(包含下发时间及下发记录条数)

·支持每分钟自动向收费站服务器获取路径识别点信息

·支持保存最近48h的路径识别点信息

(e)路径识别点要求:

·支持至少保存1年的路径识别点数据、图像

·支持实时接收车牌识别器数据、图像

·支持每分钟上传一次数据、图像至省联网中心服务器

·支持省联网中心、分中心、收费站本路径识别点的路径识别查询

(6)系统硬件

a. 通信服务器

·外形尺寸:标准19英寸2U机架式机箱

·CPU 数:2

·CPU 型号:Intel E5 2600 v3 系列或更高级别处理器

·CPU 主频:2.4GHz

·单个 CPU 核心数:8

·内存:≥32G 1600MHz DDR3 RDIMM 内存,单条内存8GB 或以上

·主板:采用 Intel C600 系列或更高级别的芯片组

·磁盘裸容量:4TB,SAS 盘,单个1TB(SAS 盘,单个1TB)(根据标识点车流量、数据存储类型(高清或普清图片)、数据存储期限等而定)

·阵列模式:支持 RAID 0,1,5,缓存≥1GB

·网络端口:≥2 个 RJ45 千兆以太网接口

·电源冗余:两个热插拔冗余电源

·风扇:至少两个热插拔冗余风扇

·光驱:1 个 DVD-ROM

·保修:3 年有限保修(3 年部件,3 年人工,3 年现场)

b. 以太网交换机

·接口:≥24 个 10/100BASE-TX 自适应端口,≥2 个 100/1000Base-X SFP 端口

·光模块:配置2个百兆 SFP 光模块;传输方式:单模单纤;传输距离:10/40/60KM;需与标识点处理系统以太网交换机的光模块以及标识点球型网络摄像机光传输接口搭配使用

·电接口参数:RJ-45,接口速率:10/100Base-T 自适应,全/半双工模式,自诊断特性和自动 MDI/MDIX 连接

·性能:交换容量≥32Gbit/s,包转发率≥5.4Mpps,全线速转发;MAC 表项≥12K,VLAN 表项≥4K

c. 数据光端机

·四个独立的具交换功能的交叉/平行自适应 RJ-45 接口

·10/100M 速率自动适应

·全双工、半双工自动适应

·标准:IEEE802.3、IEEE802.3u、IEEE802.3x

·传输速率:100 Mbit/s

·工作波长:1280nm、1310nm、1335nm、1480nm、1550nm、1580nm

·光口界面:SC 光纤连接器,9/125μm 单模光纤

·电口界面:RJ45 连接器

·电口传输距离:0~120m

·光口传输距离:20/40/60/80km

d. 不间断电源(UPS)

·额定输出容量:3 kVA

·三相电压输入,单相电压输出

·输入电压范围:120~276V

·输入频率范围:45~55Hz

·输出电压范围:220V±3%

·输出频率范围:50Hz±0.2%

·铅酸免维护蓄电池

·噪音值(dBA) <51

·电磁兼容:EN50091-2 EN55022 Class A, EN61000-4-2.3.4.6.8.11 Level Ⅲ, EN61000-4-5 Level Ⅳ

·浪涌保护:达到 IEC60664-1 Ⅳ 类安装位置要求,可承受 1/2/50μs + 8/20μs 混合波能力不低于 6kV/3kA

·防护类型:IP21

·可网管,带网络接口

·正常工作负载情况下 2h 备用时间

e. 标识点前台管理机

(a)主机

·CPU:英特尔酷睿 i5 处理器,主频≥3.0GHz,6MB 高速缓存或性能更好处理器

·内存:8GB DDR3 1600,最高可扩展至 32GB 以上

·硬盘:≥1TB SATA3.0 7200rpm,64M 缓存

·光驱:16 倍速,DVD-RW

·网卡:10/100/1000 Mbit/s,自适应

·显存:≥1GB

·鼠标及键盘:PS/2 两键或三键鼠标,标准 Windows 键盘

·操作系统:预装正版 Windows10(标准版)简体中文版操作系统

(b)液晶显示器:

·面板:24 英寸液晶显示器,采用 A 级板,零坏点,LED 背光

·分辨率:至少 1920×1080

- 平均亮度：≥300cd/m²
- 对比度：≥1000∶1
- 可视角度（水平/垂直）：176°/176°
- 响应时间：5ms
- 视频接口：VGA、HDMI
- 带底座

f. 全景摄像机
- 影像感应器：1/3 CCD 或 CMOS 图像传感器
- 有效像素：不低于200万
- 焦距/变倍：焦距范围包含4.7~94mm，不小于20倍光学变焦，自动光圈
- 最大分辨率：不低于1920×1080@30fps
- 编码协议：H.264
- 信噪比：≥50dB
- 具有防眩光功能和强光抑制功能，能有效抑制车灯
- 自动背光补偿、自动增益控制及自动白平衡
- 适应昼夜亮度变化，自动亮度调节，在高亮度（≥10000Lux）及低亮度（≤1Lux）下均能得到清晰图像
- 最低照度：1.6lux（F1.6，彩色），0.04lux（F1.6，黑白）
- 旋转角度：连续旋转，水平0°~360°，垂直-15°~90°
- 旋转速度：匀速控制，旋转平稳，水平预制位速度≥300°/s；垂直预制位速度≥240°/s
- 抖动：在风力小于40m/s的情况下，图像应无明显抖动
- 预制位：有自动回位功能（包括云台和镜头），支持预置位，预置位≥128个
- 接口：100M/1000M Base-FX自适应SFP单模光口（FC）+10M/100M/1000M Base-T自适应以太网电口
- 工作环境：-40~70℃，≤90%RH
- 防护等级：不小于IP67

(7) 路径识别点外场设施

路径识别点外场设施是为路径识别摄像机、光端机等设备提供安装支撑、电力、照明、防雷等功能的外场设施（包括线缆），是路径识别点设备正常运行的基础条件：

a. 龙门架

- 龙门架为路径识别摄像机、光端机等设备提供安装支撑作用，龙门架横跨高速公路主线单幅，净空6m。龙门架立柱应设置爬梯，横梁上设置人行踏板和护栏，保障安装、维护人员在不封闭交通、不使用升降车情况下安全、方便地操作。
- 龙门架应安装牢固，具有足够的强度和刚度，能够支撑设备和若干安装维护人员的重量，在强风暴雨作用下没有明显晃动，保证路径识别摄像机的位移小于5mm、能够正常工作、车牌识别率没有明显下降（下降比例小于1%）。龙门架采用不同直径的钢管制作，采用热浸镀锌防护。

·龙门架包括钢筋混凝土基础、法兰盘、摄像机安装支架、路径识别点标牌等。

·路径识别点标牌的功能是标识本路径识别点,便于现场驾驶员和监控人员对众多路径识别点的识别和定位。路径识别点标牌文字:"XX# XX 识别点",绿底白字,反光膜,铝板支撑,尺寸:长4.8m,高0.6m,附着在龙门架横梁护栏上。每个路径识别摄像机上方、迎车方向设置1块,每个路径识别点共设置2块。具体要求在联合设计时确定。

·龙门架的具体桩号在联合设计时根据实地勘察确定。报价应包括龙门架材料、运输、基础施工、安装等费用,以及必要的临时封闭交通费用和施工许可费用。

b. 照明灯具

· 类型:高压钠灯(黄光)/LED 灯(色温 6500K)
· 功率:400W(钠灯)/400W(LED 灯)
· 灯杆高度:8m
· 横臂与立杆夹角:110°
· 灯杯:可沿横臂左右旋转至少15°

c. 光控开关

光控开关控制路径识别点照明灯具的自动关闭。其主要的技术指标如下:

· 工作电源:AC 220V,50Hz
· 控制方式:天黑开,天亮关
· 安装方式:装置式
· 电路中装有延时电路,具有防止偶然间的闪电或手电筒、汽车及其他光照射光电头,落叶飞低短暂遮挡光电源件的误开误关的抗干扰能力

d. 室外避雷器

· 室外避雷器安装高度应高于被保护设备2.5m,接地电阻不大于4Ω

e. 防雷模块套件

其主要的技术指标如下:

· 单相 B+C 防雷器
· 采用模块化结构,可插拔
· 标称工作电压 $U_n$:AC 240V
· 最大持续电压 $U_c$:AC 350V
· 冲击电流 $I_{imp}$(10/350):50kA
· 标称放电电流 $I_n$(8/20):25kA
· 电压保护水平 $U_p$:≤1.5kV
· 响应时间:L-N:≤20ns、N-PE:≤100ns
· 最大后备保护熔断器 315A(gL/gG)
· 采用 AEC 主动能量吸收技术
· 窗口状态指示和自带遥信报警
· 工作电源:AC 220V,50Hz
· 数量:≥双向总车道数+2

f. 室外设备箱

· 控制器机箱应可在公路野外环境气候条件下使用。机箱为全天候防风雨机箱,不锈钢外壳,防护等级 IP65

· 机箱可放置所有的 19 英寸支架(包括电源系统、接线防雷系统、散热系统等)

· 机箱内设置开关电源、接线端子、断路器、插座、保险丝盒、隔离变压器、防雷器、指示灯、荧光灯等,设备机箱应配备门锁,以防盗

· 机箱应严格按设计图纸大小统一进行定制

· 设备机箱内应有防雷电及过电压装置以保护设备安全,雷电安全防护等级符合中华人民共和国公共安全行业标准 A 类

· 设备机箱内交流电源进线端设交流电源防雷器,信号线进线端设数据信号防雷器,直流电源前设直流电源防雷器,并进行接地处理。所有防雷器应安装在引入线的前端

## 904.12 视频监控系统

1. 系统构成

收费闭路电视监控系统主要由音视频信号采集设备、音视频信号传输设备、音视频信号控制、显示、播放及存储设备构成。

(1) 信号采集

音视频系统的信号采集由设置于收费亭、收费车道与收费广场及其他重要场合的摄像机及收费亭内的拾音器完成;

广场摄像机安装在各收费广场出口侧渐变段的路肩上。广场摄像机为带云台、解码器的球型一体化高清网络快球摄像机,用于监视收费广场范围发生的交通堵塞状况及其他异常状况;

收费亭摄像机为高清网络半球摄像机,安装在各收费亭的内部,镜头对准收费员操作台,观察收费员的收费操作。收费亭窗口设拾音器,采集收费过程中的音频信号;

车道摄像机设在各收费岛上,为自动光圈手动变焦的高清网络彩色摄像机,拍摄车道车辆图像;

在各收费站收费管理机房安装一台半球摄像机,镜头对准收费操作台,观察值班员的操作。

(2) 信号传输

收费站音视频监控系统信号传输采用数字化 IP 传输的方式;

所有收费视频信号均传输至收费站千兆以太网交换机。收费站至区域收费中心采用视频传输网调用各收费站图像。

(3) 音视频存储、管理、显示、控制

在各收费站设备收费站设 1 套视频管理服务器,1 台视频管理计算机,1 套 IP 磁盘存储阵列,所有收费音、视频采用分布式网络存储与管理;

在监控收费中心设大屏幕显示系统(与监控系统共用),为管理中心了解各收费站的实时运行情况提供显示功能。

2. 系统功能

(1) 切换监视

在收费站可以将所管辖的视频图像解码到监视器上进行切换监视,在所有收费站均可以通过图形工作站浏览本站(或授权站)的实时视频流(安装网络视频控制软件终端)并能实现对遥控摄像机的控制,所有浏览权限均在网络视频控制软件服务端可以配置;

能与计算机子系统以及报警子系统产生联动,一旦收费应用软件发生特殊车辆或者其他业主认为有必要切换的情况或者报警子系统报警,遥控摄像机将自动转至相关监视区域(包括广场摄像机、财务室摄像机、监控室摄像机)收费站内的多媒体工作站立即切换该车道的相关视频(包括车道、亭内、广场、财务室、监控室),这样可以及时了解现场状态;并可以通过对网络视频控制软件的配置,对所属不同事件的视频实现分类存储(存储在 IP SAN),并加入索引标签。

(2) 图片抓拍

收费车道控制机可抓拍所有车辆图片,记录并向收费中心数据服务器上传车辆图片,一方面可以配合收费亭摄像机图片,监督收费员的收费操作、车型判别、管理通行车辆,另一方面可以提供反查。

(3) 视频、图片存储

对所有视音频进行 24h 不间断录像,并能与计算机子系统以及报警子系统产生联动,对特殊事件的视频作出标记;并可以通过对网络视频控制软件的配置,对所属不同事件的视频实现分类存储(存储在 IP SAN),并加入索引标签。

收费站 IP SAN 可以保存报警、特殊车辆或者其他业主认为有必要的情况以及值班人员觉得有必要保存的视音频,每个月作一次备份,并提供 VOD 服务。

(4) 视频稽查

可以在网络上浏览记录在 IP SAN 上的历史视频文件,以方便稽查。可以在 IP SAN 上浏览、回放历史录像记录,也可以监视实时记录视频;同时不影响视频录像的进行。

3. 技术指标

所有 IPC、NVR、DVR、编解码器等设备(但不限于)必须支持 ONVIF2.0 协议。

(1) 视频管理工作站

- 处理器:4 核处理器或以上,频率≥3.4GHz,缓存≥8MB
- 内存:≥16GB,DDR3 或以上,频率≥1333MHz
- 显卡:独立显卡,显存≥512MB
- 硬盘:≥2TB,SATA,7200rpm
- 光驱:标配 DVD 刻录光驱
- 网卡:10M/100M/1000M 自适应
- 声卡:16 位立体声数字音频
- 键盘、鼠标:标准键盘鼠标
- 显示器:24 英寸液晶显示器,分辨率 1280×1024,亮度 250cd/m$^2$,对比度≥500∶1,响应时间<8ms

(2)收费广场数字高清网络摄像机
- 200万像素网络球机
- 传感器:≥1/3英寸
- 分辨率(LW/LH):分辨率(中央水平)≥1000;分辨率(中央垂直)≥1000
- 动态范围:灰阶数(D65,20阶)≥17
- 低照度灰阶识别能力:灰阶数(0.1Lux)≥11;噪点值≤4%
- 色彩还原:色彩偏离值(最大)≤20
- 均匀度:≥92%
- 时延:≤200ms
- 码流(M)平均值:≤6.5Mbit/s
- 码流(M)最大值:≤8Mbit/s
- 视频压缩标准和格式:H.264
- 支持ONVIF协议
- 低照度:彩色:0.04lux,黑白:0.004lux
- 信噪比:≥50dB
- 自动白平衡,手动优先
- 具有背景光自动补偿功能
- 变焦镜头:4.7~94mm,≥20倍以上光学变焦
- 自动光圈,手动优先
- 自动聚焦,手动优先
- 云台水平转动:0~360°连续水平转动,垂直倾斜:至少0~90°自动翻转
- 水平转速:水平键控速度:0.1°~240°/s,速度可设,水平预置点速度:300°/s;垂直转速:垂直键控速度:0.1°~160°/s,速度可设;垂直预置点速度:240°/s
- 不少于256个预置点
- 通信接口及速率:RJ45;10M/100M;具备组播功能
- 防护罩应密封、防尘、防雨,配有除雾器、遮阳罩、雨刷等
- 防护等级:IP66
- 电源:AC 220V±15%,50Hz±2Hz
- 工作温度:-25~+65℃
- 工作湿度:小于95%无冷凝

(3)收费广场数字高清网络摄像机基础设施
- 摄像机安装高度为离开路面10~12m(匝道站10m,主线收费站12m),能清楚地观察收费广场内的交通状况
- 摄像机立柱为钢管,八棱形,变截面,底部外径大于300mm,顶部外径大于245mm,壁厚8mm;下法兰以及基础法兰钢板厚度不低于20mm
- 摄像机及其防护罩应牢固安装在立柱上,在30m/s的风速下,从监视器上看不出摄像机有抖动情况

·在极限角度下,设备能正常工作,视频接线箱的制作材料采用不锈钢

·配备必要的电源、信号防雷设备,确保设备安全

·机箱背板应增加绝缘层板,光端机、电源、防雷器等机箱内设备均应安装于绝缘层板上,同时机箱内部应设置感温器,可根据环境条件变化进行温度设置,驱动风扇散热

(4)以太网数据光端机

·提供2路高清视频图像

·以太网接口数量:2个RJ45(MDI/MDIX自适应)

·工作模式:10/100Base-TX,10/100/1000Base-TX,半双工/全双工/自协商

·传输速率:100/1000Mbit/s

·IEEE 标准:802.3、802.3u、802.3x、802.3z、802.1d、802.1p、802.1q、802.1w

·协议:IEEE802.1p QoS、IEEE802.1q VLAN、IEEE802.1d STP、IEEE802.1w RSTP、IGMP Snooping、WTRing 等

·流量控制:IEEE802.3x 全双工流控、半双工 Back-Pressure 流控

·辅助业务扩展:

RS485:2 路,半双工/全双工,DC~300kbps

·开关量:2 路,输入/输出

·音频:2 路,双向,20Hz~20kHz

光学指标:

·发光波长:1310nm/1550nm

·接收灵敏度:优于 -28dBm

·光链路损耗:优于 28dB

·传输距离:40Km

工作环境

·工作电压:AC 220V±10%,DC 24V±5%

·总功耗:≤10W(单台)

·工作温度:-15~+60℃

(5)网络控制键盘

·采用 IP 联网,满足控制视频功能

(6)半球摄像机(监控室、财务室)

·具体参见 904.06.1

(7)数字硬盘录像机

·操作系统:采用嵌入式操作系统

·视频压缩标准和格式:H.264

·支持 ONVIF 协议

·具备组播功能

·实时监视图像(预览)分辨率:1080p:1920×1080;PAL:704×576;NTSC:704×480

·录像速度:每路全实时录像,25 帧/秒(可调),图像、声音同步记录

- 具备 NTP 校时，DDNS 高级网络功能，可自动校时，确保录像时间与收费系统时间一致
- 内置硬盘：支持 8 个 SATA 接口，1 个 ESATA 接口，每个硬盘的容量≥4TB，本地硬盘：S.M.A.R.T 技术支持，非工作硬盘休眠机制
- 存储容量：标清图像采用 D1 格式存储，高清图像采用 1920×1080 分辨率存储，硬盘容量应满足每路存储至少 50 天视、音频图像，并预留足够空间；图像质量满足每秒 25 帧的要求，当硬盘容量达到极限的时候冲掉较老的录像
- 码流：具备双码流功能
- 通信接口：1 个 RS-232，1 个 RS-485，1 个 USB，2 个 10/100/1000M 以太网口
- 功能设置：具有报警联动/支持 ONVIF 的 IPC 管理/网络检测功能/密码/时钟/自动锁定/硬盘格式化/硬盘检测/快速检索/事件检索等功能
- 视音频数据保护功能，存储周期内不可更改、删除
- USB 备份时均自动写入播放器
- 支持秒级检索和视频录像回放，支持录像查询检索、播放控制、下载、上传、即时回放、录像备份；视频实况播放，媒体流转发、分发；可实现多级联网调看、回放
- 图像：计划抓拍、手动抓拍、图片备份
- 云台控制：云台位置调节/云台转速调节/预置位功能/巡航配置
- 具备简体中文字符叠加功能

a. 4 路硬盘录像机
- ≥1 路 1080P 视频输入、≥4 路 BNC 输入、≥4 路音频输入、≥4 路报警信号输入
- ≥1 路 HDMI 输出；≥1 路 VGA 输出、≥1 路 BNC 输出、≥2 路音频输出、≥2 路报警信号输出

b. 8 路硬盘录像机
- ≥2 路 1080P 视频输入、≥8 路 BNC 输入、≥8 路音频输入、≥4 路报警信号输入
- ≥1 路 HDMI 输出；≥1 路 VGA 输出、≥1 路 BNC 输出、≥2 路音频输出、≥4 路报警信号输出

c. 16 路硬盘录像机
- ≥4 路 1080P 视频输入、≥16 路 BNC 输入、≥16 路音频输入、≥16 路报警信号输入
- ≥1 路 HDMI 输出；≥1 路 VGA 输出、≥1 路 BNC 输出、≥2 路音频输出、≥4 路报警信号输出

(8) 磁盘存储阵列
- IP 存储阵列支持 7×24h 视频数据连续存取
- IP 存储阵列支持磁盘漫游，即存储系统内部磁盘可以任意的更换位置
- 支持数据保险箱功能，异常停电时可以继续供电以便把写缓存数据保存到数据保险箱中，完全保证用户数据的完整性，能实现 Cache 数据的永久保护
- 支持数据直存，可实现秒级数据检索和回放
- 支持磁盘热插拔及在线更换故障磁盘，支持启动时磁盘顺序加电和磁盘电源短路

保护
- 支持磁盘防尘、防震,有效阻止灰尘,降低硬盘共振传递以及外界冲击
- IP 存储阵列采用双电源供电,支持电源自动故障切换
- IP 存储阵列采用可视化的 GUI 管理界面,支持单个管理界面对多台存储设备进行集中管理
- 管理员可通过 GUI 界面查看 IP 存储阵列存储设备的日志信息
- 提 IP 存储阵列可提供环境监控功能,可以对网络接口利用率、CPU 利用率进行监控,能对逻辑卷、RAID 阵列的访问情况进行查看

设备技术指标:
- 存储控制器:四核处理器,主频不低于 3.2GHz 的存储处理器
- 缓存:不小于 16GB
- 接口:至少 1 个 10/100Mbit/s 管理接口,2 个 10/100/1000Mbit/s 前端业务口;扩展接口:1 个 X4 Mini SAS 接口
- 配备磁盘数量:管理中心配备 256TB。其他各匝道收费站 64TB,主线收费站 128TB,另备用 1 块硬盘做数据冗余
- 磁盘类型:企业级 SATA 磁盘,非监控级磁盘
- RAID 级别:支持 RAID 0、1、5、10 等
- 工作环境温度:5~40℃
- 工作环境湿度:20%~80%(无冷凝)
- 可靠性:MTBF>120000h,MTTR<0.5h

(9)液晶显示器
- 具体参见 904.04.3.1.a

(10)编码器
- 模拟视频输入:BNC 接口(电平:1.0Vp-p,阻抗:75Ω),PAL/NTSC 自适应
- 音频输入:绿色针脚接口(电平:2.0Vp-p,阻抗:1kΩ)
- 音频输出:3.5mm 音频接口(线性电平,阻抗:600Ω)
- 视频压缩标准:H.264/MPEG4/MPEG2/MJPEG
- 视频编码分辨率:WD1/4CIF/2CIF/CIF/QCIF
- 视频码率:32~3072kbps,最大可自定义 8192kbps
- 视频帧率:H.264 编码时 PAL:1/16~25 帧/秒,NTSC:1/16~30 帧/秒;MPEG4/MPEG2 编码时 PAL:1~25 帧/秒,NTSC:1~30 帧/秒;MJPEG 非实时编码
- 音频压缩标准:G.711u
- 码流类型:复合流/视频流
- 双码流,支持,子码流分辨率:WD1/4CIF/2CIF/CIF 非实时,QCIF 实时
- 网络存储:NAS、IPSAN
- 最大容量:网络硬盘单盘支持容量最大 4TB
- 网络协议:IPv4/v6、HTTP、HTTPS、QoS layer3 DiffServ、FTP、SMTP、Bonjour、UPnP、

SNMPv1/v2c/v3、DNS、DynDNS、hkDDNS、NTP、RTSP、RTP/RTCP、TCP、UDP、IGMP、ICMP、DHCP、ARP、SOCKSv4/v5

·网络接口:1个 RJ45 10M/100M/1000M 自适应以太网,可选支持 SFP 光网口

·串行接口:1个,标准 RS-485 串行接口,半双工,支持1个标准 RS-232 串行接口

(11)视频解码器

a. 基本要求

·适合室内机架式安装

·支持双码流技术;支持高清解码或标清混搭解码

·支持双向语音传输,可接收音频广播和双向语音通信

·支持 SNMP 网管协议,支持本地及远程 TELNET 对设备进行设置和控制;可通过网络设置及查询工作状态

·提供设备通信协议和远端控制软件开发包,便于第三方组网和应用开发

·支持字符叠加功能,并可实现远程修改

·工作温度:-20 ~ +70℃

b. 解码功能

·视频解码标准:ITU-T H.264,支持双码流技术

·音频格式标准:ITU-TG.711/G.729

·网络传输标准:TCP/IP、Telnet、HTTP

·带宽支持2~16Mps(高清)

·图像分辨率:1920×1080

·帧频:25帧/秒(PAL)、30帧/秒(NTSC)

c. 接口方式

·设备接口类型、数量满足设计图纸组网及本技术规范关于系统功能的需求

·高清视频输出接口:高清视频,HDMI 接口或 DVI 接口

·音频输出接口:模拟音频输出

·报警输出接口:报警输出

·子速率接口:支持路 RS232、RS485 双向子速率

·音频输入接口:模拟音频输入

·报警输入接口:报警输入

d. 传输方式

·10/100/1000M 自适应以太网电口

·传送选择:单播、组播

·协议:TCP/IP,UDP,IGMP V2

(12)视频以太网交换机(三层)

·交换容量≥15T

·转发速率≥2800Mpps

·业务槽位≥3

- 电源:电源模块冗余
- 内存≥256M,闪存≥128M
- 地址表大小:8K
- 支持基于端口、协议类型、MAC 地址、IP 子网定义 VLAN,支持 GVRP 协议,支持 VLAN 的动态管理
- 配置单主控、双电源48 个固定的 10/100/1000M TX 自适应以太网接口,其中 4 个千兆光电复用接口,要求 48 个电口分布在 2 块独立板卡和 2 个千兆单模光模块
- 支持 SNMP/RMON,使网络管理者可以方便地提取各种统计数据,优化网络配置

## 904.13 收费网络安全设备

1. 设备构成

安全设备由防病毒软件、网闸、安全网关、入侵检测系统、视频网安全接入平台构成。

2. 功能

为达到国家信息等级保护要求,根据全省网络与信息安全总体编制方案设计,在建路段、收费站的网络构架设计应充分考虑到网络安全设备的部署及安装。

3. 技术指标

(1)防病毒软件

由省联网中心统一购买、升级。

(2)网闸

a. 系统内部包括外网主机模块、内网主机模块和隔离交换模块;

b. 标准2U 机箱,网闸内/外端机各包含 6 以上个 10/100/1000Base-T 以太网接口,延时<2ms;

c. 支持对网络接口模式进行设定;

d. 可以通过时间控制功能模块启用和停用网闸功能;

e. 支持配置管理,能够对单独模块及全部模块进行配置导入导出;

f. 支持 IP/MAC 地址绑定和自动探测;

g. 支持内外端机系统时间同步;

h. 具备文件交换模块,支持文件的手工与自动同步;

i. 支持多种文件同步模式;

j. 具备 FTP 模块,FTP 访问支持透明模式、代理模式及混合模式;

k. 具备数据库同步模块,数据库同步功能由网闸主动发起并完成,不需要第三方软件支持,在网闸中配置数据库相关参数并主动向数据库发起连接;

l. 数据库同步与数据库访问功能支持的数据库有 SQL、ORACLE、DB2、SYBASE 等主流数据库;

m. 支持周期复制、实时复制、增量更新等多种同步方式;

n. 支持定制模块,支持基于 TCP、UDP 的定制服务,支持组播的定制服务;

o. 支持内外端机主机名更改,日志审计及集中管理功能;

p. 支持许可证下载，方便维护管理；

q. 支持SSL隧道访问模式，针对FTP访问模块、数据库访问模块、邮件访问、定制模块等模块，通过网闸实现访问客户端认证、授权及访问链路加密，保证客户端访问合法性及访问链路的安全性。认证方式支持用户名口令认证及证书认证；

r. 具有防病毒模块，支持在线升级、离线升级等病毒库升级方式。可针对文件交换、安全浏览、FTP访问、邮件访问等多种模块进行病毒防护；

s. 支持入侵检测功能，可对网页攻击、缓冲区溢出攻击、后门/木马、P2P、病毒/蠕虫、拒绝服务攻击、扫描类攻击等多种攻击类型进行实时检测并记录日志；

t. 支持标准的SNMP协议安全管理。

(3) 网关

a. 分中心安全网关

・防火墙吞吐≥2G；最大并发连接数≥120万；实配不少于4个千兆电口；

・支持路由，网桥，单臂，旁路，虚拟网线以及混合部署方式；

・支持多链路出站负载，支持基于源/目的IP、源/目的端口、协议、应用类型以及国家地域来进行选路的策略路由选路功能；

・支持Land、Smurf、Fraggle、WinNuke、Ping of Death、Tear Drop、IP Spoofing攻击防护、支持SYN Flood、ICMP Flood、UDP Flood、DNS Flood、ARP Flood攻击防护，支持IP地址扫描，端口扫描防护，支持ARP欺骗防护功能、支持IP协议异常报文检测和TCP协议异常报文检测；支持对信任区域主机外发的异常流量进行检测，如ICMP,UPD,SYN,DNS Flood等DDoS攻击行为；支持CC攻击防护；

・入侵防护漏洞规则特征库数量在4000条以上；支持对常见应用服务(HTTP、FTP、SSH、SMTP、IMAP)和数据库软件(MySQL、Oracle、MSSQL)的口令暴力破解防护功能；可提供最新的威胁情报信息，能够对新爆发的流行高危漏洞进行预警和自动检测，发现问题后支持一键生成防护规则；

・支持对终端已被种植了远控木马或者病毒等恶意软件进行检测，并且能够对检测到的恶意软件行为进行深入的分析，展示和外部命令控制服务器的交互行为和其他可疑行为；

・支持Web漏洞扫描功能，可扫描检测网站是否存在SQL注入、XSS、跨站脚本、目录遍历、文件包含、命令执行等脚本漏洞。

b. 收费站安全网关

・防火墙吞吐≥1G；最大并发连接数≥100万；实配不少于4个千兆电口；

・支持路由，网桥，单臂，旁路，虚拟网线以及混合部署方式；

・支持多链路出站负载，支持基于源/目的IP、源/目的端口、协议、应用类型以及国家地域来进行选路的策略路由选路功能；

・支持Land、Smurf、Fraggle、WinNuke、Ping of Death、Tear Drop、IP Spoofing攻击防护、支持SYN Flood、ICMP Flood、UDP Flood、DNS Flood、ARP Flood攻击防护，支持IP地址扫描，端口扫描防护，支持ARP欺骗防护功能、支持IP协议异常报文检测和TCP协议异常报

文检测；支持对信任区域主机外发的异常流量进行检测,如 ICMP、UPD、SYN、DNS Flood 等 DDoS 攻击行为；支持 CC 攻击防护；

·入侵防护漏洞规则特征库数量在 4000 条以上；支持对常见应用服务(HTTP、FTP、SSH、SMTP、IMAP)和数据库软件(MySQL、Oracle、MSSQL)的口令暴力破解防护功能；可提供最新的威胁情报信息,能够对新爆发的流行高危漏洞进行预警和自动检测,发现问题后支持一键生成防护规则；

·支持对终端已被种植了远控木马或者病毒等恶意软件进行检测,并且能够对检测到的恶意软件行为进行深入的分析,展示和外部命令控制服务器的交互行为和其他可疑行为；

·支持 Web 漏洞扫描功能,可扫描检测网站是否存在 SQL 注入、XSS、跨站脚本、目录遍历、文件包含、命令执行等脚本漏洞。

(4)负载均衡系统

·标准 2U 机架式硬件设备,CPU 配置不低于 4 核 3.1GHz,配备不低于 6 个千兆电口、4 个千兆光口、2 个万兆光口,整机数据吞吐量不低于 15Gbit/s；

·支持串接部署、旁路部署；支持三角传输模式。支持双机热备部署、集群部署,设备之间同步会话信息；

·提供针对 L4/L7 内容交换的服务器负载均衡功能,可在单一设备上支持多个应用和服务器集群,可以根据多种算法和要求分配用户的请求；

·支持轮询、加权轮询、加权最小连接、动态反馈、最快响应、最小流量、带宽比例、哈希、主备、首个可用、UDP 强行负载等算法；

·支持编程语言(如 Lua)自定义的流量编排方法,可通过编程脚本的方式实现负载均衡、会话保持和 DNS 处理等功能的灵活处理；

·对于非 HTTP 协议的长连接应用,可通过分析协议特征来识别消息的开始和截止,以消息为对象进行七层负载均衡,而非传统基于连接的四层负载均衡；

·支持常见的主动式健康检查功能,提供基于 SNMP、ICMP、TCP/UDP、FTP、HTTP、DNS、RADIUS、ORACLE/MSSQL/MYSQL 数据库等多种类型的探测判断机制；

·对 Oracle 数据库、SQL server 数据库和 Weblogic 中间件的关键性能指标监控,并通过报表的形式多维度实时展现关键性能参数,提供历史健康状态分析。界面友好直观,无需在服务器上安装任何插件,不会对网络造成任何影响。

## 904.14 收费广场照明

1. 系统构成

为方便收费广场车辆行驶,提高收费工作效率,收费广场设置了照明系统。在各主线及匝道收费广场设置中杆或高杆灯,每座灯杆上安装 LED 或钠灯。

主线及匝道收费站广场照明采用单臂低杆灯,广场两侧对称布置。

2. 系统功能

照明标准：平均照度 20~50lux,总均匀度 0.4。

收费广场照明灯的工作状态可由设在变配电室的节能控制器控制,可以按照通过人工设置的时间自动开关,也可以直接进行人工手动控制。

3.技术参数

(1)照明标准

按照《公路照明技术条件》(GB/T 24969—2010)确定收费广场照明标准:

a.平均路面亮度为$\geqslant 2.5cd/m^2$;

b.照明总体均匀度$\geqslant 0.4$;

c.纵向均匀度$\geqslant 0.6$;

d.眩光指数$\geqslant 5$。

(2)照明光源及其灯具选型

照明采用的灯具应为截光型灯具;灯具性能应满足 GB 7001 的规定。灯具布置设计满足照度、均匀度的同时,要避免眩光。

收费广场照明采用 LED 灯或高压钠灯作为照明光源,灯具与电光源配套生产,灯具与电器必须采用同一品牌,以保证良好的匹配性并保证五年的稳定工作。

灯具应通过中国 3C 认证或国家灯具质量检测中心的检验。

(3)照明的灯具、灯杆

a.灯具

安装在灯杆的顶部,并应符合现行有关国标的规定,具有有切断配电系统的装置。

灯为适应工作环境下的不锈结构,并应有调节装置、标记、固定支架或在水平面和垂直平面内的反光装置,投射角度在最终调整并符合要求后,进行永久固定。

固定支架和其他外露支撑件均应镀锌。

照明设备中的玻璃制品应具有热稳定性,在照明的工作温度下应不受雨水的影响,玻璃应经过处理,当其意外破碎时将分裂成小碎片。在安装时提供适当的散热面,以便于维持损坏的灯具和控制灯具的温度。

内部配线在工作温度范围内具有热稳定性。照明设备的外露线夹、螺钉及其他固定物等应由适应工作环境条件的不锈材料制成。

外部配线进口应密封以防进入水气。反光器由处理过的具有高强度的铝制成。

照明设备的外罩、玻璃制品和固定托架的结构和强度应能经受住 36m/s 的风速,设置于灯柱顶端框架的灯具也应具有上述的结构和强度。

b.光源

光源应是具有寿命长,发光效能高的放电型高压弧光钠灯或 LED。替换光源应在当地的库存品中容易地得到。

c.控制设备

光源控制和启动装置为光源制造商认可的型号产品,以保证提供完整的光源。光源控制系统的零部件应符合国际或相应的国际标准。照明设备的布置应使散频效应最小。照明设备应配有足够容量调整电容器,以保证线路功率因素不低于 0.9。补偿电容器应是被认可的产品,并应符合相关的标准。控制设备以环氧树脂密封,安装在一个防风雨的金属盒内,并固定在照明灯具的支架上。

d. 电气连接

每个灯底部提供:连接进出供电电缆线路的端子牌;灯的带保险分支电路:所有的线路终端、电缆终端、光源支架的连接等;每个灯杆装有锁定的观察板。

e. 灯杆

灯杆的高度为8m、10m、12m、15m、18m、20m、25m、30m,灯杆为镀锌钢结构,密封、包覆顶端以防水气进入并负责中杆灯基础的建造。混凝土基础的顶面应高出地面,其高度不少于100mm;负责使基础底板水平,准确地校正灯柱,并保护好下面所提到的基础件。地脚螺栓需先用硅酮油脂石墨润滑,再缠绕胶带予以保护。在法兰盘与混凝土基础之间应填入符合现行国标要求的橡胶沥青材料。

结构和涂层的要求:设计风速为36m/s。在36m/s的风速时,灯杆顶部的水平偏角不大于其地面以上长度的1/40。机构设计符合相应的国标要求。每根灯杆具有一块相同规格的基底法兰盘,通过一组高强度钢基础螺栓、螺母、垫片以及其他的螺栓、螺母、垫片所使用的钢材料必须符合国家标准要求。

灯杆所用的结构钢符合国标的有关规定。灯杆的焊接工艺符合国家有关标准。灯杆设计的计算书在投标时提供,并规定所用的钢材号。计算中应考虑灯杆门孔对其强度削弱的影响。计算结果和图纸应在开始建造前提交监理工程师,监理工程师将在四个星期内对其认可。灯杆热浸镀锌,镀锌时质量和厚度符合相应的国标要求。镀锌前钢材表面应进行喷砂清理。当进行焊接、切割等作业时,会引起镀锌层的损伤,暴露的表面应覆盖被认可的镀锌层。

f. 照明配电

(a)电缆类型

收费广场照明电缆YJV-1kV电力电缆,电缆的各种性能均应满足有关的国家标准(GB 12706)。

(b)电缆接头及附件

·所有电缆接头及附件均应采用辐射热收缩材料,其他电缆的接头方式需要经过监理工程师审定。不管采用何种方式,其绝缘强度均不应低于各电缆原有绝缘水平;

·电缆接头的绝缘材料颜色与电缆外壳颜色相同。

(c)电缆敷设

·所有电缆在交货时都应绕在坚实的电缆盘上。电缆头应予有效密封,以防止潮气侵入;

·承包人应按土建施工单位提供的预埋预留竣工图重新核算设计施工图中标出的电缆实际长度、考虑施工富余度和接头缆线长度,计算出每条电缆的长度,向电缆厂提供出电缆制造长度的要求;

·所有电缆应按图纸所示的方式敷设,所有电缆均应敷设在电缆管道、沟或穿在保护管内。在敷设前,所有后序工作须经监理工程师同意;

·电缆敷设期间应采用一切必要的预防措施以防机械损伤;

·通过正确的人工方法,从电缆盘上进行电缆敷设,自始至终使用滚子导向用手拉出电缆,不得使用电缆绞车;

·所有电缆敷设应与国家标准或相适应的IEE线路标准相一致,特别是在电缆转弯处,其电缆弯曲半径与电缆外径的比值,不应小于国内标准或相适应的IEE线路标准所规定的数值,在钢管内敷设的电缆,不得在管内接头;

·电缆要敷设整齐,尽量避免交叉,固定不得损伤绝缘;电缆不应敷设在边缘的凸出部分上,并且不得弯折或扭曲,以免损伤;

·所有电缆线夹和电缆固定件的设计应能保证能承受最大的短路电流所产生的电动力,并能支撑电缆的重量;

·根据敷设地点的具体条件,所有电缆线路应按规定在电缆终端和接头附近留出适当的电缆长度,做电缆终端和接头所预留的长度按实际值计量;

·电缆在预埋钢管内敷设,应符合下列要求:

·光滑无毛刺,在电缆敷设前,应有一个圆柱体的刷子对排管进行清扫,排除毛刺及脏物;

·使用电缆牵引润滑剂,如:石墨粉和中性肥皂水的混合胶刷在电缆表面,以减少牵引阻力。

(d)电缆连接

·所有电缆在两端点之间,一般应连续敷设,中间没有接头,如果由于长度原因或电缆线路类别的原因认为无分支连接是必要的,那么在施工前,对要采用电缆连接方式应提交批准。没有监理工程师的书面批准不准敷设接头;

·连接点的设置,其机械及电气性能应良好,防止机械性损伤和任何可能产生的振动,紧固件不得有任何明显的机械变形,以及不得有损伤电缆的导线;

·电缆的敷设合同单价含电缆中间接头以及电缆终端头的制作,业主不在另行支付。

(e)电缆鉴别

·所有敷设的电缆应在其两端、埋置导管的进出端以及有必要识别并指明的电缆线路的其他位置都应提供鉴别标志。对没有封闭在导管内的多路电缆,应每隔25m提供一个标志;

·电缆鉴别标志应用非聚乙烯标志,悬挂条和尼龙绳,整个装置应适应70℃的最高温度;

·单芯和多芯电缆的每根芯线都应根据GB或IEE布线标准所规定的颜色在其端头用绳带、套环或圆片加以标识;

·所有电缆的标识标记应包括相位标记、养护标记、电源类型标记以及最终电路标记。

## 904.15 供配电及光电线缆工程

1. 系统构成

各站点设置UPS及电池,对收费系统设备供电采用双机奇偶车道供电分别负载方式。

收费站设置两套配电箱,一套为市电输入配电箱,一套为 UPS 输出配电箱。每个收费站应配置一台发电机,收费广场配电箱应提供发电机供电接入设施。

2. 系统功能

选用在线式高频或工频 UPS,在断电的时候,UPS 为收费设备提供后备时间为 1h 的高品质电流。

UPS 包括电池、充电器、逆变器、电池架、静态开关、保护装置、联锁设备、仪表设备和有效的绝缘。

机房要保证双路供电,其电源由变电站低压配电屏通过专门回路引入,禁止与其他设施(如照明、空调)共用。

UPS 以及其控制装置、配电盘、电池充电器等应装配在位于每个收费管理大楼的设备室内的机箱中,该机箱可立于地板上的且经高质量加工。设备机箱中应有绝缘子以使输入电源和电池与机箱内的设备绝缘开。

当主电源或后备油机正常工作时(电压和频率变化在正常范围内),UPS 不用电池放电就可以保证所有设备的连续正常操作。

从整流器和升压充电器获得的直流电源以及从转换器获得的交流电源的质量和额定值应在不降低设备负载参数的情况下由分立电池持续供电。该设备应具有自动静态开关以便一旦逆变器故障时将逆变器旁路,控制静态开关的传感装置的动作与逆变器的回复装置应是同步的,并且其操作应当足够快,以使在旁路和回复期间负载设备得到正常的不间断的运行,可能会使用逆变器的手动开关,但与电源的同步应是自动的。系统安装线性滤波器和快速跟踪稳压器以保证在逆变器旁路油机发电时系统设备能正常运行,稳压器上接出的负载在各相上应分布均衡。

UPS 的开关应装在机箱的前面板上,仪表、显示器、开关等等应排列得使人能方便地得到运行和操作监视的信息。

UPS 可以通过网口接入各收费站局域网,进行状态监视与控制,便于远程管理。

UPS 设备包括远程监视管理模块以及相关软件。

3. 技术指标

(1) UPS

确保收费站收费系统在断电情况下能连续供电 1h。

a. UPS 设备容量 6kVA,采用单进单出。

(a)输入:AC 220V ±25%、50Hz ±10%;输入功率因数:大于 0.92;输入应有断断路器保护;

(b)输出功率因数:0.8;输出电压:AC 220V ±1%;输出频率:与市电同步;市电失败,本机 50Hz ±0.1%;

(c)超载容量:125% 全载持续 60s;150%:30s;内置静态旁路开关;具有 EPO 紧急关机功能;

(d)具有并机冗余功能,实现 1+1 冗余并能共用电池组;具备并机插口、远程 SNMP 插口。人机界面:LED + LCD 显示;

(e)雷击保护:IEEC62.41;

(f)波形失真度:线性负载<3%,非线性负载<5%;

(g)各开关状态异常报警;

(h)通信接口:10/100M 局域网接口和 RS485 接口及相应软件,能和计算机通信,提供 UPS 的工作状态信息;

(i)保护等级 IP20;温度:0~40℃;湿度:0~95%无凝结;

(j)噪声小于60dB;

(k)蓄电池:

·型式:阀控式密封铅酸蓄电池

·电池后备时间不少于 90min

·电池与主机为同一厂家的电池

·蓄电池组直流电压:192V/240V

·蓄电池应采用 5 年期及以上寿命电池

b. UPS 设备容量:20kVA/15kVA;采用三进单出;采用模块化结构。

(a)输入:AC 380/220V －25%＋25%、50Hz±10%;输入功率因数:大于 0.92;

(b)输出功率因数:大于0.8;输出电压:AC220V±1%;

(c)输出频率:与市电同步;市电失败,本机50Hz±0.1Hz;

(d)超载容量:125%全载持续1min;150%:30s;具有 EPO 紧急关机功能;

(e)波形失真度:线性负载<3%,非线性负载<5%;

(f)充电电流:根据电池容量设置自动调节、温度补偿充电,自动均浮充转换;

(g)UPS 必须提供 RS232 标准通信接口,并提供图形化监控软件、UPS 必须具有 SNMP 通信接口,支援远程 WEB 访问及网络集中监控;

(h)输入、输出应有断路器保护、UPS 保护等级 IP20;

(i)蓄电池:

·型式:阀控式密封铅酸蓄电池;

·单体电池均衡充电电压:13.8~14.1V;

·直流电池电压:192V/240V;

·电池后备时间不少于60min;

·电池与主机为同一厂家的电池;蓄电池应采用 5 年期及以上寿命电池;

·蓄电池组配套所必需的专用工具和配件。

c. 其他要求:

(a)UPS 上具有监控功能,配有 RS-232 接口或 RS485、RJ45 接口,能将 UPS 的工作状态及故障报警传送给监控中心;

(b)UPS 面板指示:UPS 具有异常状态显示,输入电压、频率,输出电压、负载情况、频率、电池状态;

(c)UPS 在电池放电时,应可预测并显示电池的剩余放电时间;

（d）UPS 输入输出均具有防雷功能，能抵抗 6kV 高压冲击，输出端有电路开关保护及限流功能；

（e）UPS 具备完善的保护功能：输出短路保护、输出过载保护、过温度保护、电池电压低保护、输出过欠压保护、抗雷击浪涌能力。UPS 发生故障时必须发出声光告警；

（f）UPS 模块必须具有故障隔离功能，单一模块故障时，系统能迅速自动隔离故障模块，避免故障蔓延，影响其余模块的工作，并能实行 $N+1$ 并联冗余并具有自动隔离功能。

（2）六类非屏蔽双绞线（UTP-6）

a. 六类非屏蔽双绞线：用于计算机通信，传输距离<100m；

b. 连接收费广场上以太网交换机和各个车道控制机的 RJ-45 口；

c. 连接收费控制室内以太网交换机和各个计算机的 RJ-45 口；

d. 视频高清电缆。

（3）单模光缆以及光缆熔接盒

a. 单模光缆：选用的光缆应符合 ITU 及中华人民共和国的标准，正常寿命不小于 25 年；

b. 预留的光纤必须进行同步熔接；

c. 光缆熔接盒将多路各种光端机尾纤进行熔接。

（4）同轴电缆

采用 SYV 75-5、SYV 75-3 等同轴电缆：用于视频传输，传输最大距离 300m。用途如下：

a. 连接收费广场各摄像机（数据图像叠加器）和光端机的视频口；

b. 连接收费站视频控制矩阵与光端机、硬盘录像机的视频口。

（5）汽油发电机组

为保证收费系统用电安全，为收费车道设备配备一套便携式汽油发电机组作为收费车道设备的后备电源，机组输出功率满足收费设备用电需求。

a. 机组构成

机组由汽油发动机、发电机、起动装置、控制装置、输出装置、底盘、运输装置等组成，机组底盘应安装有便于移动的轮轴装置。

b. 汽油发动机的选择要求

应选用采用风冷式小功率便携机组。

c. 发电机的选择要求

选用无刷励磁同步发电机，宜采用永磁励磁方式；发电机应装全阻尼绕组。发电机的绝缘等级不低于 H 级。三相机组的额定功率因数为 0.8（滞后），单相机组的额定功率因数 0.9（滞后）或 1.0。

d. 指示装置

发动机所带监测仪表应符合相应产品技术条件的规定。机组的电气仪表应按 GB/T 2820.4 中 7.1 的规定配装。机组控制屏各监测仪表（发动机仪表除外）的准确度等级应不低于 2.5 级。

e. 其他

发电机组除满足上述技术要求外还应满足机组应符合《工频汽油发电机组技术条件》（JB/T 10304—2001）的规定的规定。

(6) 防静电地板和金属线槽

a. 在所有的收费中心机房内铺设防静电活动地板。防静电地板支架必须采用铜带交叉接地；

b. 活动地板的净空不小于20cm，机房内电缆暗敷于地板下金属线槽内，强弱电线槽必须分开设置。

(7) 配电盘（箱）

a. 配电箱由自动空气开关、熔断器、箱体等组成。箱体内应配备漏电开关；

b. 配电接线各相注意平衡；

c. 配电箱内按照设计要求配置过电压保护装置；

d. 箱体内各种电缆、导线应按国家规定的颜色编号、标志；

e. 开关有清楚的标志，以防错误开关电源；

f. 配电箱与控制箱额定电压为交流380V或220V，额定频率为50Hz，额定电流满足设计要求；

g. 所有箱体外壳应用2mm厚的不锈钢板制造，构造坚固，并配以活盖板，全防水防尘结构达到GB 4028及GB 7001标准要求的IP65级；

h. 外壳应适合表面固定，便于安装和维修。底部、顶部及两个侧面，应备有适当的冲压孔，以便端接电缆或电线管，其孔洞应能密封。每根电缆与外壳的连接处，应有防水电缆密封装置；

i. 配电箱与控制箱应按设计图标出的尺寸和电气原理图制造，应配齐设计图中所有的电器元件及附件，构成一个完整的配电装置；

j. 所有箱体应设接地螺栓，以便与接零干线或接地干线可靠连接。

(8) 防雷接地

a. 高速公路机电系统具有点多、面广、线长、沿线环境多样，既有强电设备又有计算机等弱电设备等特点，易遭受雷电的侵袭，轻者部分设备被雷击坏，重者造成系统瘫痪。为保证系统正常运行，加强防雷系统的建设非常必要；

b. 为避免收费系统的设备遭受各种暂态防雷器（包括雷电、开关操作、大功率电机启动等）的损坏和干扰，保障电子设备安全正常地运行，参考《建筑物防雷设计规范》（GB 50057—2010）和《建筑物电子信息系统防雷技术规范》（GB 50343—2012）等标准采取以下的保护措施：

(a) 防雷器类型

·B+C级三相开关型（10/350μs）和限压型（8/20μs）防雷器件组

·B+C级单相开关型（10/350μs）和限压型（8/20μs）防雷器件组

·C级单相限压型（8/20μs）防雷器件组

·视频信号防雷器

·数据信号防雷器

·网络信号防雷器

·音频信号防雷器

（b）防雷器配置要求：应采用国际知名品牌防雷器件，由电源防雷器、数据信号防雷器、视频信号防雷器等所组成。收费系统的供配电系统、车道收费设备及计重设备的供电均由收费站内UPS供电，计重设备的计重设备控制器、车牌自动识别处理单元、计重设备的红外线车辆分离器和雨棚摄像机的供电由车道控制柜引出。

配电房

·在配电房的低压配电柜的市电电源总输入端和发电机供电的双供电回路的总输入端的供电回路的相线及中性线对地线之间每线各安装三相B+C防雷器组件，截断后续短路电流等于50kA。

电源室

·在收费站（或服务区、管理处）交流配电柜中，即电源机房的总输入端供电回路的相线及中性线对地线之间每线安装三相B+C防雷器组件；

·在收费站配电柜至收费广场配电柜电源输出回路的零线和火线，分别对地线之间每线安装单相B+C防雷器组件。

收费监控机房

·在收费站机房UPS配电箱电源输出回路的相线及中性线，分别对地线之间每线安装单相B+C防雷器组件；

·在分中心监控UPS电源输出回路安装C级防雷器。

车道设备

·在车道控制柜和计重控制箱的电源输入端安装单相C级防雷器

·在车道摄像机的视频信号输出端安装网络信号防雷器

·在计重设备的两端的数据信号线缆两端安装数据信号防雷器

·在收费车道控制机与广场以太网交换机之间网线的数据信号输入端安装网络信号防雷器

·在ETC车道天线及LED显示屏设备的数据线缆两端安装数据信号防雷器

·收费广场摄像机

·在广场摄像机的交流电源输入端安装单相B+C防雷器组件

·在广场摄像机的视频信号输出端安装网络信号防雷器

（c）防雷器组件的技术要求

B+C级三相防雷器组件

·安装4只开关型和3只限压型防雷器

·每一只开关型防雷器可以抵御和吸收10/350μs的直击雷电流50kA

·每一只限压型防雷器可以抵御和吸收8/20μs的最大放电电流40kA

·可以抵御相线及中性线对地线排125kA的直击雷电流（L1-PE/50kA；L2-PE/50kA；L3-PE/50kA；N-PE/125kA）

· 具有能量配合型的防雷器件组,保护电平小于等于 1.3kV

· 防雷器必须具备计数功能及故障指示功能

B+C 级单相防雷器组件

· 安装 2 只开关型与 1 只限压型防雷器

· 每一只开关型防雷器可以抵御和吸收 10/350μs 的直击雷电流 50kA

· 每一只限压型防雷器可以抵御和吸收 8/20μs 的最大放电电流 40kA

· 防雷器件组可以抵御相线及中性线对地线排 125kA 的直接雷电流(L-PE/50kA;N-PE/125kA)

· 具有能量配合型的防雷器件组,保护电平小于等于 1.3kV

· 防雷器必须具备计数功能及故障指示功能

C 级单相电源防雷器组件

· 安装 2 只限压型防雷器

· 每一只限压型防雷器可以抵御和吸收 8/20μs 的最大放电电流 40kA

· 具备故障指示功能

视频防雷器

· 防雷器设定电压 $U_c$:(DC/AC)≤6.2V/4.2V

· 插入损耗(10MHz):≤0.2dB

· 额定放电电流 $I_n$(8/20μs):芯-屏蔽线/芯-地:≤0.5kA/10kA

· 残余浪涌电流(8/20μs):芯-地:≤10kA

· 响应时间 $t_a$:芯-屏蔽线/芯-地:≤100ns /≤100ns

· 温度范围:-40~+80℃

· 保护等级为 IP20

数据信号防雷器

· 防雷器设定电压 $U_c$:DC 13.5V

· 标称电流 $I_N$:1.0A

· 额定放电电流 $I_n$(8/20μs):10kA

· 残余浪涌电流(8/20μs):芯-地:20kA

· 响应时间 $t_a$:芯-芯/芯-地:≤500ns /≤500ns

· 温度范围:-40~+85℃

· 保护等级为 IP20

网络信号防雷器

· 防雷器设定电压 $U_c$:11V

· 标称电流 $I_N$:≤1.5A

· 额定放电电流 $I_n$(8/20μs):芯-屏蔽线/芯-地:≤350A/2.5kA

· 残余浪涌电流(8/20μs):芯-地:≤2.5kA

· 响应时间 $t_a$:芯-屏蔽线/芯-地:≤500ns /≤100ns

· 温度范围:-40~+80℃

・保护等级为 IP20

音频信号防雷器

・防雷器设定电压 $U_c$(DC):≤185V

・标称电流 $I_N$:≤150mA

・额定放电电流 $I_n$(8/20μs):芯-屏蔽线/芯-地:≤2.5kA/2.5kA

・残余浪涌电流(8/20μs):芯-地:≤5kA

・响应时间 $t_a$:芯-屏蔽线/芯-地:≤10ns／≤100ns

・温度范围:-40～+80℃

・保护等级为 IP20

c.接地要求

在收费站系统中,主要有以下几个建筑物:配电房、综合楼、收费车道,接地系统的采用如下措施:

(a)综合楼和配电房地基外围,沿散水点外用 4mm×40mm 扁钢带埋设环形地网,同时每隔 5m 打一地桩,地桩采用 5mm×5mm×50mm 角钢,长 2.5m。避雷针的引下线沿对角方向布设,不少于 2 根。同时建筑物梁、柱内钢柱不少于 2 根与地网相连;

(b)综合楼和配电房之间的空地上建设地网,网格为 5m×5m,用料是 4mm×40mm 扁钢和 5mm×5mm×50mm 角钢,两端与综合楼、配电房的环形地网相连,连接点不少于两处;

(c)房建单位施工时,收费站,综合楼与收费车道宜利用建筑物梁柱内的钢筋网作为暗装避雷网。梁与柱、墙与楼板间的钢筋要真正做到绑扎或搭接,如有些地方无法绑扎或搭接,应每隔 20m 左右焊接一点。当建筑物只有很少几条作主引下线的柱子时,其内部钢筋应由上到下焊接两根主筋,并由基础引出不少于两根导线焊接到地网上。建筑物内部所有金属物体作电气连通,构成统一的导体并接地;

(d)收费车道的基础钢筋应与公路路面的钢筋网相连接;

(e)收费车道的所有金属件均应接地。可利用地基的钢筋网,收费亭、自动栏杆、红绿灯等等均在安装时与钢筋网相连,形成等电位状态;

(f)在机房的防静电地板下,用 4mm×40mm 的扁钢带沿墙四周设一环型接地汇流排,将机房内所有的工作地、安全地、防雷地、金属门窗和管道、电缆屏蔽层等等,均接在该汇流排上,形成联合接地。同时,用 $35mm^2$ 的铜缆作为引下线接至地网,联接点距避雷针的引下线联结点 5m 以上;

(g)所有暴露于室外的供电电缆、信号电缆均应采取屏蔽措施,如采用屏蔽电缆、穿金属管屏蔽等,并采用埋地走线的形式。屏蔽层两端就近接地。

(9)电力电缆

a.电缆敷设

(a)所有电缆将按设计图纸所示的方式敷设。

(b)电缆敷设期间将采用一切必要的预防措施以防机械损伤。

(c)所有电缆敷设将与国内标准或相适应的 IEC 标准相一致,特别是在电缆转弯处,其电缆弯曲半径与电缆外径的比值,不小于国内标准或相适应的IEC标准所规定的数值,在混凝土排管和钢管内敷设的电缆,不得在管内接头。

(d)电缆敷设要整齐,尽量避免交叉,固定不得损伤绝缘;电缆不应敷设在边缘的凸出部分上,并且不得弯折或扭曲,以免损伤。

(e)所有电缆线夹和电缆固定件的设计能保证承受最大的短路电流所产生的电动力,并能支撑电缆的重量。

(f)根据敷设地点的具体条件,所有电缆线路按规定在电缆终端和接头附近留出适当的电缆盘留长度并做好标记。

b. 电缆试验

电缆应进行型式试验、车间试验和现场试验,以保证所供应的电缆满足本规范和相关的中国标准所规定的性能要求,这些试验至少应包括:

(a)结构检查;

(b)绝缘介质试验;

(c)导体电阻试验;绝缘电阻试验;

(d)绝缘强度蒸汽衰减试验;击穿电阻试验;

(e)抗拉强度和延伸试验;

(f)负载损耗试验;加速老化试验;

(g)冷弯曲试验;缆芯缠绕试验;

(h)火焰蔓延试验;温度标准试验。

以下仅对高压电缆:

(a)局部放电试验;局部耐压试验;

(b)抗弯局部试验;介质损耗的测量;

(c)冲击耐压试验以及该试验后的工频耐压试验。

## 904.16 监视墙、控制台及附属设备

1. 构成

收费站、收费分中心等场所相关附属设备构成。

2. 功能

用于收费站、收费分中心等场所监视墙、控制台等附属设备的采购。

3. 技术指标

(1)机柜

为了便于设备安装检修,采用19英寸标准机柜来安置机房设备,机柜主体采用优质冷轧钢板,带风扇。收费机柜尺寸统一为800mm×950mm×2200mm。

(2)KVM

a. 产品配置要求:机架式架构,硬件形式的数字式KVM系统,采用KVM over IP技术;2个10M/100M以太网接口,支持DHCP、PPPOE,支持多种网络协议;单台配置并发IP访问用户≥2,独立本地用户通道≥1,单台至少满足32台服务器的接入控制需求,管理节点

总数≥32,单台配置双电源;服务器模块≥32,支持虚拟媒体;

b. 接口及连接要求:服务器模块支持PS/2、USB键盘/鼠标,支持混插,支持串口模块;从KVM到服务器端采用CAT5/5E/6线缆,连接距离要求达到45m及以上;

c. 支持虚拟媒体:支持VM技术,可以外接本地光驱、ISO文件、本地硬盘、U盘和移动硬盘,与USB接口模块一起配合使用时,可以为被控设备提供外置USB设备共享,虚拟此USB设备到被控设备上实现数据拷贝和软件升级;

d. 最大分辨率:本地用户端视频分辨率最高可达$1920\times1440@60Hz$;远程用户端视频分辨率最高可达$1920\times1080@60Hz$。在不同分辨率服务器之间切换时,自动调节视频大小,无需人工手动调节,支持视频点播;

e. 管理方式:支持Web和C/S两种模式操作管理,访问的用户节点数无限制;远程操作管理客户端使用浏览器方式,支持SSL加密的浏览器方式访问。纯网页浏览方式,不需要安装客户端软件;

f. 管理界面:全中文图形管理界面,被控设备缩略图显示,操作界面要直观;数字用户端图像自动缩放,被控设备操作界面要一目了然;数字用户端要支持全屏显示,远程操作零距离;

g. 日志管理:提供系统所有的详细记录、记录设备开关机、用户登录、退出、网络异常、KVM拓扑结构变化的事件,并支持媒体播放功能;

h. 安全功能:支持多种安全认证机制:RSA,RADIUS,LDAP,TACACS+;支持256位RSA用户认证功能;先进的安全机制包括密码保护及先进的加密技术,支持64位DES、128位AES数据加密;

i. KVM设备支持管理范围:刀片式服务器和机柜;嵌入式服务处理器;机架安装式服务器;串口管理设备;远程数字智能电源管理设备;服务处理器管理设备;小型机服务器。

(3)控制台及计算机桌椅

原则上在每个站(除值班站外)均设置监控室,用以对收费监控过程中所涉及的所有设备和功能有更好、更简洁的控制。

a. 控制台工程范围综合控制台工程范围包括以下项目:

(a)监控室综合控制台;

(b)活动椅;

(c)综合控制台所需的电力电缆及信号电缆工程;

(d)完成工程所必需的材料。

b. 单元功能及设备布设

(a)视频监控控制部分

此单元台面安装有主监视器、图像工作站、控制键盘等设备,控制台里面安装有矩阵,操作员在此单元可通过控制键盘任意切换、在主监视器查看各路摄像机,控制广场摄像机。

(b)收费计算机系统

此单元台面上安装有下列设备:各种工作站、报表打印机、IC卡读写器等。

(c)对讲主机、安全报警控制器等
c.控制台所满足的机械电气要求
(a)符合人体工程学,各种设备的布置便于监控员的操作;
(b)符合电气安全要求,信号电路和电力电路分开布置,进行隐蔽布线,而且相互绝缘;
(c)综合考虑各种因素,以满足亮度、散热、防尘、接地等要求。
d.其他要求
(a)为保护设备安全并考虑日后设备更换的需要,监控台设计为桌面开放,下部封闭结构,控制台面上放置监视器、显示器、打印机、对讲主机等,下面内部安装 系统主机,且能满足多人同时工作设计而成的拼装式结构;
(b)控制台依据人机工程学的目标设计,控制台的形态和尺寸符合人体操作习惯和视觉效果的要求,使操作员更加舒适地工作;
(c)控制台台面采用型材和构件具有良好的通用和互换,前后均为开门结构。门锁为专用,钥匙通用,便于用户安装和维护设备;
(d)控制台单元之间在调整相互的高度和位置后采用紧固联接,保证控制台整体拼接美观;
(e)低压信号电路与电力电路分开布置并绝缘,两种电路不应互相干扰。控制台单元内部设有专用电缆引入区,包括走线时所需的接线端子、汇线槽、安装构件;
(f)控制台的内部主要设备的安装,可根据设备的安装尺寸调节构架,保证设备可靠,方便地使用;
(g)控制台的线缆出入口均有保护装置,防止线缆与本体摩擦而被破坏;
(h)控制台可以满足多名操作员同时工作;
(i)每个控制台配备4把工作椅,工作椅为活动座椅,符合人体工程学。
(4)监视墙
a.监视器柜机架、底座采用2.0mm优质冷轧钢板,电视墙顶板和搁板采用1.5mm优质冷轧钢板,电视墙后下门和侧板采用1.2mm优质冷轧钢板;
b.监视器柜侧门板和后门板都为脱卸门,冲3×30散热孔;
c.监视器柜每单元风扇≥2只;
d.每个监视器对应一块搁板。
(5)综合布线与装修
a.在收费站监控室、机房、进线室内铺设防静电活动地板。防静电地板金属支架相互之间应连接,并接地;
b.活动地板的净空要求在20~25cm之间,机房内电缆敷设于地板下金属线槽内,并按照《电子计算机机房设计规范》(GB 50174)执行;
c.弱电电缆线槽和强电电缆线槽分开布置并绝缘,两种电路不应互相干扰;
d.监控室内电缆的敷设采用线槽或墙槽时,电缆应从机架、控制台底部引入,将电缆顺着所盘方向理直,按电缆的排列次序放入槽内;拐弯处应符合电缆曲率半径要求;

e. 监控室内电缆的敷设,在电缆路由上时,光端机上的光缆宜预留 2m;余缆盘成圈后应妥善放置,光缆至光端机的光纤连接器的耦合工艺,应严格按有关要求进行;

f. 在敷设的电缆两端应留适度余量,并标示明显的永久性标记。

## 904.17 备品备件

收费系统中其他备品备件均已具体项目具体需要为主,其技术参数具体参见收费系统各小结中具体设备技术参数。

1. 发电机

每个收费站必须配有发电机,并配有充足的燃油,保证收费系统能持续工作1天。每个路段应有1~2套作为备件,并定期进行检修,确保市电中断后能迅速发电。

2. IC 卡读写器
   - 具体参见 904.06.7

3. 票据打印机
   - 具体参见 904.06.11

4. 收费键盘
   - 具体参见 904.06.8

5. 车道计算机
   - 具体参见 904.06.2

6. 车道控制器
   - 具体参见 904.06.3

7. 字符叠加器
   - 具体参见 904.06.10

## 904.18 质量检验

参见《公路工程质量检验评定标准》(机电工程)(JTG F80/2—2004)中收费设施、低压配电设施、照明设施等部分具体要求。

## 904.19 计量与支付

1. 计量

(1)按本节要求完成的项目均以工程量清单中的相应项目及单位,以前述规定的计量方法计量。

(2)安装测试及附件费用计入每个章节所列项目中,不再单独计量。

2. 支付

各项支付由承包人根据合同规定及工程实际完成情况申报,由监理工程师审查后支付。

## 第900章 机电工程

### 3. 支付子目

| 子目号 | 子目名称 | 单位 | 备注 |
|---|---|---|---|
| 904-03 | 收费软件 | | |
| -a | 操作系统 | | |
| -1 | 收费(区域)中心、分中心、收费站服务器操作系统企业版 | 套 | |
| -2 | 计算机、工作站、车道工控机操作系统 | 套 | |
| -b | 数据库管理软件(企业版) | 套 | |
| -c | 软件安调费 | | |
| -1 | MTC车道软件 | 套 | |
| -2 | ETC车道软件 | 套 | |
| -3 | 收费站软件 | 套 | |
| -4 | 收费分中心软件 | 套 | |
| -d | 其他所需材料 | 项 | |
| 904-04 | 收费分中心计算机系统 | | |
| -a | 计算机 | | |
| -1 | 液晶显示器 | 台 | |
| -2 | 服务器 | 台 | |
| -3 | 业务计算机 | 台 | |
| -4 | 磁盘阵列 | 台 | |
| -b | 收费分中心三层以太网交换机 | 台 | |
| -c | 刻录盘片(规格) | 片 | |
| -d | 激光打印机(规格) | 台 | |
| -e | 激光多功能一体机(规格) | 台 | |
| -f | 非接触式IC卡读写器 | 台 | |
| -g | IC卡 | 张 | |
| -h | 备份链路路由器 | 台 | |
| -i | 其他所需材料 | 项 | |
| 904-05 | 收费站计算机系统 | | |
| -a | 计算机 | | |
| -1 | 液晶显示器 | 台 | |
| -2 | 服务器 | 台 | |
| -3 | 业务计算机 | 台 | |
| -b | 以太网交换机(三层) | 台 | |
| -c | 刻录盘片(规格) | 张 | |
| -d | 激光打印机(规格) | 台 | |

续上表

| 子目号 | 子目名称 | 单位 | 备注 |
|---|---|---|---|
| -e | 激光多功能一体机（规格） | 台 | |
| -f | 收费站自助金库 | 套 | |
| -g | 非接触式IC卡读写器 | 台 | |
| -h | 一体化便携式收费机 | 台 | |
| -i | 手持式便携式收费机 | 套 | |
| -j | 广播系统 | 套 | |
| -k | 备份链路路由器 | 台 | |
| -l | 其他所需材料 | 项 | |
| 904-06 | MTC入口车道收费系统 | | |
| -a | 入口岗亭设备 | | |
| -1 | 票亭 | 个 | |
| -2 | 工控机 | 台 | |
| -3 | 车道控制器 | 台 | |
| -4 | 半球摄像机 | 台 | |
| -5 | 票亭空调（具备停电后来电自启动功能） | 台 | |
| -6 | 附属设施（含椅子、照明、排气扇、配电箱、空气开关、防雷器、防雷插排、亭内喇叭、衣帽钩、插座、声光报警设施、灯钮盒、对讲回声抑制器及以上设备安装） | 项 | |
| -b | 非接触式IC卡读写器 | 台 | |
| -c | 专用键盘 | 个 | |
| -d | 显示器 | 台 | |
| -e | 字符叠加器 | 台 | |
| -f | 通行信号灯 | 套 | |
| -g | 自动栏杆 | 台 | |
| -h | 车辆检测器 | 项 | |
| -i | 雨棚信号灯 | 套 | |
| -j | 雾灯 | 套 | |
| -k | 手动栏杆 | 套 | |
| -l | 车道摄像机 | 台 | |
| -m | 车牌自动识别设备（含防雷器） | 套 | |
| -n | 整车式称重系统要求及相关设备 | 套 | |
| -o | 以太网交换机（二层） | 台 | |
| -p | 设备机柜 | 套 | |
| -q | 其他所需材料 | 项 | |
| 904-07 | 出口车道收费系统 | | |

续上表

| 子目号 | 子目名称 | 单位 | 备注 |
|---|---|---|---|
| -a | 出口岗亭设备 | | |
| -1 | 票亭 | 个 | |
| -2 | 工控机 | 台 | |
| -3 | 车道控制器 | 台 | |
| -4 | 半球摄像机 | 台 | |
| -5 | 票亭空调(具备停电后来电自启动功能) | 台 | |
| -6 | 附属设施(含椅子、照明、排气扇、配电箱、空气开关、防雷器、防雷插排、亭内喇叭、衣帽钩、插座、声光报警设施、灯钮盒、对讲回声抑制器及以上设备安装) | 项 | |
| -b | 非接触式IC卡读写器 | 台 | |
| -c | 专用键盘 | 个 | |
| -d | 显示器 | 台 | |
| -e | 字符叠加器 | 台 | |
| -f | 票据打印机 | 台 | |
| -g | 费额显示器 | 台 | |
| -h | 通行信号灯 | 套 | |
| -i | 自动栏杆 | 台 | |
| -j | 车辆检测器 | 项 | |
| -k | 雨棚信号灯 | 套 | |
| -l | 雾灯 | 套 | |
| -m | 手动栏杆 | 套 | |
| -n | 车道摄像机 | 台 | |
| -o | 车牌自动识别设备(含防雷器) | 套 | |
| -p | 整车式称重系统要求及相关设备 | 套 | |
| -q | 以太网交换机(二层) | 台 | |
| -r | 设备机柜 | 套 | |
| -s | 其他所需材料 | 项 | |
| 904-08 | 入口自动发卡系统 | | |
| -a | 自动发卡机 | 台 | |
| -b | 自动车型分类器 | 套 | |
| -c | 系统控制软件 | 套 | |
| -d | 其他所需材料 | 项 | |
| 904-09 | 电子不停车收费系统 | | |
| -a | ETC读写设备 | 套 | |
| -b | 液晶显示器 | 台 | |

续上表

| 子目号 | 子目名称 | 单位 | 备注 |
|---|---|---|---|
| -c | 车道工控机 | 台 | |
| -d | 车道控制器 | 台 | |
| -e | 摄像机及车牌自动识别设备 | 套 | |
| -f | ETC车道信息屏 | | |
| -g | 自动栏杆机 | 台 | |
| -h | 手动栏杆 | 台 | |
| -i | 车道机柜 | 台 | |
| -j | 费额显示器（含通行信号灯、声光报警器） | 套 | |
| -k | 雨棚信号灯 | 对 | |
| -l | ETC车道可变信息屏 | 套 | |
| -m | 雾灯 | 套 | |
| -n | 车辆检测器（规格） | 项 | |
| -o | 岗亭 | 个 | |
| -p | 半球摄像机 | 台 | |
| -q | 岗亭空调（具备停电后来电自启动功能） | 台 | |
| -r | 附属设施（含椅子、照明、排气扇、配电箱、空气开关、防雷器、防雷插排、亭内喇叭、衣帽钩、插座、声光报警设施、灯钮盒、对讲回声抑制器及以上设备安装） | 项 | |
| -s | ETC自动车型识别系统 | 套 | |
| -t | 其他所需材料 | 项 | |
| 904-10 | 安全报警系统 | | |
| -a | 安全报警主机 | 台 | |
| -b | 报警开关 | 套 | |
| -c | IP对讲及报警管理软件 | 套 | |
| -d | 报警协议转换器 | 台 | |
| -e | 警铃 | 个 | |
| -f | 其他所需材料 | 项 | |
| 904-11 | 路径识别系统 | | |
| -a | 高清车牌识别系统 | 套 | |
| -b | 标识RSU系统（5.8G天线含控制器） | 套 | |
| -c | 系统软件 | | |
| -1 | 数据库管理系统 | 套 | |
| -2 | 服务器操作系统 | 套 | |
| -3 | 路径识别管理软件 | 套 | |
| -4 | 管理操作系统 | 套 | |

续上表

| 子目号 | 子目名称 | 单位 | 备 注 |
|---|---|---|---|
| -d | 系统硬件 | | |
| -1 | 通信服务器 | 套 | |
| -2 | 以太网交换机 | 台 | |
| -3 | 数据光端机 | 台 | |
| -4 | 不间断电源(UPS) | 对 | |
| -5 | 标识点前台管理机 | 台 | |
| -6 | 全景摄像机 | 台 | |
| -e | 路径识别点外场设施 | | |
| -1 | 龙门架(双向四车道) | 套 | |
| -2 | 龙门架(双向六车道) | 套 | |
| -3 | 龙门架(双向八车道) | 套 | |
| -4 | 照明灯具 | 套 | |
| -5 | 光控开关 | 只 | |
| -6 | 室外避雷器 | 只 | |
| -7 | 防雷模块套件 | 套 | |
| -8 | 室外设备箱 | 只 | |
| -f | 硬件安装调试费用 | 项 | |
| -g | 软件安装调试费用 | 项 | |
| -h | 其他所需材料 | 项 | |
| 904-12 | 视频监控系统 | | |
| -a | 视频管理工作站 | 台 | |
| -b | 收费广场数字高清网络摄像机 | 套 | |
| -c | 以太网数据光端机 | 对 | |
| -d | 网络控制键盘 | 个 | |
| -e | 半球摄像机 | 台 | |
| -f | 车道4路数字硬盘录像机 | 台 | |
| -g | 站级8路数字硬盘录像机 | 台 | |
| -h | 站级16路数字硬盘录像机 | 台 | |
| -i | 磁盘存储阵列 | 台 | |
| -j | 24英寸液晶显示器 | 台 | |
| -k | 编码器 | 台 | |
| -l | 视频解码器 | 台 | |
| -m | 视频以太网交换机(三层) | 台 | |
| -n | 其他所需材料 | 项 | |

续上表

| 子目号 | 子目名称 | 单位 | 备注 |
|---|---|---|---|
| 904-13 | 收费网络安全设施 | | |
| -a | 防病毒软件 | 套 | |
| -b | 网闸 | 台 | |
| -c | 分中心安全网关 | 台 | |
| -d | 收费站安全网关 | 台 | |
| -e | 负载均衡 | 台 | |
| -f | 其他所需材料 | 项 | |
| 904-14 | 收费广场照明系统 | | |
| -a | 照明灯具 | 具 | |
| -1 | 8m | 具 | |
| -2 | 10m | 具 | |
| -3 | 12m | 具 | |
| -4 | 15m | 具 | |
| -5 | 18m | 具 | |
| -6 | 20m | 具 | |
| -7 | 25m | 具 | |
| -8 | 30m | 具 | |
| 904-15 | 供配电及光电缆工程 | | |
| -a | UPS | | |
| -1 | UPS(220V,6kVA) | 套 | |
| -2 | UPS(380V,15kVA) | 套 | |
| -3 | UPS(380V,20kVA) | 套 | |
| -b | 六类非屏蔽双绞线 | m | |
| -c | 单模光缆以及光缆熔接盒 | | |
| -1 | 单模光缆 | km | |
| -2 | 单模-8芯 | km | |
| -3 | 单模-12芯 | km | |
| -d | 光缆终端盒 | 套 | |
| -e | 尾纤 | 根 | |
| -f | 同轴电缆 | | |
| -1 | SYV-75-3 | m | |
| -2 | SYV-75-5 | m | |
| -3 | 音频电缆 | m | |
| -4 | YJV4X25 | m | |

续上表

| 子目号 | 子目名称 | 单位 | 备注 |
|---|---|---|---|
| -5 | YJV3X16 | m | |
| -6 | YJV3X10 | m | |
| -7 | RVV3X4 | m | |
| -8 | RVV3X2.5 | m | |
| -9 | RVV3X1.5 | m | |
| -10 | RVVP2X1.0 | m | |
| -11 | RVVP4X1.0 | m | |
| -12 | RVVP10X1.0 | m | |
| -13 | YJV2X2.5 | m | |
| -14 | BV1X35 | m | |
| -15 | BV1X16 | m | |
| -16 | BV1X6 | m | |
| -g | 汽油发电机 | 台 | |
| -h | 防静电地板和金属线槽 | | |
| -1 | 防静电地板 | $m^2$ | |
| -2 | 金属线槽 | m | |
| -i | 配电箱 | | |
| -j | 防雷接地 | 套 | |
| -1 | 电源防雷器（B+C 三相） | 套 | |
| -2 | 电源防雷器（B+C 单相） | 套 | |
| -3 | 直流电源防雷器 | 套 | |
| -4 | 视频信号防雷器 | 套 | |
| -5 | 数据信号防雷器 | 套 | |
| -6 | 网络信号防雷器 | 套 | |
| -7 | 防雷插座 | 套 | |
| -8 | 接地 | 处 | |
| -k | 电力电缆 | | |
| -1 | 电缆 VV-1kV-4×50 | m | |
| -2 | 电缆 YJV22-1kV-4×35 | m | |
| -3 | 电缆 YJV22-1kV-4×16 | m | |
| -4 | 电缆 YJV22-1kV-4×10 | m | |
| -5 | 电缆 YJV22-1kV-2×10 | m | |
| -6 | 电缆 YJV22-1kV-2×4 | m | |
| -7 | 电缆 YJV-1kV-3×2.5 | m | |

续上表

| 子目号 | 子目名称 | 单位 | 备注 |
|---|---|---|---|
| -8 | 电缆 YJV-1kV-5×10 | m | |
| -9 | 电缆 ZR-BV-500 4mm² | m | |
| -10 | 电缆 ZR-BV-500 16mm² | m | |
| -11 | 电缆 ZR-BV-500 35mm² | m | |
| -l | 其他所需材料 | 项 | |
| 904-16 | 监视墙、控制台及附属设施 | | |
| -a | 机柜 | 套 | |
| -b | KVM | 套 | |
| -c | 控制台及计算机桌椅 | 套 | |
| -d | 监视墙(规格) | 套 | |
| -e | 综合布线与装修 | 套 | |
| -f | 其他所需材料 | 项 | |
| 904-17 | 备品备件 | | |
| -a | 发电机 | 台 | |
| -b | IC 卡读卡器 | 台 | |
| -c | 票据打印机 | 台 | |
| -d | 收费键盘 | 个 | |
| -e | 车道计算机 | 台 | |
| -f | 车道控制器 | 台 | |
| -g | 字符叠加器 | 台 | |
| -h | … | 套/台/件 | |
| -i | … | 套/台/件 | |
| -j | … | 套/台/件 | |
| -k | … | 套/台/件 | |

# 第 905 节 隧道机电系统

## 905.01 范围

本章工作内容适用于新建、扩建、改建高速公路项目的施工与管理,其他公路项目可参照执行,包括隧道供配电及照明的采购、运输、安装、调试、试运行及缺陷责任期中的各项。

## 905.02 概述

隧道一般情况下都是通过通风、照明、消防及供配电设施来保障其运行。作为公路的重要组成部分的隧道,既能缩短交通路径,又能简捷通过险要地段,但是由于它是一个封闭的环境,其运营条件与外界截然不同,与普通路段环境相比:隧道内外亮度差较大、空气污染严重、侧向净宽较小且高速有限、没有扩展活动的余地、噪声高等特点,交通问题显得尤为突出。

## 905.03 隧道通风系统

1. 系统构成

隧道通风系统主要由风机软启动器、隧道射流风机及隧道轴流风机组成。

2. 系统功能

隧道通风系统是隧道安全运行的重要组成部分,通风系统能否正常工作与隧道内运行环境条件、运行效率、运行安全密切相关。

3. 技术参数

(1)风机软启动器

额定电压:AC 380V

结构特点:

· 软启动器的参数设定及故障记录等功能应能以中文文本方式显示,以方便查看

· 软启动器自身需具备电子式电机综合保护功能,能提供过载、欠载、过热、短路、缺相故障保护,且保护装置应能在软启动器旁路工作时仍具有保护功能,用户无需额外加装电机保护装置

· 软启动器应能够通过总线进行通信,以便将之接入后台控制系统

(2)隧道射流风机

隧道射流风机的设计、制造和测试应当符合中国国家标准的有关规定。制造商可以推荐采用国际标准或其他国家地区的标准,但无论采用何种标准,均需取得业主批准,且不得低于国标的相应规定。

隧道射流风机是根据动量定理,由具有高能量的射喷气流,将能量传递给隧道内的空气,产生了克服运动阻力的压力,从而推动隧道内的空气顺着射喷气流方向运动,实现通风的目的。整套风机由叶轮、风机罩、消声器、电机、悬臂及附件构成。

设备技术指标:

· 叶轮直径:1120mm

· 流量:$\geq 30 m^3/s$

· 出口风速:$\geq 31 m/s$

· 轴向推力:$\geq 1120N$

- 电机功率:30kW(AC 380V,50Hz)
- 电机绝缘等级 H 级,防护等级 IP55 级
- 风机转速:≥1470rpm
- 噪声:67dB
- 风机运行方向:单向运转(隧道洞口附近为可逆运转)
- 风机能在 250℃下高温连续正常工作 1h

(3)隧道轴流风机
- 声压级:≤112dB(A),机壳外45度角1m处
- 电机绝缘等级:不低于 H 级
- 电机防护等级:不低于 IP55
- 风机能在 250℃高温下连续工作 2h
- 功率:具体见施工图
- 工作电压:0~380V
- 额定风量风机效率>75%
- 额定状态电机效率>90%
- 其工作点应远离喘振区
- 电机选型应满足于 0~50Hz 的任何频率的运行要求

## 905.04  隧道照明系统

1. 系统构成

隧道照明的主要内容包括视觉特点、照明设计、照明计算、照明灯具等。

2. 系统功能

公路隧道的照明系统,是为了把必要的视觉信息传递给驾驶员,防止因视觉信息不足而出现交通事故,从而提高驾驶上的安全性和增加舒适感。隧道照明与道路照明的显著不同是白天也需要照明,而且白天照明问题比夜间更加复杂。为了提高这一瓶颈路段的通行能力,确保安全行车,需要设置点光照明系统。隧道照明的主要内容包括视觉特点、照明设计、照明计算、照明控制、照明供电和照明经济分析与节能等。

3. 技术参数

照明灯具是隧道照明系统组成的硬件部分,是实现隧道智能照明、保证安全行车的基础部分,应能满足以下技术要求:

(1)高压钠灯隧道灯技术要求:

a. 采用公路隧道专用的高压钠灯;

b. 灯具光通量:

  400W,48000lm

  250W,28000lm

  150W,16000lm

100W,9000lm

　　70W,6600lm

c. 隧道高压钠灯具必须通过国家 CQC 认证;

d. 使用寿命:≥24000h;

e. 适应电压:220V±10%(启动并运行);

f. 防护等级:IP65;

g. 灯具外壳:不小于 2.5mm 厚的整块高压铝合金板(含铜量<0.4%)冲压而成;

h. 反射器:厚度不小于 0.8mm 高纯度铝板制成,结构坚固,能经受清洗,搬动不变形;

i. 玻璃面罩:不小于 5mm 厚的不散光耐温钢化玻璃,透光率≥95%;

j. 外壳打开方式:前开门式。

(2)LED 隧道灯技术要求:

a. 光源

(a)LED 芯片的发光效率不小于 130lm/W;

(b)光源寿命:≥50000h;

(c)光源在额定功率条件下,经 50000h 光通量衰减应不大于初始值的 30%。

b. LED 灯具

(a)光学性能

· 公路隧道 LED 照明灯具的主波长:白光范围

· 显色指数≥70Ra

· 色温:4000~6500K

· 灯具用于单洞两车道隧道时,横向光束角不小于 70°。灯具用于单洞三车道隧道时,横向光束角不小于 75°

· 灯具整灯光效≥90lm/W

· 光通维持率:3000h:≥96%;6000h:≥92%;10000h:≥86%;

· MTBF:≥20000h

(b)电气性能

· 公路隧道 LED 照明灯具在 -25~+55℃工作环境温度和 AC 90V~264V 工作电压下保证可正常启动并持续正常工作

· 灯具的噪声指标在距灯具 1m 距离处低于 55dB

· 防护等级:IP65(包括内置驱动电源)

· 灯具点燃启动时间:瞬时

· 谐波电流限值:符合 GB 17625 的要求

· 浪涌试验:符合 GB 18595 的要求

· 骚扰电压:符合 GB 17743 的要求

· 湿态介电强度:能承受交流 50Hz、1500V(有效值)试验电压历时 60s 无击穿或闪络现象

·湿态绝缘电阻:用500V摇表测量湿态绝缘电阻不小于2MΩ

·接线方式:单相三线制(含专用接地线)

(c)散热性能

·公路隧道LED照明灯具具有良好的散热性能,为LED提供持续稳定的工作环境,防止LED短暂性光衰,控制LED寿命性光衰

·灯具中LED底座与铝基板之间必须采用散热可靠的焊接方式和焊接材料

·灯具在正常工作环境温度和工作状态下LED的PN结温度不大于85℃

·LED灯具在最大亮度状态下铝基板温升不大于40℃,灯体最大温升不大于30℃

·灯具中LED驱动电源在配接灯具负载时温升不大于30℃

(d)灯具结构

·公路隧道LED照明灯具应包括LED光源、LED驱动电源、灯体(包括底座、安装支架及安装附件)、散热体等主要部分

·灯具结构坚固耐用,能承受一定的机械应力和温度应力。灯具抗冲击性能符合GB 7000.1的要求。灯具支撑底座(含螺栓、螺帽、垫片)的承重能力大于三倍灯具重量

·灯具的安装和拆除方便,灯具的安装角度能灵活调整

·公路隧道LED照明灯具及电源外壳为密封式,由特设导线引入

·灯具接线穿过硬质材料时有保护措施,其保护标准执行《灯具一般安全要求与实验》(GB 7000.1)中的有关规定

·灯具以及电源的金属外壳及其接地装置在电气上形成整体,并便于安装时将其接地装置与隧道照明系统接地干线相连接

·灯具结构的标准和要求,除符合本标准外,还符合国家和行业现行的有关标准和要求

(e)灯具外观

·公路隧道LED照明灯具外形简洁、美观,灯具表面光滑,外观良好,无破损、划痕、裂纹、油漆脱落等缺陷,颗粒物与油烟免黏附性和可清洁性强

·灯具各部件齐全、完整,安装牢固,无影响性能的缺陷

·灯具及电源的壳体、灯具电缆接头和引入口等密封良好

·灯具各密封件耐高温,耐老化,密封性好,并方便更换

(f)安全性能

·灯具及电源的防护等级均必须达到IP65标准要求

·灯具的防触电保护应达到I类

·公路LED隧道照明灯具具有良好的防眩性能

c. LED电源

·额定工作电压:220V

·额定绝缘电压:500V

·额定频率:50Hz

- 额定功率因数:≥0.95
- 噪声<55dB(离灯具前、后、左、右1m处)
- 光源寿命:50000h
- 湿态绝缘电阻:用500V摇表测量湿态绝缘电阻不小于2MΩ
- 湿态介电强度:能承受交流50Hz,1500V(有效值)试验电压历时60s应无击穿或闪络现象
- 防触电保护类别:Ⅰ类
- 接线方式:单相三线制(含专用接地线)

(3)路灯

a. 照明设备应为适用于道路照明的类型。灯具应具有中国长城安全认证,并具有"国家灯具质量监督检验中心"出具的型式实验报告。光源、镇流器须有"国家电光源质量监督检验中心"出具的型式实验报告;

b. 照明设备应为符合施工图要求及满足《公路照明技术条件》(GB/T 24969)的要求;

c. 照明灯具效率大于0.7。灯具防护等级为IP65,带有散热器。高压钠灯光源应加电容补偿,补偿后功率因数大于0.9以上。散热器、补偿电容应安装在灯具壳体内;

d. 照明设备应为适应工作环境下的结构,灯具应设有水平和垂直调节装置,投射角度最终调整符合设计照度要求后,永久固定;

e. 玻璃制品应具有热稳定性,正常照明的工作温度下不受雨水的影响,玻璃应经过处理,当其意外破碎时将分裂成小碎片;

f. 内部配线在工作温度范围内应具有热稳定性;

g. 外部配线进口应密封以防止进入水气;

h. 反光器应为处理过的具有高亮度的铝制成。或是被认可经过使用以证明有优越反射性能的其他材料制成,反光率应大于85%;

i. 照明设备的灯具、部件的结构和强度应能经受住50m/s的风速;

j. 所有灯具应能在额定电压220V波动范围的+5%~-8%内启动并运行;

k. 所有灯具应能在-20~+40℃环境温度下正常使用;

l. 普通路灯杆体为钢结构,采用圆锥形或多边形,一次成形,壁厚不小于4mm,表面为热浸镀锌处理。镀锌量为600g/m²,即锌层厚度85μm;

m. 结构设计风速为50m/s。结构设计焊接工艺应符合相应的国家标准;

n. 灯柱应完整地运到现场,漆层不能因切割、焊接和连接而产生损伤;

o. 灯柱应设有被认可的永久性编号;

p. 路灯灯柱接地电阻不大于10Ω。

(4)智能照明控制装置

每条隧道设置一套智能控制系统,智能控制系统包含所有安装于本隧道低压配电柜内的智能控制器及相应附件,每台智能调光控制器控制的灯具数量不宜超过200盏,任意一台智能调光控制器不应跨变压器安装和工作,智能控制器具体技术要求如下:

a. 智能控制器下行通信应具有多种通信接口；

b. 应具有时序调度、天文时钟、电量采集、电能监测、报警处理、数据记录、历史查询等应用程序功能；

c. 应具有控制策略存储和自动执行功能；

d. 具有电能表、门磁、光度计、车流量传感器等外部设备接入、自动驱动和管理等功能；

e. 支持多种通信协议；

f. 智能控制器能支持多种移动智能终端接入功能，实现开灯率、节能量、故障数据的移动采集和浏览；

g. 智能控制器具有自动和手动控制模式切换功能，当切换到自动模式时，隧道灯的控制、数据采集与故障报警等功能应自动执行。

## 905.05　隧道消防系统

1. 系统构成

本标段隧道，设置用干、湿混合消防，也就是水成膜泡沫、消防栓消防系统结合干粉灭火器综合消防。

隧道内水消防系统：在车行方向右侧的每个干式、消火栓混合消防洞室内设置消火栓系统（包括水枪、水龙带、消防卷盘、消火栓等）、水成膜泡沫系统（包括喷枪、泡沫罐、橡胶软管卷盘等）以及干粉灭火器，在隧道洞外洞口处设置地上式消火栓和自动排气阀等。隧道内部超过设计工作水压段设置减压阀。

2. 系统功能

隧道存在着火灾危险性，为预防和减少隧道火灾危害，必须针对隧道火灾的特点，确定隧道消防的技术要求。

3. 技术参数

（1）消火栓系统

室内消火栓的技术要求如下：

a. 室内消火栓应符合《室内消火栓》(GB 3445)的有关规定；

b. 内消火栓 SN65 可与 SN25 一同使用；

c. 消火栓水枪应符合《消防水枪》(GB 8181)的有关规定；

d. 消防水龙应采用内衬里的消防水带，每根水带的长度不应超过25m，SN25 的消火栓应配置消防软管，软管内径不应小于19mm；

e. 消火栓、水龙带和水枪的匹配宜符合下列规定；

f. 当消火栓的出流量为 5L/s 时，SN65 的消火栓配 $\phi16mm$ 的水枪，$\phi65$ 的衬胶水带；

g. SN25 消防软管卷盘胶管的内径宜采用 $\phi19$ 或 $\phi25$，并配有 $\phi6$ 的水枪；

h. 旋转栓其内部构造合理，转动部件选材恰当，并保证旋转可靠无卡塞和漏水现象；

i. 减压稳压消火栓其内部构造合理，活动部件选材恰当，并应保证可靠无堵塞现象，且减压稳压消火栓在各种供水工况下应保证出水口压力。

(2)水成膜泡沫系统

a.水成膜泡沫灭火装置的设计应符合现行国家标准《低倍泡沫灭火系统设计规范》的规定。水成膜泡沫混合液的浓度宜为3%,喷射距离不应小于6m,连续喷射时间不应小于22min;

b.水成膜泡沫灭火装置应安装在隧道侧壁的箱体内,其箱体尺寸和安装高度应与消火栓箱协调;

c.水成膜泡沫灭火装置的设置间距不应大于50m,并应设置明显的反光指示标志;宜具有箱门启闭信号反馈功能。

(3)干粉灭火器

在消火栓洞室内设置3具8kg磷酸铵盐干粉灭火器(MF8型)。

(4)地上式消火栓和水泵接合器

a.在隧道洞外洞口处设置地上式消火栓,主要用于消防车补水;

b.消火栓设计流量不小于10L/s;

c.地上式消火栓和水泵接合器(包括阀门、止回阀、安全阀,详见国标99S203—18)带明显地面标志。

(5)水泵、配电及控制系统

a.水泵

(a)本标段消防水泵参数

·扬程:详见招标清单

·流量:详见招标图纸

·功率:详见招标清单

(b)水泵综合电器控制柜及相应线缆

消防水泵综合电器控制柜要求实现功能:

·对消防水池的液位控制;自动/手动控制,故障显示,信息上传、声光报警接口。

·消防水泵综合电器控制柜上传隧道监控所信息包括:自动手动状态,故障状态。监控所监视不做控制,可通过值班电话与水泵房联系。

b.高、低位消防水池液位仪

系统设置高、低位消防水池液位仪各1台,其技术指标如下:

·测量范围:500~6000mm

·测量精度:±10mm

·输出:开关信号

·防爆等级:dIIBT4-1

(6)给水管线

a.隧道消防给水管道应布置成环状。环状管网的进水管不应少于2根,当其中一根发生故障时,其余进水管应能保证消防用水量和谁呀的要求;

b.给水管道应采用阀门分成若干独立段,每段内消火栓的数量不宜超过5个,阀门宜

采用启闭信号反馈功能的信号阀门;

c. 隧道内给水管道应在最高部位设置自动排气阀,应根据需要设置管道伸缩器;

d. 消防给水管道应采用内外镀锌管道、无缝钢管;管道连接应采用螺纹、沟槽式管接头或螺纹法兰连接。

(7)防火门

a. 木质防火门

(a)材料与配件:木质防火门应采用窑干法干燥木材,含水率不应大于12%,除受条件限制,除东北落叶松、云南松、马尾松、桦木等易变形的树种外,可采用气干木材,其制作时的含水率不应大于当地的平衡含水率。填充材料应符合 GB 5464 第7条规定。五金配件应是国家消防检测机构检测合格的定型配套产品(配件有防火铰链、防火锁、闭门器、防火插销等);

(b)木质防火门必须开闭灵活(在不大于 80N 的推力作用下即可打开),并自行关闭的功能。单扇防火门应设置闭门器,双扇设闭门器、顺序器(常闭防火门除外);

(c)防火门必须向疏散方向开启,常闭防火门应具有永久性明显标示和自行关闭能力;

(d)门框与门扇搭接的裁口处宜设密封槽,槽内应嵌装由不燃性材料制成的密封条;

(e)镶玻璃的防火门,按防火等级配置不同耐火极限的防火玻璃;

(f)门框及厚度大于 50mm 的门扇应采用双榫连接,框、扇拼装时,榫槽应严密嵌合,应加胶榫接;

(g)在门制成后应立即刷一遍底漆(干油性),防止受潮。在一般情况下应先安装门框,然后安装门扇;

(h)木质防火门应具有足够的整体强度,门内填充料不应出现开裂或脱落现象;

(i)木质防火门表面防火漆应符合 GB 50210—2001 有关章节的规定;

(j)外观质量:

· 表面应净光或砂磨,并不得有刨痕、毛刺和锤卯;

· 框、扇的线型应符合设计要求,割角、拼缝应严密平整;

· 小料和短料,胶合板及纤维板不允许脱胶,胶合板不允许刨透表层单板和楂。

(k)木质防火门制作尺寸允许偏差:

| 项次 | 项目名称 | 构件名称 | 极限偏差(mm) |
|---|---|---|---|
| 1 | 翘曲 | 框 | 3 |
| | | 扇 | 2 |
| 2 | 对角线长度 | 框、扇 | 2 |
| 3 | 高、宽 | 框 | 0　-2 |
| | | 扇 | 0　2 |
| 4 | 口、线条和结合处 | 框、扇 | 1 |
| 5 | 冒头或榫子对水平线 | 扇 | ±2 |

(1)门安装允许偏差:

| 编 号 | 测 量 项 目 | 公差(mm) |
|---|---|---|
| 1 | 框的正、侧面垂直度 | ≤3 |
| 2 | 框对角线长度 | ≤3 |
| 3 | 框与扇接触面平整度 | ≤2 |

b.钢制防火门

(a)技术要求分类

·防火门耐火时间:甲级不低于1.5h、乙级不低于1.0h、丙级不低于0.5h

·门扇厚度:甲级不低于50mm、乙级不低于45mm、丙级不低于40mm

(b)加工尺寸允许最大偏差

·钢质防火门门框材质:不小于1.2mm厚镀锌钢板(高度2.1m以上门或宽度1.2m以上门钢板厚度不小于1.5mm)

·钢质防火门门扇材质:不小于1.0mm厚镀锌钢板

·钢质防火门加固件材质:不小于1.2mm厚钢板,如有螺栓孔 厚度不小于3.0mm

·填充物:符合环保要求和规范要求的防火填充材料(如门扇内填充珍珠岩防火材料、门框内填充水泥类防火材料);提供国家相关部门颁发的检测合格报告

·密封要求:门框设置密封槽,槽内镶嵌耐火阻燃的防火膨胀胶条;防火膨胀胶条膨胀性能:在升温100℃膨胀扩大2~3倍。耐温性:温升至980℃时,不燃烧、不灰化、耐酸、碱、水性;浸泡72h以上,无溶蚀、无溶胀,重量变化率小于6%。提供国家相关部门颁发的检测合格报告

·所有防火门除管井门以外均设顺序自动闭门器,闭门器安装要结合实际。防火门均向疏散方向开启

·在闭门状态下,门扇与门框贴合,门扇与门框间的两侧缝隙不大于3mm,上缝隙不大于3mm,双扇门中缝间隙不大于3mm

·门框采用整体结构,折弯气密压槽与门框用一块钢板一次成型,经数控折弯自动定位,强度高定位准确;门框采用镶嵌式气密条结构,开启关闭无噪音,气密性好

·2400mm高度以内的门扇需配置3块以上304号不锈钢合页

·加工要求:门及门框应当坚固、刚硬、外观整洁无缺陷;按要求加强门角,以避免扭曲或者下垂;外露表面无翘曲、波折、皱折、可见凹凸、擦痕等缺陷,门角方正,所有焊点焊接牢固,焊点分 布均匀,不得出现假焊和烧穿现象,外表面塞焊部位应平整

·钢质防火门表面采用静电粉末喷,亚光效果;漆要求涂层均匀,平整,光滑,不得有堆漆、麻点、气泡漏涂以及流淌等现象

(c)安装要求

·正式制作、安装前应到施工现场认真复核防火门位置、数量和尺寸,并对最终制作数量和尺寸负责(制作前对洞口进行复核,并把拟制作的门加工的实际尺寸,交甲方审核,确认后方可制作)

·划线定位:按设计图纸规定的尺寸、标高和开启方向,在洞口内标出门框的安装位置线。立框校正:门框就位后,应校正其垂直度(门框与地面不垂直度,应不大于2°)及水平度和对角线,按设计要求调整至安装高度一致,与内、外墙面距离一致,门框上下宽度一致

·连接固定:门框用螺栓临时固定,必须进行复核,以保证安装尺寸准确;

·门安装时,要将门扇装到门框后,调整其位置以及水平度

·门框安装:门框安装前,须进行现场尺寸测量,并与图纸及有关设计变更校对、复核及技术交底,确定开启方向,门框的安装要严格遵守设计和相关的规范要求。根据门框不同的结构,将门框周边缝隙全部用水泥砂浆添实,抹平(回标时各单位除施工组织设计外,另附详图制作拼装,施工工艺说明,及框与墙体固定方法)

·门扇、五金配件的安装:施工前应仔细检查门框槽口,不得存留异物,胶缝应横平竖直,保持整体一致,五金配件应安装牢固、无松动、开启灵活

(8)消防水池

消防水池的设置应符合下列规定:

a.消防水池的有效容积应满足火灾延续时间内隧道消防用水量的要求。Ⅰ级长隧道和特长隧道的火灾延续时间不应低于3h,其余隧道的火灾延续时间不应低于2h。设置间距较近的隧道群,可共用消防水池,但应确保可靠供水。消防水池的有效容积应满足火灾延续时间内消防用水量最大的隧道的灭火要求;

b.消防水池的补水时间不得超过48h;

c.当消防用水与其他用水共用水池时,应采取确保消防用水量不被挪作它用的技术措施;

d.应设置水位显示控制装置,消防水池的水位数据应能反馈到隧道消防控制中心;消防水池外应能进行现场水位观测;

e.消防水池设置在山体上时,其选址和结构设计应考虑地震、山体滑坡等自然灾害和地质条件的影响,应确保其安全性和稳定性;严禁将消防水池设置在滑坡体和地震断裂带上;

f.寒冷地区的消防水池应有防冻措施。

## 905.06 隧道供配电系统

1.系统构成

隧道供配电系统由隧道变电站高低压成套开关柜、变压器、应急电源(EPS)、箱式变电站、柴油发电机组及电力监控系统构成。

2.系统功能

隧道供配电系统为隧道提供电力支持与保障。

3.技术参数

(1)电缆

a.本章包含本合同所需的所有电力电缆及其支持设备、辅助设备、电缆附件和所有

完整安装所必需的零件的供应、安装、检验的技术标准和测试方法。

b.所有选用的各种电缆型号、规格详见设计图。各类电缆应按中华人民共和国国家标准(GB)或相适应的有关国际标准进行设计、制造、安装和检验。

c.投标人所选用的电缆、电线制造商必须是国家经贸委公布的《全国城乡电网建设与改造所需主要产品及生产企业推荐目录》中具有 10kV 或以上生产能力的电缆生产企业。

d.电缆结构设计、物理电气性能按 IEC 802,GB 9330 执行;电缆耐火试验按 IEC 331 执行,电缆成束燃烧试验按 IEC 332-3 执行,电缆绝缘垫层、护套氧指数的测试按 GB 2406 执行。

e.电缆类型。

(a)隧道风机用动力电缆(变电站至风机控制箱)、隧道照明(变电站至照明配电箱)、隧道检修插座电缆(变电站至各插座)均采用 WDZ(N)-YJY-1kV 电力电缆(铜芯低烟无卤阻燃(耐火)交联聚乙烯绝缘聚乙烯护套电力电缆),电缆的各种性能均应满足有关的国家标准(GB 12706)或 IEC 标准;

(b)洞外引道照明采用 WDZ-VV22-1kV 电力电缆(铜芯低烟无卤阻燃聚乙烯绝缘及护套双钢带绕包铠装型电力电缆),隧道照明配电电缆(照明配电箱至照明灯具间)、风机控制箱引至风机、隧道应急照明电缆(照明配电箱至应急照明灯具间)采用 WDZ(N)-YJY-1kV 电力电缆(铜芯低烟无卤阻燃(耐火)交联聚乙烯绝缘聚乙烯护套电力电缆),电缆的各种性能均应满足有关的国家标准(GB 12706)或 IEC 标准。

f.电缆接头及附件。

(a)所有电缆接头及附件均应采用辐射交联热收缩材料,其他电缆的接头方式需要经过监理工程师审定。不管采用何种方式,其绝缘强度均不应低于各电缆原有绝缘水平;

(b)电缆接头的绝缘材料颜色与电缆外壳颜色相同。

g.电缆敷设。

(a)所有电缆在交货时都应绕在坚实的电缆盘上。电缆头应予有效密封,以防止潮气侵入。

(b)承包人应按土建施工单位提供的预埋预留竣工图重新核算设计施工图中标出的电缆实际长度、考虑施工富裕度和接头缆线长度,计算出每条电缆的长度,向电缆厂提供出电缆制造长度的要求。

(c)所有电缆应按图纸所示的方式敷设,所有电缆均应敷设在电缆管道、沟或穿在保护管内。在敷设前,所有后序工作须经监理工程师同意。

(d)电缆敷设期间应采用一切必要的预防措施以防机械损伤。

(e)通过正确的人工方法,从电缆盘上进行电缆敷设,自始至终使用滚子导向用手拉出电缆,不得使用电缆绞车。

(f)所有电缆敷设应与国家标准或相适应的 IEE 线路标准相一致,特别是在电缆转弯处,其电缆弯曲半径与电缆外径的比值,不应小于国内标准或相适应的 IEE 线路标准所规定的数值,在钢管内敷设的电缆,不得在管内接头。

(g)电缆要敷设整齐,尽量避免交叉,固定不得损伤绝缘;电缆不应敷设在边缘的凸出部分上,并且不得弯折或扭曲,以免损伤。

(h)所有电缆线夹和电缆固定件的设计应能保证能承受最大的短路电流所产生的电动力,并能支撑电缆的重量。

(i)根据敷设地点的具体条件,所有电缆线路应按规定在电缆终端和接头附近留出适当的电缆长度,做电缆终端和接头所预留的长度按实际值计量。

h.电缆连接。

(a)所有电缆在两端点之间,一般应连续敷设,中间没有接头,如果由于长度原因或电缆线路类别的原因认为无分支连接是必要的,那么在施工前,对要采用电缆连接方式应提交批准。没有监理工程师的书面批准不准敷设接头;

(b)连接点的设置,其机械及电气性能应良好,防止机械性损伤和任何可能产生的振动,紧固件不得有任何明显的机械变形,以及不得有损伤电缆的导线;

(c)电缆的敷设合同单价含电缆中间接头以及电缆终端头的制作,同时也包括电缆施工用穿刺绝缘线夹、电缆沟盖板的翻覆,业主不再另行支付。

(2)隧道内的照明配电箱、风机控制箱的技术要求

a.隧道内的照明配电箱、风机控制箱(含内部电器),将引入隧道内的低压电源,分配给隧道照明灯具、检修插座、射流风机等用电设备;

b.额定电压:交流380V和220V。额定频率:50Hz;

c.所有低压电器及附件的应用标准和规定,按有关国家标准执行;

d.所有箱体外壳应用2mm厚的不锈钢板制造,构造坚固,并配以活盖板,隧道内柜体须完全防水防尘(达到GB 4028及GB 7001标准要求的IP55级)。防触电类别为Ⅰ类。所有钢件及钢板应热镀锌。锌层厚度不小于85μm。螺栓、插销、铰链等均应用不锈钢制造。外壳应适合表面固定,便于安装和维修。底部、顶部应按照施工需要备有适当的冲压孔,以便端接电缆预埋钢管,其孔洞应能密封。每根电缆与外壳的连接处,应有防水电缆密封装置。室门采用不锈钢板(0.8mm厚、亚光)饰面的甲级钢质防火门,平开式,其制作应符合消防相关规范的要求。风机控制箱应增加一内面板便于安装风机控制按钮;

e.隧道内的配电设备,应由专业化配电箱厂生产,按经监理工程师批准的设计图制造、组装及测试,在机械结构方面和厂家标准相同,所有材料及制造工艺,除设计图及本规范另有规定外,均应符合有关的国家标准(GB或JB)的规定;

f.照明配电箱、控制箱应按设计图标出的尺寸和电气原理图制造,应配齐设计图中所有的电器元件及附件,构成一个完整的配电装置;

g.所有箱体应设接地螺栓,以便与接零干线或接地干线可靠连接;

h.风机控制按钮应布置在控制箱内面板上。按钮应设计采用蘑菇头状的、旋转解锁掌推操作式按钮。按钮开关应为金属包层型,火灾时能在250℃温度条件下作用1h;

i.柜内主要器件:

配电柜、风机控制柜配置的重要电器器件,应选用优质产品。

j.M.C.B断路器:

(a)电气特性

・符合标准:GB 14048.2;GB 14048.4 等标准
・额定工作电压:≥380V AC
・额定绝缘电压:≥660V AC,50Hz
・极限分断能力:≥50kA/400~415V
・操作方式:手动
・安装方式:固定式
・塑壳触头电流≥160A

(b)控制单元

・凡设计系统图中有遥测功能要求的,采用能遥测电流及开关状态功能的附件及热敏电磁脱扣器,无遥测功能要求的,采用热敏电磁脱扣

・保护功能
・过负荷保护(热保护)
・短路电流保护(电磁脱扣器)

脱扣要求
・过载长延时
・短路短延时
・短路瞬时

・各脱扣器的脱扣电流均为可调式,并具有级差配合的条件,带有与门机械连锁的旋转式操作手柄

k.其他功能:

(a)断路器应为模块化结构,附件为标准化

(b)塑壳断路器应为抗湿热型产品

(c)电动机出线回路应选用有电动机保护特性的塑壳断路器

l.接触器:

(a)接触器应按 IEC 947-4 标准设计与制造

・额定电压:AC 380V

(b)结构特点

・安全性能好,导电部件不外露
・体积小、重量轻,灭弧罩材料采用不饱和树脂,而弧性好,不会碎裂
・灭弧室呈封闭型,飞弧距离小,可缩小电气箱体尺寸
・主触头系统结构独特,触头磨损小,电寿命增加;机械寿命大于 1000 万次,电气寿命大于 120 万次
・操作频率大于 750 次/h

(3)接地

a.所有与高、低压电气设备有关的及其他金属元件(带电结构除外)都应按照 GBJ 65 和 GBJ 232 以及 IEC 标准的有关规定,牢固有效地接零和接地,并进行等电位连接,构成等电位接地系统;

b. 接地装置：

（a）接地装置除利用自然接地体外，还应敷设人工接地网，并进行等电位连接布置，尽可能降低接触电势和跨步电势；

（b）接地装置的接地电阻，应保证在土壤的季节变化的最大值符合规定，接地装置施工时应与土建工程密切配合，以保证埋设深度；回填土时，应先填细土，保证接地良好；在高土壤电阻率条件下，可采用降阻剂或填充电阻率较低物质；

（c）人工接地体的材料、水平敷设采用扁钢、垂直敷设采用角钢，接地装置的导体截面应符合热稳定与均压的要求；

（d）所有接地装置的金属钢件，均应热镀锌；

（e）钢接地线连接处应焊接，可采用螺栓连接并应设防松螺帽或防松垫片、采用螺栓连接时，无论是钢与钢、铜与钢或是钢与铜之间，其搭接面必须搪锡，以防锈蚀，保证接触良好；

（f）所有金属套管和电缆外皮的两端应接地；

（g）直接接地的变压器中性点以及电气设备外壳与接地体或接地干线连接应采用单独的接地线，与电气设备外壳连接的分支接地线，一般为铜线，与接地干线的连接采用连接板或直接用螺栓连接。

c. 变电站的接地及等电位连接

（a）围绕变电站房屋四周，作闭合的接地装置，接地电阻应不大于 $4\Omega$、变电站的高、低压配电装置、变压器、电容器、UPS 屏；镉镍蓄电池屏等设备的基础型钢与接地装置，不少于两处有可靠连接。从低压配电屏的两端至少各引出 1 根接地扁钢，1 端与 PE 母线可靠连接，另一端与接地装置可靠连接，低压配电屏内 PE 母线和 N 母线作 2 处可靠连接；

（b）从隧道变电站的接地网引出接地扁钢 40cm×4cm 沿隧道两侧电缆沟全线敷设，作为隧道设施的公共保护线，所有设备金属外壳、金属框架都与该保护线（PE 线）相连接；该保护线在隧道洞口处应重复接地，接地电阻不大于 $10\Omega$。如隧道两侧均有隧道变电站则此保护线应与另一隧道变电站引出的接地保护线作可靠焊接；

（4）电缆桥架及电缆沟支架

a. 电缆桥架安装在隧道内两侧，高度在隧道灯上方。

b. 电缆支架安装在隧道两侧电缆沟内采用膨胀螺栓明装与电缆沟侧壁上。

c. 电缆桥架及支架的安装及验收，必须按照《电气装置安装工程施工及验收规范》（GB 50254）、设计施工图及本技术规范的规定执行。

（5）高压开关柜

本技术要求用于本项目隧道变电所中的高压开关柜，它对 10kV 高压开关柜设备的设计、制造、试验安装和调试等提出了最低要求。

产品除应满足有关国家标准外，还应满足以下行业标准：

·《3～35kV 金属封闭开关设备》（GB 3906）

·《户内交流高压开关柜订货技术条件》（DL 404）

·《户内交流高压开关柜和元部件凝露及污秽试验技术条件》（DL/T 539）

·《高压开关柜设备的共用订货技术导则》(DL/T 593)

a. 使用条件
- 环境温度:-40~+40℃
- 相对湿度:月平均相对湿度不大于90%
- 日平均相对湿度不大于95%
- 地震烈度:8度
- 污秽等级:3级
- 防护等级:IP 67
- 熔丝筒:IP 67
- 年泄漏率:0.25‰/年

b. 系统说明

(a)本设备用于本项目各隧道变电所的高压配电系统;

(b)本高压开关柜应是一台或多台高压开关电器及其保护和控制装置的组合,同时包括控制、测量、信号指示和附件以及所有内部电气和机械的连接;

(c)高压控制装置包括高压一次设备(如真空断路器、熔断器、全封闭式电缆头、外置母线等)和二次系统,按标书中所附系统图的要求,将有关的一、二次设备组装在封闭的金属柜内。

c. 高压开关柜的总体结构

所有的一次带电部分(负荷开关、真空开关、母线等)均被封闭在气室中,不受任何外界环境(湿度、盐雾、粉尘等)的影响,同时确保高可靠性的人身安全,开关柜不锈钢封闭气室部分,包括熔断器柜熔丝套筒在内,其防护等级达到IP67,气室采用2mm厚进口不锈钢板。利用上置扩展母线可以实现柜间全模块扩展。扩展母线为插拔式,完全绝缘和屏蔽,确保高可靠性并且不受外界大气环境影响。可以满足用户的各种方案要求。

d. 防腐及涂层

柜体材料可为优质覆铝锌板或不锈钢等具有防腐能力的材料。高压开关柜的柜体颜色要得到业主同意,并应符合技术规定相应要求。

e. 高压开关柜内的动力线

高压开关柜内的动力线应包括进线、出线的主回路,功能单元之间的相互联接,该系统应根据要求采用母排或电缆,适应每个装置的额定电压,额定电流和最大故障条件。

(a)母排:母线额定电流630A,采用全绝缘方式。开关柜内母线:400$mm^2$ Cu,开关柜接地母线:120$mm^2$ Cu,螺栓直径:M10。外置母线为全封闭全绝缘插拔式;

(b)电缆:电缆的链接采用全封闭全绝缘插拔式电缆头。其防护等级应达到IP 67。

f. 高压开关柜内的辅助导线

(a)联接控制、保护及仪表设备的小电流回路应为截面不小于2.5$mm^2$的多股铜导线,电压回路应为截面不小于1.5$mm^2$的多股铜导线,绝缘等级为0.6kV;

(b)柜内小线应整齐地排列夹紧;

(c)所有不与主回路连接的小线,应采用同一种醒目的颜色,并在端子处具有持久的

标记,符合国家有关标准;

(d)每一个功能单元或组件的柜内外小线必须在端子排上接口,并留有25%的备用端子。

g.高压开关柜的功能单元

(a)主要功能单元的技术要求

· 额定电流:630A

· 额定电压:12/24kV

· 电缆单元

· 额定电流:630A

· 额定有功负载开断电流:630A

· 5%额定有功负载开断电流:31.5A

· 额定电缆充电开断电流:135A

· 额定短路关合电流:63kA,peak

· 额定短时耐受电流:25kA

· 额定短路持续时间:1~2s

· 额定峰值耐受电流:63kA,peak

· 机械寿命:5000次

(b)负荷开关—熔断器组合电器单元

· 熔断器最大额定电流:200A

· 额定电流:100A

· 额定短路开断电流:25kA

· 额定短路关合电流:50kA,peak

· 额定转移电流:1400A

· 机械寿命:3000次

(c)真空开关单元

· 额定电流:630A

· 额定短路开断电流:20kA

· 额定短路关合电流:50kA,peak

· 额定热稳定电流:20kA

· 额定热稳定时间:3s

· 额定动稳定电流:50kA,peak

· 机械寿命:5000次

(d)保护继电器

保护继电器应与每个装置的特殊要求相匹配,每种型式应符合国家标准的有关要求。将高压柜的开关状态、故障信号,通过干触点的形式反馈给交通监控系统。

(6)低压开关柜

本技术要求用于本项目隧道变电所中的低压开关柜、低压电容补偿柜,它对户内低压开关柜包括母线的设计、材料、结构、试验、技术文件等提出了最低要求。

技术标准

- GB/T 2900.18　　电工术语低压电器
- GB/T 1408.1　　低压开关设备和控制设备总则（等效 IEC 947-1）
- GB 7251　　低压成套开关设备（非等效 IEC 439）
- GB 13539.1　　低压熔断器基本要求（非等效 IEC 269）
- GB 14048.3　　低压开关设备和控制设备,低压开关、隔离器、隔离器开关及熔断器组合电器（等效 IEC 947）
- GB 14048.4　　低压开关设备和控制设备,低压机电式接触器和电动机起动器（等效 IEC 947）
- GB 14048.5　　低压开关设备和控制设备,控制电路电器和开关元件第一部分机电式控制电路电器（等效 IEC 947）
- GB 9446-88　　低压成套开关设备基本试验方法（非等效 IEC 439—85）
- ZBK 36001　　低压抽出式成套开关设备

a. 使用条件

- 环境温度：-5 ~ +40℃
- 相对湿度：95%（20℃时）
- 防护等级：IP54

b. 系统数据

- 400V,3 相 4 线,50Hz,中性点接地
- 电压变化范围：正常 ±10%,瞬时 -20%,频率变化范围 ±4%

c. 系统说明

(a) 本设备用于本项目隧道变电所的低压配电系统；

(b) 本低压开关柜应是一台或多台低压开关电器及其保护和控制装置的组合,同时包括控制、测量、信号指示和附件以及所有内部电气和机械的连接；

(c) 低压控制装置包括低压一次设备（如熔断器、断路器、接触器、热继电器等）和二次系统。按照本技术标书所附系统图的要求,将有关的一、二次设备组装在封闭的金属柜内,成为低压开关柜；

(d) 低压控制装置包括低压一次设备（如熔断器、断路器、接触器、热继电器等）和二次系统。按照本技术标书所附系统图的要求,将有关的一、二次设备组装在封闭的金属柜内,成为低压开关柜；

(e) 抽屉式柜采用抽屉式安装单元；

(f) 断路器安装方式：采用抽出式安装。

d. 低压开关柜总体结构

(a) 柜体外形尺寸应符合现有的配电室的尺寸位置；

(b) 全金属封闭,低压开关柜具有适合于固定安装所要求的承载结构,柜体可前后开门检修；

（c）抽出式低压开关柜应按系统电压400V设计,开关柜的设计和结构应符合GB 7252及当地供电部门的要求,应能承受住机械力、电动力和热力的影响;

（d）抽屉式开关柜的母线室、开关室、电缆室、控制室应按规定进行全隔离,柜内部的零部件尺寸、隔室尺寸实行模数化,同一规格的抽屉可以互换。每个抽屉只能装一个回路;

（e）固定式开关柜分为元件区、母线区,固定面板式安装;

（f）开关柜在工作状态及进行维修时,应防止操作人员与带电部分接触;

（g）防腐及涂层:金属结构件应进行防腐处理,防腐钢制件应光洁,除油渍;

（h）接地系统:应有贯穿于整个柜体排列长度的保护（PE）线,PE线截面应适合短路电流,金属柜体的各部分应与PE线有良好的接地连接,可抽出部分应通过插头、导体或弹簧形式在"连接"或"试验"位置同PE能连通;

（i）开关柜内的动力线:低压开关柜内的动力线应包括进线、出线的主回路、功能单元之间的相互联接,该系统应根据要求采用母排或电缆,适应每个装置的额定电压、额定电流和最大故障条件;

（j）柜的进出线要求:变压器主进开关的低压开关柜进线均为空气式封闭母线引自相邻布置的干式变压器。供货商应保证其柜顶的母线桥与变压器柜对接的可能（具体参阅有关图纸,封闭式母线桥属供货商供货范围）。低压开关柜电缆出线均为下出线;

（k）母排系统:

· 母排应是刚性、高导电的电解铜材料,符合国家要求

· 每根母排的截面在整个长度内应均匀,其截面应能承载连续的负载电流,主、分支母线应能承受由短路电流引起的动稳定

· 母排的接点应确保有效的导电和牢固的连接,母排结合部要镀银

· 三相母排分别为A、B、C,相色分别为A相黄色,B相绿色,C相红色

· A、B、C三相母排的排列应该是:

上下布置,由上到下排列为A、B、C相

水平布置,由柜后向柜面排列为A、B、C相

引下线布置,由左至右排列为A、B、C相

（l）中性和接地母排（N和PE母排）:提供满足系统要求的独立的中性的接地母排,并应做到钻孔两面导体紧固处不被绝缘漆覆盖,以保护良好导电;

（m）电缆:电缆仅用于低压开关柜内功能单元的相互连接,电缆应是硬拉的交联聚乙烯绝缘聚氯乙烯护套高导电的多股铜芯线,能耐高温并符合GB 12706有关标准。电缆应整齐地排列和牢固地支撑,以承受指定的故障条件;

（n）开关柜内的功能单元:

· 安装在低压柜内的电力设备应按相应用途选择,并应具有在图纸中所规定的电气及结构特性

· 所有设备应为新颖的,具有该种类第一流的质量,产品应由专业生产厂生产,保证质量及产品的合格额定值

·进线及出线的功能单元应结合所需的操作特点、辅件、联锁等,适合所需的额定电压、电流、寿命、开关容量及短路故障容量,装置的可抽出部件如断路器应有"接通"、"试验"、"隔离"、"移开"位置

e. 主要开关柜及柜内主要器件品牌

·型式:380/220V,全金属封闭开关柜,抽出式
·额定电压:≥380V AC
·额定绝缘电压:≥660V AC,50Hz
·工作频率:50Hz
·相数:3相
·主母线额定短时耐受电流:80kA/1s
·主母线额定峰值耐受电流:176kA/0.1s
·工频耐压:2500V,1min
·操作方式:ACB为电动与手动操作,MCCB为手动操作

开关柜配置的重要电器器件,应选用优质产品,且必须满足设计需求。

(a)回路主要开关电器配电
·受电主开关:框架式断路器(A.C.B)或电源自动切换系统(ATS)
·馈电开关:固定式塑壳断路器(M.C.C.B)

(b)A.C.B断路器
·电气特性
·符合标准:GB 14048.2标准
·额定工作电压:≥380V AC
·额定绝缘电压:≥660V AC,50Hz
·安装方式:抽出式
·操作方式:手动/电动(分励脱扣器)
·操作机构形式:弹簧储能(手动/电动)
·额定操作电压:DC 220V
·极限分断能力:65kA

控制单元

保护功能

·过载长延时脱扣:脱扣电流整定和脱扣延时时间可调节
·短路短延时脱扣:脱扣电流整定和脱扣时间可调节
·短路瞬时脱扣:瞬时脱扣电流可调
·接地故障脱扣和保护:脱扣电流和脱扣时间可调
·通信模块:必须满足本系统通信需求

(c)M.C.C.B断路器

电气特性
·符合标准:GB 14048.2;GB 14048.4等标准

- 额定工作电压：≥380V AC
- 额定绝缘电压：≥660V AC,50Hz
- 极限分断能力：50kA
- 极数：见系统图
- 操作方式：手动/电动（带远程电动操作机构）

控制单元
- 设计图中用于外场监控设备供电的回路，要求使用带脱扣辅助触点的断路器，且将辅助触点接线引至柜体端子排处

保护功能
- 过负荷保护（热保护）
- 短路电流保护（电磁脱扣器）

MCCB脱扣要求
- 过载长延时
- 短路短延时
- 短路瞬时
- 采用电子脱扣

各脱扣器的脱扣电流均为可调式，并具有级差配合的条件，柜上带有与门机械连锁的旋转式操作手柄。

(d) 电源自动切换系统（ATNS开关）

电源自动切换开关可以完成常用电源（市电）和备用电源（柴油发电机组）的自动切换。具备手动/自动/自投自复的功能。

电气特性
- 符合标准：IEC 60947-6-1《自动转换开关电器标准》
- 开关控制器额定工作电压：AC 380V/220V
- 频率：50Hz
- 操作方式：手动/自动
- 最小传输时间：800ms
- 极限分断能力：50kA

ATNS自动切换开关特性
- 系统包含配装电动机构的两台断路器，带机械联锁和电气联锁双重保护，防止在同一时刻二个电源同时投入
- 利用断路器的后备保护技术特性，大大提高了系统的极限分断能力
- 设有转换延时，避免电网电压波动时开关误转换
- 机械寿命长：(O-C-O循环) 5000次

ATNS开关的控制
- 控制器由电压鉴别，断相保护，延时，控制四部分组成
- 电压鉴别和失压、断相、欠压保护取样常用电源进线端，当常用电源电压正常，开关

工作在自动档时,无论备用电源控制断路器 Qr 处于"合"或"分"状态,都先完成 Qr 分,常用电源控制断路器 Qn 合,程序保证常用电源接通负载

·当常用电源出现故障(欠压、断相)失电跳闸时,ATS 开关延时 0.1~30s(时间可调),自动转换到备用电源供电

·当常用电源恢复正常时,ATNS 开关延时 0.1~180s(时间可调),再自动转换返回到常用电源供电

(e)接触器

接触器应按 IEC 947-4 标准设计与制造

·额定电压:AC 380V

结构特点:

·安全性能好,导电部件不外露

·体积小、重量轻,灭弧罩材料采用不饱和树脂,而弧性好,不会碎裂

·灭弧室呈封闭型,飞弧距离小,可缩小电气箱体尺寸

·主触头系统结构独特,触头磨损小,电寿命增加;机械寿命大于 1000 万次,电气寿命大于 120 万次

·操作频率大于 750 次/h

(7)变压器

本技术要求用于本项目隧道变电所,均选用非晶合金干式电力变压器。本节涉及到对变压器的设计、制造、安装和调试的最低要求。

a.技术标准

除本标书提出的技术要求外,所有设备还应符合不局限于下列标准的中华人民共和国标准(GB)。

本节的有关标准包括但不限于以下相应的 GB 标准:

·GB/T 16927.1　　高电压试验技术
·GB 1094.1　　　 电力变压器
·GB 1094.2　　　 电力变压器
·GB 1094.3　　　 电力变压器
·GB 1094.4　　　 电力变压器
·GB 1094.5　　　 电力变压器
·GB 6450　　　　干式电力变压器
·GB 4208　　　　外壳防护等级
·GB 7328　　　　变压器和电抗器的声级测定
·GB 10228　　　 三相空气自冷干式电力变压器技术条件
·GB 50150　　　 电气装置安装工程电气设备交接试验标准
·GB 50169　　　 电气装置安装工程接地装置施工及验收规范
·GB 50148　　　 电气装置安装工程电力变压器、油浸电抗器、互感器施工及验收规范

b. 主要技术指标

(a)电压:10/0.4kV;

(b)相数:三相;

(c)联结组别:D,yn11;

(d)冷却方式:AN(可配置冷却装置及相应的自动停、起设备);

(e)调压方式:无载调压;

(f)变压器在 GB 1094 规定的使用条件下,应能正常地满负荷连续运行并达到本说明中规定的负载及特殊要求;

(g)变压器在额定输出功率,施加电压在正常电压的±5%范围内波动时,变压器的温升限值等参数如下:

· 绕组温升,绝缘的耐热等级为 F 级,绕组平均温升不大于 100K

· 铁芯使相邻绝缘材料不损伤的温升

· 变压器的额定值、温升和超载应分别符合 IEC 76 和 IEC 146 以及 GB 1094 和 GB 6450 对电力变压器和交流变压器的有关要求

· 变压器应能在 GB 1094 规定的条件下,2s 钟内承受外部短路的动稳定效应和热稳定效应而不损伤

· 局部放电量:≤10PC

(h)变压器封闭箱(外壳):各变电所用的变压器应封闭在钢板箱内;

(i)变压器铁芯:铁芯片材料采用铁基非晶合金,并采用三相五柱式结构,铁芯四周采用框架结构保护,且保证非晶合金铁芯不受外力作用。安装铁芯的全部连接件都应是铁制件,所有的铸件在装进设备之前,应该清理并上漆;

(j)绕组和绝缘:

· 所有绕组都应在其连接线高压系统处完全绝缘

· 所有连接点的绝缘和机械支持能承受在运行时由于短路电流或其他瞬态条件产生的机械应力以及在运输途中产生的机械应力,高低压绕组按 GB 1094 进行短路试验时不应发生机械移动

· 绕组上的抽头布置,应尽可能使变压器的电磁保持平衡。而且还应考虑到外加绕组上的冲击电压,以 2.5% 的间隔至少有 5 档抽头

(k)冷却系统:变压器冷却方式为 AN(可配置冷却装置及相应的自动停、起设备),并配置智能温度检测控制装置和机械通风机;

(l)终端装置:变压器高、低压终端装置应便于硬母排系统的连接,并有允许安全检修的分接头转换装置、保护和监控设备。保护和监控终端装置应位于与主电源连接相隔的方便的地点,并且不需要切断动力电缆或母排就能方便地检修,终端装置的设计应能连接最小为 2.5mm、2500V 绝缘铜电缆。终端装置应满足高压母排上进(或电缆下进)、低压母排上出(应与开关柜承制商妥善协调);

(m)零件及附件:为确保变压器的正常安全运行,便于监视和检测、维护和修理,提高运行的可靠性,变压器应根据需要配备完整的高质量的零件和附件。零件和附件应包括

但不限于：
- 铭牌
- 端子标记板
- 变压器支架接地端子
- 变压器支架的起吊环
- 温度指示器

(n)油漆和面漆：油漆应符合一般要求和下列特殊要求：
- 所有的金属部件应彻底的清洗脱油处理，然后涂一层防锈底漆和二层瓷漆
- 变压器封闭箱应采用钢板，不涂油漆

(o)变压器的装卸、运输及检查、保管：
- 变压器装卸时，应防止由于卸载时车辆弹簧弹力而引起的变压器倾倒，卸车地点土质必须坚实
- 变压器在装卸和运输过程中，不应有冲击或严重振动情况；运输倾斜角不得超过15℃
- 变压器到达现场后，应及时检查：变压器器身及其所有附件应齐全；无锈蚀或机械损伤

(p)本体及附件安装：
- 变压器本体就位
- 变压器基础的轨道应水平，变压器须与封闭母线连接时，其低压套管中心线应与封闭母线安装中心线相符
- 密封处理
- 变压器的所有法兰连接处，应用耐油橡胶密封垫(圈)密封；密封垫(圈)应无扭曲、变形、裂纹、毛刺；密封垫(圈)应与法兰面的尺寸相吻合
- 法兰连接面应平整、清洁；密封垫应擦拭干净，安放位置准确；搭接处的厚度应与其原厚度相同，压缩量不宜超过其厚度的三分之一
- 温度计的安装
- 温度计安装前均应进行校验，信号接点正确，导通良好
- 变压器顶盖温度计座内应注以变压器油，密封应良好，无渗油现象
- 膨胀式信号温度计的细金属软管，其弯曲半径不得小于50mm，且不得有压扁或急剧的扭曲

(q)变压器联线
- 变压器的一、二次联线、地线、控制管线均应符合相应各章的规定
- 变压器一、二次引线的施工，不应使变压器的套管直接承受应力
- 变压器工作零线与中性点接地线，应分别敷设。工作零线宜用绝缘导线
- 变压器中性点接地回路中，靠近变压器处，宜做一个可拆卸的连接点
- 变压器附件的控制导线，应采用具有耐腐蚀性能的绝缘导线。靠近箱壁的导线，应用金属软管保护

(8)应急电源(EPS)

a. 技术标准

除本标书提出的技术要求外,所有设备还应符合但不局限于下列标准的最新版本。

- IEC 60896-21　　固定铅酸蓄电池
- GB 50157　　　 地铁设计规范
- GB 17478　　　 低压直流电源设备的特性和安全要求
- DL/T 459　　　 充电、浮充电装置技术标准
- GB 4942.4　　  低压电器外壳防护等级
- GB 50172　　　 电气装置安装工程　蓄电池施工及验收规范
- GB 17945　　　 消防应急灯具
- JB/T 7397　　　交流输出稳定电源
- GB 1497　　　　低压电器基本标准
- GA 54　　　　　消防应急照明灯具通用技术条件
- GB/T 3859.1　　半导体电力变流器
- GB 7260.3　　　不间断电源设备
- GB 3907　　　　工业无线电干扰基本测量方法
- GB/T 14715　　 信息技术设备用不间断电源通用技术条件

b. 总体要求

EPS需具备国家相关部委颁发的设备入网许可证的产品;EPS产品必须具有中国国家强制性产品认证检验(CCC)并获得相关证书并具有消防产品3C认证和电气设备XL-21型产品3C认证。

由于本项目隧道中主要为应急照明灯,因此要求备用电源保证高可靠性的快速切换时间。

同时要求EPS具有正常工作时效率高、使用寿命长、负载能力强、抗过载能力强、适应隧道等恶劣工作环境等突出特点。此外它还要具有完善的对自身(含电池)的监控功能以及远程在线实时监控功能。

c. 主要组成部分及功能

应急照明电源EPS为工业级成套设备,主要包括:整流/充电器、蓄电池、逆变器(带输出隔离变压器)、监控装置及配电单元等。

d. 主要技术参数及性能

- 工频耐压2kV,50Hz
- 输入电压(三相四线制)AC 380V±10%
- 输入频率50Hz±5%
- 输出电压(应急时)AC 380±5%
- 输出频率(应急时)50Hz±1%
- 噪声(1m处)电网有电时,静置无噪音,无市电时不大于55dB
- 逆变效率≥90%

- 市电供电转应急供电的切换时间≤3ms(要求出具相应国家级检测报告)
- 输出波形为标准正弦波,正弦波失真度≤3%
- 负载下平衡能力(最大相电流为额定电流$I_{max}/I_{min}$)120%
- 过载能力120%,正常运行150%,工作时间1min
- 应急供电时间60min
- 温升符合 IEC 947-1 有关温升的规定。
- 连接外部绝缘导线的端子不大于70K,母线固定连接处(铜-铜)不大于50K,操作手柄,金属材料制成的不大于15K,绝缘材料制成的不大于25K,可接触的外壳和覆板,金属的表面不大于30K,绝缘的表面不大于40K。
- 主机设计寿命(蓄电池除外) 不低于20年
- 外壳防护等级 不低于IP30
- 保护 短路保护,过流保护,缺相可运行
- 运行环境 温度:-20~45℃,相对湿度:0~90%,

e. 技术要求

(a) 整流/充电器

充电电源选用高频开关电源1+1冗余充电模块,给电池进行充电,能实现电池的智能均浮充管理。充电器的容量应满足系统运行要求。充电模块应具有以下功能:

- 自动均浮充电压转换
- 可脱离监控单元独立运行
- 限流充电功能
- 防止蓄电池过充的功能
- 短路、过流、欠压、过热等自动保护功能
- 蓄电池充电电压根据温度自动补偿
- 良好的可互换性(1+1冗余)

(b) 蓄电池组

- 采用12V阀控式密封铅酸电池
- 蓄电池的浮充设计寿命不小于10年
- 80%放电深度的循环次数大于200次
- 蓄电池要便于存储,自放电率每月不大于2%
- 蓄电池室内温度在-10~+50℃时仍能满足照明应急电源满负荷供电要求
- 蓄电池间接线板、终端接头应选用导电性能优良的材料、并具有防腐蚀措施
- 蓄电池外壳无变形、裂纹及污渍;极性正确,正负极性及端子有明显标志,便于连接
- 蓄电池组采用相互隔离输出方式工作,可多组并联输出,无电池环流

(c) 逆变器

逆变功率模块必须采用高品质性能良好的成熟产品,可将电池组的直流电变为三相正弦交流电。逆变器的容量应满足系统运行要求。逆变器具有以下功能:

- 逆变器适应各类照明负荷(感性、容性及非线性负荷)供电,负荷功率因素范围为

0.8~1
- 逆变器的工作效率大于90%
- 逆变器应设有滤波器,把总谐波畸变率限制在3%(100%非线性)以下
- 逆变器的每桥臂应设有保护,以防止因过流损坏逆变器桥臂的固态板
- 逆变器的输出回路应设有熔断器或断路器等过流保护装置
- 熔断器应设有熔断指示,以便维修人员进行维修和维护
- 逆变器输出设隔离变压器

(d)静态开关
- 为保证系统可靠及系统节能要求,EPS设备必须选用后备工作模式
- 市电供电转应急供电的切换时间要求不大于3ms
- 切换部件选用STS(静态开关)
- 要求出具相应国家级检测报告
- 系统要求具备手动旁路保护功能

(e)监控装置

照明应急电源系统应自带监控装置,其主要功能如下:
- 监控装置能自动和手动管理应急电源装置的运行
- 应急电源装置柜面板设LCD显示屏,显示面为汉化界面,可显示应急电源装置各部分(整流/充电器、蓄电池组、逆变器等)运行参数、运行状态、故障信息
- 监控装置具有故障自诊断功能,能定位到板级故障
- 监控装置具有历史故障记录存贮功能。能在设备故障后保存100条以上的故障信息
- 监控装置能在线自动检测单体电池的端电压等各种参数,并准确预报和报告电池的故障
- 监控装置能在线检测各馈出分回路的故障状态,如:开路、断路等

(f)信号显示与报警

应急电源装置通过照明应急电源监控装置或指示灯显示重要的信息并对所有故障报警。

在有报警发生时,显示板上应有声光报警信号,并能经复归后消除,复归方式可采取当地复归方式。

(g)接口与协议
- 应急电源装置应能进行通信,并免费提供相关协议。设备监控系统对应急电源装置的运行状态、故障状态进行自动监视。主要监视内容:主备电源运行状况,电池工作状态,故障状态(如:输入电源故障、逆变器故障、充电器故障、电池故障、输出开路或短路、监控装置故障等)
- 应急电源装置的通信口应采用标准、开放的通信协议,并满足系统功能和实时性的要求;监控装置内部必须有日历时钟功能,并能与接收上位监控系统发送的时钟信号,完成对时功能

- 应急电源装置同时备份必要的无源干接点,不少于 8 个

(9) 箱式变电站

a. 一般要求

(a) 技术标准(不仅限于如下):

- 《外壳防护等级(IP 代码)》(GB 4208),《3.6~40.5kV 交流金属封闭开关设备和控制设备》(GB 3906)
- 《额定电压 1kV 以上 52kV 以下交流金属封开关设备和控制设备》(IEC 62271),《高压交流负荷开关熔断器组合电器》(GB 16926—2009)
- 《3.6~40.5kV 高压交流负荷开关》(GB 3804)
- 《高压开关设备六氟化硫气体密封试验方法》(GB 11023)
- 《高压开关设备常温下的机械试验》(GB/T 3309)
- 《额定电压 1kV($U_M$ = 1.2kV)到 35kV($U_M$ = 40.5kV)挤包绝缘电力电缆及附件第 4 部分:额定电压 6kV($U_M$ = 7.2kV)到 35kV($U_M$ = 40.5kV)电力电缆附件试验要求》(GB 12706.4)
- 《高压开关设备和控制设备标准的共用技术要求》(GB 11022)

(b) 使用条件

- 环境温度:-10~70℃
- 相对湿度:<95%,20℃时

b. 箱体条件

(a) 户外箱体外壳用不小于 2mm 覆铝锌板,按终身使用设计,防护等级不低于 IP65,保证户外运行条件;

(b) 门、面板和房顶采用不小于 2mm 厚的覆铝锌钢板,外表面可另敷设必要的装饰材料,箱体零件应为钣金构件,相互之间为铆接或螺栓连接,不得采用焊接,薄弱位置及柜门应增加加强筋。箱体、柜门及铰链应有足够的机械强度,在起吊、运输、安装中不得变形或损伤;

(c) 顶盖设有通风口,并配备通风风机。进风口设在箱体面板处,出风口设在箱体顶部,并隐藏于房檐下面;形成自下而上的空气流,使箱体具有良好的通风效果;风机可根据箱体内设定的温度控制器上下限阈值自动进行运行和停止,以保证箱内器件可靠运行;顶盖设有的排水倾角。箱体设有电缆进线口的密封式地板,防止电缆沟内的潮气进入箱体内;

(d) 箱体顶盖应有坡度,顶盖不应积水,柜体外无外露可拆卸的螺栓。

- 高压侧:

| 名　称 | 单　位 | 数　值 | 备　注 |
|---|---|---|---|
| 额定电压 | kV | 12 | |
| 额定频率 | Hz | 50 | |
| 主回路额定电流 | A | 630 | |
| 短时耐受电流 | kA/s | 25/1 | 有效值 |

续上表

| 名　　称 | 单　位 | 数　　值 | 备　注 |
|---|---|---|---|
| 峰值耐受电流 | kA | 50 | |
| 短路关合电流 | kA | 63 | 峰值 |
| 工频耐压 | kV | 42 | 断口48kV |
| 冲击耐压 | kV | 75 | 断口85kV |

- 低压侧：低压侧配置的重要电器器件，应选用优质产品。并可根据要求安装测量和计量装置

(e) 柜体：
- 柜体外形尺寸应符合箱变的低压室的尺寸位置
- 低压柜采用固定式柜体，低压系统电压400V
- 固定式开关柜可正面操作和维护
- 接地系统：有一根贯穿整个柜体的主接地排

(f) 开关柜内的动力线：
- 变压器到低压主进柜为电缆连接
- 低压柜电缆出线均为下出线

(g) 低压柜主要参数表：

| | 名　称 | 单位 | 数值 |
|---|---|---|---|
| 低压单元 | 额定电压 | V | 400 |
| | 主回路额定电流 | A | 100~2000 |
| | 额定极限短路分断能力($I_{cu}$) | kA | 42 |
| | 额定短时耐受电流($I_{cw}$) | kA | 42(1s) |
| | 额定峰值耐受电流($I_{cm}$) | kA | 88.2 |
| | 馈出回路电流 | A | 10~800 |
| | 馈出回路数 | 路 | 1~12 |
| | 补偿容量 | kVar | 0~360 |

- 箱体：本工程中箱式变电站箱体应采用覆铝锌板外壳箱体，保证景观效果，并永不生锈
- 箱体具有如下特点：

加有隔热材料，隔热性能好，抗暴晒；箱体中有钢骨架、和特殊材料，械强度高，应满足或高于GB/T 17467国家标准规定的20J机械撞击试验要求防潮性能强，不凝露外形能与环境融为一体，颜色可根据用户要求任意选择

- 电容补偿装置及补偿控制器：按图配置（具体请参见图纸）

(10) 柴油发电机组

(a) 主要组成部分

每套机组主要组成部分包括：

- 柴油发动机

- 交流同步发电机
- 冷却系统
- 飞轮及其护罩、联轴器、避震器及机组底座
- 燃油系统
- 排气系统和排烟系统
- 日用油箱
- 电动起动系统
- DC 24V 蓄电池组(密封铅酸电池)
- 1DC 24V 直流电源装置和直流起动电动机
- 空气、燃油、润滑油过滤器
- 机组控制柜
- 高精度电子调速器

(b)机组主要性能

机组符合《往复式内燃机驱动的交流发电机组》(GB/T 2820)、国际《250 至 3200kW 柴油发电机通用技术条件》和《自动化柴油发电机组分级要求》(GB/T 4712)的规定。

当低压配电系统市电中断供电,机组在 5s 内完成自动起动,10s 内电压达到额定值并可向负载供电。自起动可连续作三次起动尝试,若三次起动失败,机组自动停止操作,并自锁和发出声音信号。当市电恢复正常,机组经延时后自动停机。

机组应配套低温启动的辅助装置、发电机设置由恒温器控制的防潮电加热器,以确保任何气候下机组能正常启动、运行。

发电机组应具备远程监测和控制功能,提供 RS485 通信接口并提供通信协议。

柴油发电机组及其控制屏、相应的电器设备均应保证在第(9)条所述的使用条件下能正常工作。

机组应配备手操(钥匙)电启动装置及相应仪表,当自动化控制屏发生故障时应能采用手动钥匙的方式启动、运行,并通过设置的机械油压、水温、转速、电流、电压、频率仪表对机组运行情况进行监视。

不论是手动或自动化控制状态,发电机的频率和电压均可预调并在出厂时预调设置完成。

使用条件:机组在下列条件应能可靠工作:

主要技术要求

- 环境温度 0~40℃
- 空气相对湿度小于 95%(20℃时)
- 电压:3 相交流 380/220V(满载电压)、400/230V(空载电压),电压波动 ±0.5%,电压瞬态调整率 ≤ ±15%
- 频率:50Hz,波动率 ±1%,频率瞬态调整率 ≤ ±10%
- 功率因数:大于 0.8
- 电子调整器,稳态电压调整率 ≤ ±0.5%

- 电子调速器自空载至满载时,稳态频率调整率 < ±0.25%
- 电压稳定时间 <1s
- 频率稳定时间 <1s
- 机组在空载额定电压时线电压波形正弦性畸变率应不大于5%
- 噪声:不超过105dB(离机1m,离地面1m)
- 机组工作时振动的单振幅值应不大于0.5mm

设置以下故障自动停机和保护装置:
- 冷却水温度过高机油压力过低发动机超速发动机起动三次失败
- 发动机起动后未能升速或达不到额定转速
- 机组起动成功后升至额定转速但发电机未能建压或缺相

设置声光报警(声光报警器应安装于发电机房门口),在下列情况下,发出声光报警:
- 冷却水温度过高
- 机油压力过低
- 发动机超速
- 发动机起动三次失败
- 发动机起动后未能升速或达不到额定转速,机组起动成功后升至额定转速但发电机未能建压紧急停机
- 日用主油箱油位过低
- DC 24V电池组电压过低

柴油发电机组应配置无人值守的自动排烟、排气设施,且这些设施应配有防止小动物侵入的自动门或栅栏。

(c)柴油发动机

直列四冲程重型柴油发动机,燃油系统为后冷式涡轮增压直接注入点火,汽缸套可更换湿式油底壳润滑系统。全电子自动控制调速。

柴油发动机要求采用国内知名品牌。

柴油机的主要配件(涡轮增压器、空气/燃油/机油滤清器、油水分离器、机油泵、联轴器、电子调速器、直流起动电动机等)应为柴油机原厂家配套(或柴油机原厂指定产品)。

柴油发动机的功率与发电机的额定功率配套,满足发电机全负荷功率输出,包括完整的辅助设备和配件,并组合安装在一个底座上,符合相关技术标准以及本标书提出的要求,达到运行稳定、动平衡好、震动小、损耗和噪声低的优良运行性能。

燃油和机油系统:机组燃油及机油消耗率低,在标准大气状态下,输出额定功率时燃油消耗小于270g/kW·h,机油消耗小于4.0g/kW·h。

燃油过滤系统:高精度纸基过滤器,直流燃油电磁阀。

机油过滤:高精度纸基润滑过滤器,带旁通保护。

发电机组油箱:柴油发电机可不设组机底座油箱,而在储油间设独立油箱,油箱应由1.5mm不锈钢制成,并设有油位计、过滤装置、自动供油装置等。油箱底部应制成锥形,在锥底设排油口。油箱容量应不低于机组满负荷运行24h的用油量,油箱尺寸由承包人根

据储油间及储油间门的尺寸确定。油箱与发电机之间的供油管路应用铝塑管连接,铝塑管规格满足供油量要求,并确保使用可靠,无滴漏、渗漏。机组交付使用时,承包人应加注不少于满负荷运行12h的油量。

冷却系统:
- 发动机冷却为风冷式自带风扇水箱封闭水循环
- 配备低温启动的水套加热器

电动起动系统:
- 发动机由DC 24V直流电动机起动,可手动、自动起动
- DC 24V电源采用恒压式充电器
- DC 24V电池组采用封闭式铅酸电池,电池容量满足6次连续起动发动机而不致过度放电

联轴器及避震装置:
- 柴油发动机与发电机采用柔性直接联接,配备满足此种联接要求的联轴器
- 柴油机和发电机与底座之间装设避震器、底座安装有减震措施。

排风与排烟系统:

确定土建预留预设条件
- 发动机配备消音功能大于15dB的消音器和膨胀节,发电机至消音器及消音器至排烟管采用不锈钢软性波纹管连接

调速:配置高精度电子调速器,并可手动调速。

另需配置以下表计:冷却水水温表、机油压力表、转速表和日用油箱油位计。

(d)交流发电机额定功率见图纸

三相四线制,额定电压400/230V,50Hz,Y接法,中性点直接接地。水平联轴,防滴、网护式同步发电机,外壳防护等级IP23,H级绝缘,$\cos\alpha$滞后0.8。无刷自励磁,固体电路,自动恒压,电压调整采用高精度电压自动调整器(AVR)。

机内设置由恒温器控制的防潮空间电加热器

发电机特性:

发电机的特性与发动机的转矩特性匹配,使发电机满载时能充分利用发动机功率而不超载。

(e)发电机控制柜

柜体结构:
- 采用冷轧钢板经酸洗磷化喷漆,不易生锈,防护等级IP4X。符合国家通用电器标准;颜色由业主确定
- 柜体不可附着安装于发电机组上,应单独落地安装

空气断路器:
- 额定电流:按发电机最大供电电流配置,见招标图纸
- 最大分断能力:大于30kA
- 具有过载长延时脱扣、短路短延时脱扣、短路瞬时脱扣保护

· 壳体塑壳断路器不小于630A时,应采用框架断路器,应配备电操装置

控制装置:自动化控制器采用液晶显示屏,汉字显示机组工作状态,并能显示、设置工作参数:

· 可显示:发电机电压(各相)、发电机电流(各相)、频率、有功功率、功率因素、有功电度、运行时间、冷却水温、机油油压、转速、主油箱油位、电池组电压等参数

· 故障存储与查询可指示:冷却水温度过高、机油压力过低、发动机超速、发动机起动三次失败、发动机起动后未能升速或达不到额定转速、机组起动成功升至额定转速但发电机未能建压、紧急停机、日用主油箱油位过低、DC 24V电池组电压过低等事故报警记录,故障记录大于10条,可清除及自动更新

· 具备频率预调、电压预调、发电机起动/停止手动控制、直流电池组自动浮充电、自动电压调整器、音响报警、RS485通信接口

开关及按钮:发动机起动手动/自动操作选择开关、紧急停车按钮(警告信号应手动解除)故障复位按钮、手动启动钥匙开关。

另配备精度不低于1.5级仪表:

· 频率表、交流电压
· 机械式油压、水温、转速表

发电机具备远程"三遥"功能,供货商应提供开放的远程通信协议和调试软件,通信接口为RS485口。

遥控功能包括:故障复位、开机、停机、警告信号解除。

遥测功能包括:发电机电压(各相)、发电机电流(各相)、频率、有功功率、功率因素、有功电度、运行时间、冷却水温、机油油压、转速、主油箱油位、电池组电压。

遥信功能包括:机组运行/停止状态、手动/自动状态、电压异常报警、冷却水温度过高报警、机油压力过低报警、发动机超速报警、发动机起动三次失败报警、发动机起动后未能升速或达不到额定转速报警、机组起动成功升至额定转速但发电机未能建压或缺相报警、紧急停机报警、日用主油箱油位过低报警、DC24,电池组电压过低报警、其他事故报警。

备用零件、附件:

为确保柴油发电机组的正常和安全运行,便于监视和检测、维护、修理和提高运行可靠性。供货商应负责在交货后至少10年内供应相同型号的备件或相同或较好质量的替代品。

防腐蚀措施

所有金属设备、部件必须严格作防腐处理,并提供防腐检测报告。

(f)安装要求

· 柴油发电机房下列导电金属应做等电位联结:

发电机组的底座,日用油箱支架(若有时),金属管,如水管、通风管等,钢门(窗)框、百叶窗、有色金属窗框架等,在墙上固定消声材料的金属固定框架,配电系统PE线

· 发电机的外壳、电气控制箱(屏、台)的箱体,电缆桥架、敷线钢管,固定电器支架等应与PE线可靠连接

·发电机房布置。发电机房的布置按图纸进行,并做到:

蓄电池组和柴油发电机组自带油箱与机组成套安装;

装有减振器时,所有连接件,如排烟管、油管、水管等必须采用柔性连接;

排烟管的柔性连接严禁用作弯头和补偿管道安装误差;

排烟管、消声器安装时,用 E4303 焊条焊接,焊缝高度"K"为被焊件之薄件厚度,管内介质温度≤550℃,支架外表面除锈后,涂两遍醇酸底漆,两遍醇酸磁漆;

排烟管外表面温度≤450℃时保温层采用 1 层岩棉毡,排烟管外表面温度≥500℃时,保温层采用 2 层,即接触管壁的一层为硅酸铝纤维毡,外包一层岩棉毡;

排烟管穿过墙壁时,应配置保护套,伸出室外沿墙垂直敷设,其管出口端应加防雨帽或切成30°~45°的斜角。所有排烟管道的壁厚应不小于3mm;

排烟管的走向应能防火,伸出室外部分宜设 0.3%~0.5% 的坡降,便于油烟凝结液及冷凝水排出室外。水平管较长时,在最低点装排污阀;

柴油机组排风筒各组件之间的连接均用螺栓连接,排风筒的铁件部分均需先刷防锈漆两遍,再刷与机组颜色相同的面漆;

导风罩应采用耐火材料,导风罩长度不应大于500mm,否则应用冷轧钢板做排风筒。

(11)电力监控设备

10kV 进线/出线监控内容有:

进线/出线回路:采用微机保护测控单元,可设置速断、瞬时速断,定时限过流,作为其线路的继电保护。可测量三相电压、电流、频率、有功功率、功率因数 cosφ;16 个遥信(其中压力异常、弹簧未储能、远方就地信号、闭锁合闸、闭锁分闸、闭锁分合闸、手合、手跳、合位、分位装置已经定义,其余 6 个遥信用户可自行定义);控制开关分、合闸。

线路变压器组:采用三相式线路变压器微机保护测控单元,可设置速断、瞬时速断,定时限过流,零序过流,过负荷告警等继电保护功能。测量功能有:有功功率、无功功率、三相电压、三相电流、功率因数 cosφ、非电量信号;16 个遥信(其中压力异常、弹簧未储能、远方就地信号、闭锁合闸、闭锁分闸、闭锁分合闸、手合、手跳、合位、分位装置已经定义,其余 6 个遥信用户可自行定义);遥控本线路的遥跳、遥合。

原则上 10kV 系统只监不控。

照明风机回路监控:

照明、风机低压出线回路的监控归入隧道监控系统,供电照明系统提供开关信号、数据、开关状态等参数的采集及传输,隧道监控系统实现对照明风机回路进行监控,控制隧道照明回路开关、风机起停、正反转。

电力监控系统构成:

根据电力监控系统的需求情况,电力监控子系统应建成为一个功能相对完善的电力自动化系统。电力监控子系统现分为三个层次:集控站层、通信系统层、电力监控终端设备层。

①集控站层

集控站层设置在隧道管理所,它主要完成对各个隧道变电站的电力设备 SCADA、高级应用、与其他系统的接口等功能。主站从各个变电站的设备监控单元和其他自动化系统获取供配电系统的实时信息,从整体上对供配电系统进行监视和控制,分析供配电系统的运行状态,对整个监控的供配电系统进行有效的控制、管理,使供配电系统处于最优的运行状态。集控站将有效数据实时地显示在电力监控工作站的显示器上,以保证管理中心对供电系统全局运行状态的掌握并协调各个自动化系统之间的运行。设计在各管理中心、隧道监控所设置电力监控工作站、激光打印机、网络设备及其他服务设备,部分设备可以单独使用,也可与其余系统公用,电力监控工作站需要安装 SCADA 专用软件。电力监控承包商完成以上整体功能的设备提供与集成。为实现本项目全线各配电房、箱变等供配电设备在无人值守的情况下能够正常运行,在监控中心能够实时掌握供配电设施的运行状况,并对该区域内的电力设备及相关电力参数做到保护、监测及控制管理,本项目为此设置了电力监控系统,以实现对整个电力系统的综合自动化管理。电力监控系统必须满足以下要求:

  a. 电力监控系统的测控及自动化装置和电力监控软件应采用同一公司品牌产品,电力测控产品供货商必须为产品制造商,同时必须提供相关的资质证明,以实现技术统一规范和工程管理要求;

  b. 电力监控仪表和通信处理器必须通过国家电力科学研究院实验验证中心检验报告,必须通过国家电网公司自动化设备电磁兼容实验室检验报告。现场监控装置应具备逻辑可编程功能,开关量输入输出可根据现场需要进行功能定义;

  c. 电力监控仪表:电流、电压准确度:0.2 级;有功、无功功率:0.5 级;有功电能:0.5级;显示表盘采用液晶显示屏;均应有标准的通信接口(RS485、RS232 或 RJ45 接口);应具备逻辑可编程功能,开关量输入输出可根据现场需要进行功能定义;

  d. 需提供近三年不少于1000km 高速公路且包含一个不小于5km 特长隧道电力监控系统的业绩证明材料,证明材料由业主使用报告(业主盖章)或供货合同组成;

  e. 电力监控联网软件容量必须满足万点及以上要求,并提供相关项目应用证明;

  f. 供货产品的质量保证期应不少于5 年,产品提供厂家出具承诺。

②通信层

电力监控系统的传输可以采用工业以太网和现场总线相结合的方式构成其通信系统层,主干通信网络由通信系统提供,通信系统层主要有工业以太网设备、光缆和通信管理机组成。

电力监控的通信层也可以采用光端机直传的通信方式,或者借用监控系统、通信系统的通信设备进行通信。每变电站数据采集通信采用现场总线方式,设置1 台通信管理机,通信管理机上行就近接入本系统工业以太网交换机,下行通信接口为 RS485 或 CAN 接口,与变电站内的智能保护测控装置进行通信,构成现场总线通信系统,完成监控数据信息的集中、协议转换,实时转发(上传和下传)采集终端装置的数据信息,上行与电力监控工作站进行通信。

上述通信系统的组网方式可参考电力监控设计图纸。

③电力监控终端设备层

终端设备层根据被监控设备的情况设置数据采集监控终端,完成现场设备的数据信息采集、状态监视和控制输出执行功能。是电力监控系统的前端设备。综合电力监控终端设备层装置采用模块化、单元化结构、面向对象(高压进线、出线、低压进线、变压器等设备对象)的数据采集方式和数据信息集中转换传输的标准模式配置,主要由10kV系统微机保护测控一体化装置、400V系统低压微机测控装置、变压器监控单元等构成;10kV微机保护测控一体化装置完成10kV系统的继电保护功能、数据监测功能(遥测信息)、信息采集功能(遥信信息)和控制输出(遥控)功能;400V低压微机测控装置完成低压进线、出线等的监控功能;变压器监控装置完成干式变压器的温度监测、风机控制、故障报警等功能。

电力监控终端设备安装在各变电站进、出线开关、配电变压器等电力设备中,主要对其进行数据采集和控制,记录线路短路和接地故障信息,配套断路器应具有电流保护与重合闸功能。

到电力监控终端装置的安装接线由成套设备提供厂家负责,其在出厂前应完成电力监控装置的安装接线,并进行出厂调试。电力监控设备提供厂家应做好安装接线调试的配合工作。

④SCADA系统功能

电力监控系统的功能主要在SCADA功能上实现,SCADA功能主要有以下几个方面的内容:

a.控制功能

(a)定时控制开关方式

系统提供组态的方法,对照明、风机或其他供电回路的工作时段进行定义,将不同回路分类进行组合,可以根据不同的季节,不同的需要,设定不同的时间,自动开启和关闭多组供电线路,实现自动控制功能。根据高速公路电力监控的要求,照明回路根据全系统统一定时自动开关操作。

(b)人工远程控制方式

可以在人机界面上通过点击指定的开关图标,对低压总开关、0.4kV出线回路、照明风机回路进行开关操作。

(c)照明控制开关方式

若设有照度计,可根据照度计反映的照度情况自动开关照明系统。

(d)系统联动控制方式

变压器过负荷保护:当变压器负荷超过额定值时,发出过负荷告警信号,并切除部分低级负荷;

变压器过温保护:系统对采集到的变压器温度设定参数越限报警,当变压器温度值超越第一上限值时,自动启动通风风机,经过一定延时后温度仍未下降则切除部分低级0.4kV侧馈电断路器;

当某变电站夜间出现防盗报警时,自动联动开启配电室照明。

0.4kV馈线回路出现超限报警时,自动跳闸。

控制功能实现的主要操作过程如下：
- 检查本机是否具有遥控能力
- 输入操作员和监护人操作口令，核实是否具有遥控权限
- 选点：选择动作开关点，核实正确性
- 内部核验：由主站首先根据数据库内动作遥信质量位、遥控屏蔽位、开关状态、确认该开关是否允许操作及操作状态是否正常
- 发令：发出遥控指令
- 装置核验：将命令传送至装置校验
- 检验返回：将校验结果返回人机界面
- 确认执行：操作人员根据校验结果，执行或撤销命令。遥控命令无校验返回或遥控执行无结果时，系统具有超时自动撤销，并分别给予提示
- 执行结果返回：由RTU执行遥控命令，引起开关变位及事件顺序记录，推出画面显示执行结果，并打印记录
- 操作登录：将调度人员进行的遥控操作内容、时间、结果及人员姓名登录下来备查

b. 报警及处理

系统根据数据处理的结果和用户的要求，对系统中发生的特定变化进行提示和告警。其功能为：

(a) 设定需要告警的信息的类别，如事故、变位、越限等；
(b) 设定不同的告警优先等级，对同时发生的变化按优先等级顺序提示；
(c) 设定告警的方式，如闪光、语音、推画面等；
(d) 开关变位、重要保护动作时，闪光告警一直到值班员确认为止；
(e) 对告警信息进行打印和分类保存；
(f) 对告警信息可分类、分时段检索和查询；
(g) 对数值越限检查可定义一个死区，以避免不必要的扰动；
(h) 针对高速公路电力监控的需要告警信息可分为2级，具体为：

一级报警：
- 10kV失电报警
- 发电机不能正常启动报警
- UPS失电或电池量低于设置值报警
- 变压器超温报警

二级报警：
- 模拟量越限
- 开关拒动
- 配电室高温
- 设备故障报警
- 当系统出现一级报警时，系统给出声光报警的同时，自动进行联动控制
- 当出现二级报警时，系统给出声光报警

- 所有报警只有人工确认后才能消除
- 所有报警都带有时标实时打印并存入系统数据库

c. 画面显示和打印

(a) 图形化显示全线各站点位置图;

(b) 显示器可以显示变电所一次系统的单线图,图上显示开关量的实时状态或有关的实时参数,例如有功、无功、电流、电压、频率等,并且指明潮流方向。也可以显示按电压等级划分的分区接线图及按单元划分的单元接线图;

(c) 能显示实时测点表,表明所有实时测点和状态,实时统计数据及限值;

(d) 按时间变化显示测量值的曲线,显示电压棒图及趋势曲线。时间刻度和采样周期可由用户自由选择;

(e) 历史负荷曲线及历史事件的画面可以存档,需要时可在显示器上显示,并可打印;

(f) 显示的图表及画面主要有:

- 主接线图
- 变电所保护和监控系统运行工况图
- 开关量状态表
- 各种实时测量值表
- 历史事件及重要数据表
- 值班员所需的技术文件,如主要设备参数表、操作表等
- 画面及数据一览表
- 模拟光字牌报警显示
- 时间、频率及安全运行日显示
- 借助与实时和历史数据库,报警打印机还具备其他画面的打印功能
- 断路器跳闸次数表,表中区别事故跳闸和手动跳闸
- 越限报警表
- 事件和事件顺序记录表
- 操作记录表,包括操作员姓名、工号、操作时间、内容和结果
- 能拷贝任一时刻的画面
- 所有显示和打印记录均汉化

d. 图形系统

系统应能够完成分层分平面的电力系统图形的制作、维护和实时显示。其功能为:通过对画面的分层实现对上层信息的屏蔽,通过具有不同放大系数的不同显示平面隐藏信息细节,通过对信息的分类使得用户可以只观察感兴趣的信息;提供丰富有力的手段制作自动化系统中所需的各类画面;在线定义和使用符合国家标准的电力系统符号库的功能;通过和系统实时数据库的联接,完成电网实时状态的显示和异常告警;实现画面的平移(漫游)和变焦(缩放)显示功能;提供多种画面调用手段,方便定位所需观察的信息;具有地理信息管理功能;

(a) 地理信息图:显示桥梁、隧道、道路、收费站、变电所等地点的地理位置及设备的安

装位置以及设备参数,运行工况等信息;

(b)全线模拟效果图;

(c)系统主接线图:显示变电站、各进线,出线,联络线的电压、电流、有功功率、无功功率以及开关状态等信息;

(d)日负荷曲线图:每条曲线采样周期由用户定义,采样时间间隔为5min到60min任选。每条曲线图上可标有最大值、最小值、平均值等;

(e)电压棒图:以单、双、叁棒的形式显示10kV、0.4kV各电压等级的电压;

(f)表格图;

(g)系统工况图:在画面上,可执行挂操作牌、接地牌,人工置数等操作;

可定时或召唤打印各种报表,如日报、月报等。自行设定定时打印时间;在画面调用方式上可采用菜单调用、单击调用、关联调用等。

e. 系统维护功能

维护功能指负责管理当地后台监控系统的工程师可以对系统进行的诊断、管理、维护、扩充等工作;

(a)数据库维护

工程师用交互式在线对数据库中的各个数据项进行修改和增删,可修改的内容:

· 各数据项编号

· 各数据项的文字描述

· 各数字量的状态描述

· 各输入量报警处理的定义

· 测量值的各种限值

· 测量值的采样周期

· 测量值越限处理的死区

· 测量值转换的计算系数

· 数字输入量状态正常、异常的定义

· 电能量计算的各种参数

· 输出控制的各种参数

· 其他需要修改的内容

(b)功能维护:对各种应用功能运行状态的监测,各种报表的在线生成以及显示画面的在线编辑;

(c)故障诊断:当地后台监控系统的各个设备进行状态检查,通过在线自诊断确定故障发生的部位,并发出报警信号,检查、诊断的结果可以显示、打印出来。

f. 数据库系统

系统应提供全图形、交互式的数据库人机界面,供用户进行对数据库的所有操作,包括:

(a)数据库的创建;

(b)数据库内容的录入;

(c)数据库的维护;

(d)数据库在线检索和修改;

(e)实时数据库有后备,倘若当前实时数据库一旦被破坏,能即时恢复运行。可以对历史数据检索、分析或用图表显示。历史数据库自动保存在硬盘上,也可以指定专人负责按照数据量的大小一年或两年(也可根据实际情况确定其他时间周期)一次的备份到可读写光盘上作为长期存档。

g. 数据处理

(a)判别数据是否在有效范围内,有效上下限可由用户设定;

(b)跳数处理。对于通道瞬间干扰或故障造成的跳数,可采取低通滤波方式,将跳数过滤掉,可保证数据的可信性;

(c)零漂。用数据库中的关系功能判断当开关断开时将测值置零;

(d)归零处理。可设定每个值归零范围,将近似为零的值置为零;

(e)死区范围。当数据在死区范围内波动时,数据不刷新,降低系统负载。

(f)接收实时数据变化,更新数据库;

(g)测量数据状态的判别,开关事故变位的判别等;

(h)数据的定时采样,如曲线和报表数据,采样周期可由用户设定;

(i)数据的统计、累加、最大值、最小值及最大最小值发生的时间等功能;

(j)必要的计算,如合格率、功率因素、负荷率等;

(k)必要的统计,如开关、保护动作次数,线路运行率等;

(l)用户自定义公式的计算。用户可自定义计算公式,描述各种计算要求。

h. 继电保护系统

保护信息处理将各保护装置的各种信息通过通信系统传送到监控所,供值班员查看并作相应的修改。值班员可以查看相应的保护定值,具体功能如下:

(a)显示保护装置的工作告警信息,动作信息,自检信息;

(b)主站与保护装置对时;

(c)获取保护装置所采集的测量值;

(d)查询保护装置的定值。

i. 前置通信处理系统

该系统通过通信管理机完成电力系统运行数据的采集和预处理。全部操作均在线完成。其功能为:

(a)根据现场情况设置通道的工作参数:通信规约、速率、方式等;

(b)接收多子站、多种规约的 RTU 信息或控制终端信息,根据相关规约完成规约转换;

(c)根据指定规约和通信方式完成向监控中心转发信息的组装和发送;

(d)系统统一时钟,广播对时;

(e)对所接收的报文完成规约转换、系数处理和合理性检查,将处理结果交给数据库;完善的数据合理性检查。

j. 语音系统功能

在系统发生事件时,按系统数据库中定义的语音提示内容,实现对该事件的语音提示。

k. 系统主要技术指标:

- 遥信分辨率≤3ms
- 事故记录分辨率≤5ms
- 事故记录正确率≮99.9%
- 远动通信传送率 600、1200bit/s
- 通信信杂比在 17dB 时误码率≯0.00001
- 遥信量正确率≮99.9%
- 遥控量正确率 100%
- 遥调量正确率≮99.9%
- 遥测遥信传送时间≤3ms
- 遥控命令传送时间≤3ms
- 遥测量误差≤0.5%
- 显示画面实时数据刷新时间 1s
- 遥信输入　无源接点或通信口输入方式
- 遥控输出　无源接点方式
- 组屏尺寸 2260×800×600
- 组屏颜色　签定合同时定
- 误故障间隔时间≮30000h
- 电源 DC 220V±10%,AC 220V±20%
- 频率 50Hz±0.3%

(a)系统接口容量

标准配置为 1:16,最大配置为 1:64(指一个中心站站:若干个分中心站,含与上级调度、三大系统的互连),这里包括双通道、转发和上屏。

(b)数据采集、处理及控制的类型和容量

数据采集和处理的类型包括遥测量、遥信量、脉冲量、数字量及其他非电量,容量如下:

| 开关量输入(DI) | >2000×16 |
|---|---|
| 模拟量输入(AI) | >1000×16 |
| 脉冲量输入(PI) | >1000×16 |
| 数字量控制输出(DO) | >256×16 |

(c)数据传送时间

- 重要遥测量(A 帧)更新周期≤2s
- 一般遥测量(B 帧)更新周期≤5s
- 一次要遥测量(C 帧)更新周期≤10s
- 事故遥信变位传递时间≤3s

- 遥控遥调命令传递时间≤3s
- 全系统实时数据扫描周期(以64个通道计)≤5s
- 注:以上参数受现场设备传递方式影响。

(d)画面时间特性
- 一般画面调用响应时间≤1s
- 复杂画面调用响应时间≤4s
- 画面实时数据刷新周期≤3s

(e)系统运行指标
- 遥信处理正确率≥99.9%
- 遥控(调)正确率≥99.99%
- 模拟屏数据刷新周期≤10s
- CPU负荷率(在正常运行时)≤35%
- 系统平均无故障时间MTBF 10000h
- 系统运行可靠性≥99.98%

(f)系统运行环境要求
- 电源:交流单相220V±10%,50±0.3Hz
- 温度:5~30℃
- 相对湿度:≤85%
- 具有防尘、防静电措施,一般应提供容量足够、保持时间在1h以上的不间断电源(UPS)

⑤监控工作站

采用工控机,不低于以下配置:
- CPU:不低于酷睿i5 3.2GHz
- 内存:≥4GB DDR3 1333MHz,可扩充至16GB
- 硬盘:500GB SATA
- Rambo 16X Max
- 显卡:AMD HD 6450
- 10/100/1000M以太网卡
- 集成声卡、人体工学键盘、光电鼠标
- 插槽×托架总数:4×5
- 1个并口,2个串口,2个USB 2.0(前面),6个USB 2.0(后面)
- TFT 19英寸液晶显示器,分辨率1280×1024,亮度≥250cd/$m^2$,对比度≥500:1,响应时间8ms

⑥工业以太网交换机

隧道变电站内各设置一台工业以太网交换机,采用模块化可网管型工业级设备,要求铝制机箱散热表面设计,无风扇机械结构IP40,19英寸2U机架式安装。

a.主要技术指标:

(a)至少4个1000BaseFX,至少24个10/100BaseTX电口;具有丰富的光口/电口混合模块,可根据实际需要灵活配置相应模块;

(b)符合10/100BaseT(X)(J45),100BaseFX(多模/单模),1000Base-FX(SFP接口)。

b. 性能要求:

(a)冗余电源设计,输入电压支持:DC 24V(18~36V)或DC 48V(36~72V)或DC 125/250V(88~300V)和DC 110/240V(85~264V);

(b)自动检测并抑制广播风暴,支持IGMP/V1/V2/V3报文的侦测,有效抑制广播报文的泛滥。具有网管功能,支持SNMP完成基本的网络管理任务,可对流量进行管理、监视、分析。符合SNMP协议并可远程监控,各端口支持警报、事件、历史、主机等集成RMON(远程监控)功能。支持安全防护配置和控制功能支持VLAN,可以通过MAC地址和IP地址来划分VLAN,遵循IEEE802.1q标准;

(c)支持QOS,VLAN安全功能;

(d)支持静态路由、RIPV1/V2等多种动态路由协议;

(e)支持SNTP(简单网络时间协议);

(f)工作温度支持:-40~75℃;

(g)产品质保:5年。

c. 工业以太网管理软件

投标人应为工业以太网传输系统配备管理软件,并将其报价均摊入工业以太网交换机的报价中。采用标准网络管理软件,实时监测管理网络上的流量、交换机状态和连接特性;同时需支持国际主流区域控制器的网管软件对交换机的管理。

- 高性能网管软件,支持10个用户同时在线,可监视1000台设备
- 可自动侦测网络设备并与事件发生时实时通知用户
- 可自动网络拓扑结构发现,支持画方画圆布局
- 支持操作日志和系统日志的记录与查询功能
- 提供Socket及OPC接口网管,可供用户进行二次开发
- 通过内置FTP服务器批量上传,下载配置文件和软件升级

⑦通信管理机

作为自动化系统的网络通信服务器不仅提供串行接口CAN/RS-232/485/422与网络接口之间的相互转换(透明网关功能),还提供涵盖电力自动化系统常见及特殊应用的几十种国际国内标准通信协议或厂家自定义通信协议之间的转换。满足电力监控系统网络安全规范的路由器(Router)和防火墙(FireWall)功能,可通过网络传输和对系统进行远程维护,提供两路光纤以太网接口,直接支持光纤以太网自愈环网。

a. 电源

交流AC 86~250V,或直流DC 220V±20%,或DC 110V±20%。

b. 功能要求

(a)下行11路RS-232,RS-485接口自适应口,2路CAN网接口;通信上行4路以太网RJ45接口;

(b)可以提供 2 路光纤以太网接口,支持光纤自愈环网功能;

(c)扩展配置可提供双网功能,并支持路由选择;

(d)支持双机热备用功能。通常情况下,一机执行通信管理功能,其余管理机处于备用状态,当运行的一机发生故障时,备用机自动通入运行。

c. 人机接口

d. 液晶显示器

e. 小键盘

f. 安装

标准 19 英寸工业机箱,2U 高度,可灵活组屏。

g. 工作环境及技术参数

· 正常工作温度:-10~55℃

· 极限工作温度:-25~75℃

· 抗电强度:AC 2500,60s

· 平均无故障工作时间:MTBF>5000h

· 可用于恶劣的工业环境(Class 1 Div.2/Zone.2)

h. 实用的工具以及远程维护

(a)通信端口参数现场设置功能。可调节 12 个通信端口的波特率、校验方式、流控制方式,支持硬件流控制和软件流控制;

(b)集成协议库,内嵌上百种通信协议。可在面板上直接设定各个通信端口与所接数字化装置正确通信的协议;

(c)通道诊断功能,产生伪随机码,测试数据流的时延和误码;

(d)用程序本地下载和远程在线升级功能;

(e)支持软件仿真调试规约。

i. 强大的实时通信功能

(a)通过 CAN 网口与保护测控单元通信速率 1250KBS,通信距离 2km 左右,可接入 110 个单元节点;

(b)通过 485 备网与保护测控单元连接,波特率可按用户需要设置为 300~38400,通信距离 1km,可接入 128 个单元节点;

(c)每路 RS232 口的通信速率均可进行调节。波特率可按用户需要设置为 300~38400;

(d)以太网接口支持 10M/100M 以太网口;

(e)集成实时数据库,保证数据的实时性和有效性。

⑧10kV 线路变压器组保护测控

a. 支持图形逻辑可编程

继电保护装置应提供符合 IEC-61131-3 图形可编程标准的逻辑编程功能,通过配套的软件包可以在 Windows 系统中完成对保护元件、输入信号、继电器出口、指示灯、故障信号进行配置和设定,以实现各种线路、变压器、电容器、备自投保护功能。并能将变电站综合自动化和顺序逻辑控制功能集成到一个装置中。

b.配套的后台维护软件应能通过以太网通道对保护装置进行远程维护和设置。

保护方面的主要功能有：

（a）三相（或两相）式三段电流保护（速断、限时电流速断、过流）（带后加速、低压闭锁、方向保护）；

（b）三相一次重合闸（不对应启动、保护启动、检无压）；

（c）低频减载（带欠流闭锁,滑差闭锁）；

（d）零序方向保护；

（e）过负荷告警；

（f）PT断线；

（g）零序过流保护；

（h）电流越限告警；

（i）断路器失灵告警；

（j）电流回路异常。

前7项保护均有软件开关,可分别投入和退出。

继电保护保护装置可配置4套保护定值,并可根据不同的情况自动调用不同的定值,以实现配电网自动化功能。

c.远动功能：

（a）遥测：$I_a$、$I_b$、$I_c$、$U_a$、$U_b$、$U_c$、$F$、$P$、$Q$、$\cos\phi$、$3U_0$、$3I_0$、$I_0$；

（b）遥信：16个遥信（其中压力异常、弹簧未储能、远方就地信号、闭锁合闸、闭锁分闸、闭锁分合闸、手合、手跳、合位、分位装置已经定义,其余6个遥信用户可自行定义）；

（c）遥控：本线路的遥跳、遥合。

d.通信功能：

装置可通过CAN网口或者485接口通信进行通信。通信协议采用IEC 60870-5-103标准。

⑨10kV线路（进线/出线）保护测控装置

a.支持图形逻辑可编程。

继电保护装置应提供符合IEC-61131-3图形可编程标准的逻辑编程功能,通过配套的软件包可以在Windows系统中完成对保护元件,输入信号,继电器出口,指示灯,故障信号进行配置和设定,以实现各种线路,变压器,电容器,备自投保护功能。并能将变电站综合自动化和顺序逻辑控制功能集成到一个装置中。

b.配套的后台维护软件应能通过以太网通道对保护装置进行远程维护和设置。

保护方面的主要功能有：

（a）三相（或两相）式三段电流保护（速断、限时电流速断、过流）（带后加速、低压闭锁、方向保护）；

（b）三相一次重合闸（不对应启动、保护启动、检无压）；

（c）低频减载（带欠流闭锁,滑差闭锁）；

(d)零序方向保护;

(e)过负荷告警;

(f)PT断线;

(g)电流越限告警;

(h)断路器失灵告警;

(i)电流回路异常。

前6项保护均有软件开关,可分别投入和退出。

继电保护保护装置可配置4套保护定值,并可根据不同的情况自动调用不同的定值,以实现配电网自动化功能。

c.远动功能。

(a)遥测:$I_a$、$I_b$、$I_c$、$U_a$、$U_b$、$U_c$、$F$、$P$、$Q$、$\cos\phi$、$3U_0$、$3I_0$、$I_0$;

(b)遥信:16个遥信(其中压力异常、弹簧未储能、远方就地信号、闭锁合闸、闭锁分闸、闭锁分合闸、手合、手跳、合位、分位装置已经定义,其余6个遥信用户可自行定义);

(c)遥控:本线路的遥跳、遥合。

d.通信功能。

装置可通过CAN网口或485接口进行通信。通信协议采用IEC 60870-5-103标准。

主要技术参数

(a)额定参数:

· 交流电压:100V、57.7V

· 交流电流:5A、1A,频率:50Hz

· 直流电源:220V、110V,允许偏差+15%,-20%

· 直流电压:+5V、±12V

(b)功耗:

· 交流电流回路:额定电流5A时,每相不大于1.0VA

· 额定电流1A时,每相不大于0.5VA

· 交流电压回路:额定电压时,每相不大于0.5VA

· 直流电源回路:正常工作,每个保护单元不大于25W

(c)过载能力:

· 交流电流回路:2倍额定电流,连续工作

· 10倍额定电流:允许工作10s

· 40倍额定电流:允许工作1s

· 交流电压回路:1.5倍额定电压,连续工作

· 直流电源回路:80%~110%额定电压,连续工作

(d)定值误差:

· 电流和电压定值误差:<±5%整定值

· 时间定值误差:<±1%整定时间+30ms(延时段)

     <40ms±10ms(无延时段)

(e) df/dt 误差：
- 在 1~3Hz/s 范围内 <0.2Hz/s
- 在 3~10Hz/s 范围内 <0.6Hz/s

(f) 返回系数：
- 过量继电器为 0.95
- 欠量继电器为 1.05

(g) 允许环境温度：
- 正常工作温度：0~40℃
- 极限工作温度：-25~60℃
- 运输和贮存温度：-40~70℃

(h) 电磁兼容性能：

高频电气干扰：通过 IEC 255-22-IMH 脉冲群干扰试验及 GB 6162 100kHz 脉冲干扰试验

静电放电通过：IEC 255-22-2 中严酷等级为Ⅲ级的静电放电试验

- 辐射电磁场干扰：通过 GB/T 14598-1996 规定的严酷等级为 III 级的辐射电磁场干扰试验
- 快速瞬变干扰：通过 IEC 255-22-4 标准规定的Ⅳ级（4kV±10%）快速瞬变干扰试验

(i) 绝缘耐压：
- 满足电力行业标准：DL 478

(j) 机械性能：
- 能够承受严酷等级为Ⅰ级的震动响应，冲击响应

(k) 遥测计量等级：
- 电流，电压，频率：0.2 级
- 其他　　　　　　　0.5 级
- 遥信分辨率　　　　<0.2s

低压进出线测控终端

(l) 额定数据：
- 直流电源：220V±20% 或 110V±20%
- 交流电压：380/$\sqrt{3}$ V，380V，100/$\sqrt{3}$ V，100V
- 交流电流：5A 或 1A
- 频率：50Hz

(m) 监测功能：
- 三相电流：$I_a$、$I_b$、$I_c$
- 三相电压：$U_a$、$U_b$、$U_c$
- 功率频率等：$F$、$P$、$Q$、$\cos\phi$

(n) 功率消耗：
- 直流回路：≤5W

·交流电压回路:<0.5VA/相(额定220V时)

·交流电流回路:<0.5VA/相(额定5A时)

(o)工作环境:

环境温度:-10~+55℃保证正常工作

·相对湿度:5%~95%

·大气压力:86~106kPa

(p)接点容量:

·合闸出口(常开接点):120mA,DC 400V(关断)

·跳闸出口(常闭接点):120mA,DC 400V(关断)

·开关量输入:空接点输入,导通电流<10 mA

(q)测量精度:

·电压,电流:0.5级

·频率:0.02Hz

·$P,Q,\cos\phi$:1级

·遥信分辨率:<2ms

(r)通信:

·RS485:通信速率4.8~38.4kbps可调,通信介质为屏蔽双绞线

·光纤口:通信速率4.8~38.4kbps可调,通信介质为光纤

e.支持图形逻辑可编程

装置提供符合 IEC-61131-3 图形可编程标准的逻辑编程功能,通过配套的软件包可以在 Windows 系统中完成对输入信号、继电器出口、指示灯、故障信号进行配置和设定。

⑩低压补偿测控单元

a.装置功能

(a)三相电压、三相电流、有功功率、无功功率、功率因数、频率、电压总谐波畸变率、电流总谐波畸变率、电容输出显示及投切状态报警等;

(b)支持三相补偿、分相补偿、综合补偿,具有手动补偿/自动补偿两种工作方式,具有通信功能。

b.额定数据

·直流电源:220V±20%或110V±20%

·交流电压:$380/\sqrt{3}$ V,380V,$100/\sqrt{3}$ V,100V

·交流电流:5A 或 1A

·频率:50Hz

c.功率消耗

·直流回路:≤5W

·交流电压回路:<0.5VA/相(额定220V时)

·交流电流回路:<0.5VA/相(额定5A时)

d.工作环境

- 环境温度：-20~+60℃保证正常工作
- 相对湿度：5%~95%
- 大气压力：86~106kPa

e. 测量精度
- 电压，电流：0.5级
- 频率：0.02Hz
- $P,Q,\cos\phi$：1级
- 遥信分辨率：<2ms

f. 通信（可选一种方式）
- RS485：通信速率4.8~38.4 kbit/s可调，通信介质为屏蔽双绞线

⑪防雷监测系统

防雷无线信息管理系统由远程控制中心、控制主机、无线接收单元、无线发射单元等装置组成，具有自成独立的无线通信网络系统。最终在隧道管理所可远程实时地准确监测到沿线每个防雷器件的当前工作状况，发现异常及时报告给管理人员以便进行下一步的处理。

a. 远程控制中心（远程监控软件）

位于隧道管理所的电脑主机集成有防雷远程监控软件，进行雷电监控和信息处理，用于采集数据，编辑防雷器站点名称。界面友好，操作方便，可实时汇总和分析无线、有线网络汇集的雷电数据和防雷器故障信息，对故障信号进行声光报警显示。

可提供后期系统升级、维护。

b. 各站点监控主机（终端主机和信号发射装置）

防雷监测主机用于接收、显示、记录、报警和统计现场防雷监测发射器发送来的网络状态信号和防雷器故障信息，对无线网络进行管理和控制。主机采用12英寸显示界面，触摸操作，可安装于桌面或挂于墙面，配合防雷监测接收单元及远程监测主机软件即可构成监测系统。3km及以上隧道在洞口两端变电所内各设置1套防雷监测主机，3km以下隧道在一端洞口变电所内设置1套防雷监测主机。

(a) 主要技术参数（终端主机）：
- 12英寸 TFT LCD 主机
- 触摸屏操作
- 10/100Mb 以太网及 Wifi
- 超低功耗风扇
- 工作温度 -40~85℃
- 相对湿度 10%~95%（非凝结）
- 额定工作电压 AC 220~260V
- 额定工作电流小于2A

(b) 主要技术参数（信号接收装置）：
- 传输距离：最大视距3000m

- 无线频率:2.4G ISM 免费频段
- 无线速率:固定 250K
- 额定工作电:5mA
- 输入电压:DC 5V
- 平均功耗:0.7W

c. 监测信息点(信号发送装置)

防雷监测报警接收单元是采用加强型的 ZIGBEE 无线技术,符合工业标准应用的无线数据通信设备。它具有通信距离远、抗干扰能力强、组网灵活等优点和特性;可实现多设备间的数据传输;可组 MESH 型的网状网络结构。具有自动组网、延伸网络范围,构成自主无线局域网络,无后续通信费用的特点。配合主机介绍、显示监控信息。

主要技术参数(信号接收装置):
- 微机控制,通电即投入运行,完全按编程方式工作,无人值守
- 无线网络自动组织、自动检测、加入网络及数据传输
- 供电 AC 220V
- 额定工作电流小于 60mA
- 射频输出功率≥20dbm
- 通信频段 2.4GHz
- 安装方式 35mm 导轨安装;
- 工作环境;
- 环境温度 -40 ~ +85℃
- 存储温度 -40 ~ +85℃
- 湿度 0 ~ 100%

## 905.07 计量与支付

1. 计量

(1)按本节要求完成的项目均以工程量清单中的相应项目及单位,以前述规定的计量方法计量。

(2)安装测试及附件费用计入每个章节所列项目中,不再单独计量。

2. 支付

各项支付由承包人根据合同规定及工程实际完成情况申报,由监理工程师审查后支付。

3. 支付子目

| 子目号 | 子目名称 | 单位 | 备 注 |
|---|---|---|---|
| 905-03 | 隧道通风系统 | | |
| -a | 风机软启动器_____kW | 套 | |
| -b | 隧道射流风机 30kW | 套 | |

续上表

| 子目号 | 子目名称 | 单位 | 备注 |
|---|---|---|---|
| -c | 隧道射流风机 37kW | 套 | |
| -d | 隧道轴流风机 20kW | 套 | |
| -e | 隧道轴流风机 30kW | 套 | |
| 905-04 | | | |
| -a | 高压钠灯 | | |
| -1 | 隧道照明灯 400W 高压钠灯（含智能调光控制器） | 套 | |
| -2 | 隧道照明灯 250W 高压钠灯（含智能调光控制器） | 套 | |
| -3 | 隧道照明灯 150W 高压钠灯（含智能调光控制器） | 套 | |
| -4 | 隧道照明灯 100W 高压钠灯（含智能调光控制器） | 套 | |
| -5 | 隧道照明灯 70W 高压钠灯（含智能调光控制器） | 套 | |
| -b | LED 灯 | | |
| -1 | 隧道照明灯 100WLED 灯（含智能调光控制器） | 套 | |
| -2 | 隧道照明灯 80WLED 灯（含智能调光控制器） | 套 | |
| -3 | 隧道照明灯 70WLED 灯（含智能调光控制器） | 套 | |
| -4 | 隧道照明应急灯 100WLED 灯 | 套 | |
| -5 | 隧道照明应急灯 80WLED 灯 | 套 | |
| -6 | 隧道照明应急灯 70WLED 灯 | 套 | |
| -7 | 隧道横洞照明灯 80WLED 灯 | 套 | |
| -8 | 隧道横洞照明灯 80WLED 灯 | 套 | |
| -9 | 隧道紧急停车带照明灯 100WLED 灯 | 套 | |
| -10 | 隧道紧急停车带照明灯 80WLED 灯 | 套 | |
| -11 | 隧道紧急停车带照明灯 70WLED 灯 | 套 | |
| -c | 路灯 | | |
| -1 | 路灯 12m 高、250W 高压钠灯 | 套 | |
| -2 | 路灯 9m 高、250W 高压钠灯 | 套 | |
| -3 | 路灯_____m 高、_____W 高压钠灯 | 套 | |
| -d | 隧道无极灯 | | |
| -1 | 隧道无极灯 80W | 套 | |
| -2 | 隧道无极灯 100W | 套 | |
| -3 | 隧道无极灯_____W | 套 | |
| -e | 智能照明控制 | | |
| -1 | 智能照明控制系统 | 套 | |
| -2 | 智能照明控制系统监控主机 | 台 | |
| 905-05 | 隧道配电系统 | | |
| -a | 电缆 | | |

续上表

| 子目号 | 子目名称 | 单位 | 备注 |
|---|---|---|---|
| -1 | 低压电缆（WDZ-YJY-1kV-4×6） | m | |
| -2 | 低压电缆（WDZ-YJY-1kV-4×10） | m | |
| -3 | 低压电缆（WDZ-YJY-1kV-4×16） | m | |
| -4 | 低压电缆（WDZ-YJY-1kV-4×25） | m | |
| -5 | 低压电缆（WDZ-YJY-1kV-4×35） | m | |
| -6 | 低压电缆（WDZ-YJY-1kV-4×50） | m | |
| -7 | 低压电缆（WDN-YJY-1kV-4×6） | m | |
| -8 | 低压电缆（WDN-YJY-1kV-4×10） | m | |
| -9 | 低压电缆（WDN-YJY-1kV-4×16） | m | |
| -10 | 低压电缆（WDN-YJY-1kV-4×25） | m | |
| -11 | 低压电缆（WDN-YJY-1kV-4×35） | m | |
| -12 | 低压电缆（WDZ-YJY-1kV-3×35+1×25） | m | |
| -13 | 低压电缆（WDZ-YJY-1kV-3×50+1×25） | m | |
| -14 | 低压电缆（WDZ-YJY-1kV-3×70+1×35） | m | |
| -15 | 低压电缆（WDZ-YJY-1kV 3×90+1×50） | m | |
| -16 | 低压电缆（WDN-YJY-1kV 3×25+1×16） | m | |
| -17 | 低压电缆（WDZ-VV22-1kV,4×10） | m | |
| -18 | 电力电缆（YJV22-10kV,3×50） | m | |
| -19 | 电力电缆（YJV22-10kV,3×70） | m | |
| -20 | 电力电缆（YJV22-10kV,3×95） | m | |
| -21 | 导线（WDZ-BV-500V-1×16） | m | |
| -22 | 电力电缆_____ | m | |
| -b | 隧道内照明配电箱、风机控制箱及内部电器 | | |
| -1 | 配电箱（不锈钢） XXK1-07（改） | 套 | |
| -2 | 配电箱（不锈钢）_____ | 套 | |
| -3 | 车行横洞控制箱（不锈钢） | 套 | |
| -c | 接地 | | |
| -1 | 隧道接地系统 | 处 | |
| -2 | 隧道内接地扁钢（-50×5） | m | |
| -d | 电缆桥架及电缆沟支架 | | |
| -1 | 梯形桥架（300×150×2 mm） | m | |
| -2 | 桥架托臂 | 套 | |
| -3 | 电缆内支架 | 套 | |
| -e | 隧道变电所系统 | | |
| -1 | 高压开关柜（成套原装） | 套 | 含柜内设备、母线及高压测控单元 |

续上表

| 子目号 | 子目名称 | 单位 | 备　注 |
|---|---|---|---|
| -2 | 低压配电柜(成套原装) | 套 | 含柜内设备、变压器至低压柜母线、低压测控单元 |
| -f | 变压器 | | 带温控单元及通信接口、IP23 外壳 |
| -1 | SCBH15-100kVA/10 | 台 | 带温控单元及通信接口、IP23 外壳 |
| -2 | SCBH15-125kVA/10 | 台 | 带温控单元及通信接口、IP23 外壳 |
| -3 | SCBH15-160kVA/10 | 台 | 带温控单元及通信接口、IP23 外壳 |
| -4 | SCBH15-200kVA/10 | 台 | 带温控单元及通信接口、IP23 外壳 |
| -5 | SCBH15-250kVA/10 | 台 | 带温控单元及通信接口、IP23 外壳 |
| -6 | SCBH15-315kVA/10 | 台 | 带温控单元及通信接口、IP23 外壳 |
| -7 | SCBH15-400kVA/10 | 台 | 带温控单元及通信接口、IP23 外壳 |
| -8 | SCBH15-500kVA/10 | 台 | 带温控单元及通信接口、IP23 外壳 |
| -9 | SCBH15-630kVA/10 | 台 | 带温控单元及通信接口、IP23 外壳 |
| -10 | SCBH15-800kVA/10 | 台 | 带温控单元及通信接口、IP23 外壳 |
| -11 | SCBH15-1000kVA/10 | 台 | |
| -g | 应急电源 | | 三相入，三相出，带通信接口，1h，含连接电缆、防雷器等 |
| -1 | EPS(5kW) | 台 | 三相入，三相出，带通信接口，1h，含连接电缆、防雷器等 |
| -2 | EPS(25kW) | 台 | 三相入，三相出，带通信接口，1h，含连接电缆、防雷器等 |
| -3 | EPS(40kW) | 台 | 三相入，三相出，带通信接口，1h，含连接电缆、防雷器等 |
| -4 | EPS(50kW) | 台 | 三相入，三相出，带通信接口，1h，含连接电缆、防雷器等 |
| -5 | EPS(60kW) | 台 | 三相入，三相出，带通信接口，1h，含连接电缆、防雷器等 |
| -6 | EPS(70kW) | 台 | 三相入，三相出，带通信接口，1h，含连接电缆、防雷器等 |
| -7 | EPS(80kW) | 台 | |
| -8 | EPS(＿＿kW) | 台 | |
| -h | 箱式变电站 | | |
| -1 | 10kVA 箱式变电站 | 套 | |
| -2 | 30kVA 箱式变电站 | 套 | |
| -3 | ＿＿kVA 箱式变电站 | 套 | |
| -i | 柴油发电机组 | | |

续上表

| 子目号 | 子目名称 | 单位 | 备 注 |
|---|---|---|---|
| －1 | 柴油发电机组100kW | 套 | |
| －2 | 柴油发电机组200kW | 套 | |
| －3 | 柴油发电机组＿＿＿kW | 套 | |
| －j | 电力监控系统 | | |
| －1 | 通信管理机 | 套 | |
| －2 | 微机当地监控系统 | 个 | |
| －3 | 工业控制计算机 | 台 | |
| －4 | 以太网交换机 | 台 | |
| －5 | 屏蔽双绞线（UTP-5） | m | |
| －6 | 屏蔽二次电缆（WDZ-KVV-2×2.5） | m | IP65 |
| －7 | 19英寸工业机柜 | 台 | 含软件，设置于隧管所 |
| －8 | 防雷监测总控主机 | 台 | 含软件，设置于变电所 |
| －9 | 防雷监测主机 | 台 | |
| －10 | 变电所地网检测装置 | 处 | |
| 905-06 | 隧道消防系统 | | |
| －a | 隧道内水消防系统 | | |
| －1 | 洞内消火栓（DN65） | 套 | |
| －2 | 环保型水成膜泡沫灭火装置及箱体 | 套 | |
| －b | 干粉灭火器 | | |
| －1 | 手提式磷酸铵盐干粉灭火器MF8型 | 具 | |
| －2 | 手推车式磷酸铵盐干粉灭火器MFT35 | 具 | |
| －c | 给水栓 | | |
| －1 | 洞外地上式给水栓 | 个 | |
| －2 | 洞外地下式给水栓 | 个 | |
| －3 | 洞内地上式给水栓 | 个 | |
| －4 | 洞内地下式给水栓 | 个 | |
| －d | 水泵、防火门、配电及控制系统 | | |
| －1 | 清水离心泵扬程253m，电机功率22kW | 套 | |
| －2 | 清水离心泵扬程240m，电机功率22kW | 套 | |
| －3 | 清水离心泵扬程160m，电机功率22kW | 套 | |
| －4 | 清水离心泵扬程136m，电机功率22kW | 套 | |
| －5 | 清水离心泵扬程90m，电机功率18.5kW | 套 | |
| －6 | 防火门 | 套 | |
| －7 | 防火卷帘门 | 套 | |
| －8 | 水泵电器控制柜、电源线和控制线缆 | 套 | |

续上表

| 子目号 | 子目名称 | 单位 | 备注 |
|---|---|---|---|
| -9 | 远传水位显示仪 | 套 | |
| -10 | 卷帘门控制及控制缆线 | 套 | |
| -e | 给水管线 | | |
| -1 | 热镀锌无缝钢管 DN200 | m | |
| -2 | 热镀锌无缝钢管 DN150 | m | |
| -3 | 热镀锌无缝钢管 DN100 | m | |
| -4 | 沟槽式卡箍接头 DN200 | 套 | |
| -5 | 沟槽式卡箍接头 DN150 | 套 | |
| -6 | 沟槽式卡箍接头 DN100 | 套 | |
| -7 | 热镀锌无缝钢管 DN65 | m | |
| -8 | 沟槽式卡箍 DN200 | 套 | |
| -9 | 沟槽式卡箍 DN150 | 套 | |
| -10 | 热镀锌无缝钢管 DN200 | m | |
| -11 | 热镀锌无缝钢管 DN150 | m | |
| -12 | 沟槽式机械三通 DN200×200 | 个 | |
| -13 | 沟槽式机械三通 DN150×150 | 个 | |
| -14 | 90°沟槽式挠性卡箍弯头 DN65 | 个 | |
| -15 | 90°沟槽式挠性卡箍弯头 DN200 | 个 | |
| -16 | 90°沟槽式挠性卡箍弯头 DN150 | 个 | |
| -17 | 异径管 DN200×65 | 个 | |
| -18 | 异径管 DN150×65 | 个 | |
| -19 | 接头 | 个 | |
| -f | 阀门 | | |
| -1 | 洞外给水栓闸阀 DN200 | 套 | |
| -2 | 洞外给水栓闸阀 DN150 | 套 | |
| -3 | 自动排气阀 DN25 | 套 | |
| -4 | 手动球阀 DN65 | 套 | |
| -5 | 闸门 Z45X-1-150 | 个 | |
| -6 | 闸门井\排泥井\排气井 $D=1200mm$ | 个 | |
| -7 | 消防主干管闸门井闸门（Z41H-16Q-200） | 个 | |
| -8 | 消防主干管闸门井闸门（Z41H-16Q-150） | 个 | |
| -9 | 减压阀 DN150 | 个 | |
| -10 | 减压阀 DN200 | 个 | |
| -g | 洞外消防设施 | | |
| -1 | 高水位消防水池 | 座 | |

续上表

| 子目号 | 子目名称 | 单位 | 备注 |
|---|---|---|---|
| -2 | 低水位消防水池 | 座 | |
| -3 | 水泵房 | 座 | |
| -4 | 滚水坝 | 座 | |
| -5 | 护坡 | m³ | |
| -6 | 打深水井 | 处 | |
| -h | 隧道消防指示标志 | | |
| -1 | 消防器材指示标志 280mm×280mm;蓄光自发光 | 块 | |
| -2 | 消防文字 150mm×150mm;蓄光自发光 | 块 | |
| -i | 其他 | | |
| -1 | 主管固定件 | 套 | |
| -2 | 消防主干管检修门洞室 | 个 | |
| -3 | 灭火器洞室门 | 个 | |
| -4 | Y型过滤器 DN150 | 个 | |
| -5 | Y型过滤器 DN200 | 个 | |
| -6 | 管路过滤器 DN150 | 个 | |
| -7 | 管路过滤器 DN200 | 个 | |
| -8 | 管道伸缩器 DN150 | 套 | |
| -9 | 管道伸缩器 DN200 | 套 | |
| -10 | 水泵接合器 DN150 | 套 | |
| -11 | 水泵接合器 DN200 | 套 | |
| -12 | 电源电缆(WZN-YJY22-3×50+1×25) | m | |
| -13 | 水泵控制缆(KVV22-500-6×1.5) | m | |
| -14 | 七氟丙烷灭火装置 | 套 | |

# 第906节 管道工程

## 906.01 范围

1. 本工程为机电项目中的管道设施,主要包括本项目管道工程的设备材料采购、运输、安装、测试、技术文件、培训及缺陷责任期服务等各项工作。

2. 管道工程所用的钢筋、混凝土、砂浆、预制构件和混凝土拌制材料应符合《公路工程国内招标文件范本》的要求。

3. 通信管道、供电电缆保护管、管箱及其他管道的材料、规格型号应符合设计要求和国家有关标准规范。

4.电缆支架、设备基础件等金属构件的制作、材质、防腐处理应满足设计要求和国家有关标准规范。

5.人(手)孔等其他附属设施的技术要求应满足设计文件和国家有关标准规范。

6.承包人应提供合同中未提到的但为工程完工所需的附属工程与材料。

## 906.02 系统功能

1.干线通信管道

干线通信管道均采用 $\phi 40/33$ HDPE 硅芯管,整体式路基段埋设在中央分隔带内盲沟之上;分离式路基段埋设在行车方向的左侧;隧道内敷设在外侧信号电缆沟内。施工时应注意孔数、挖深、手孔的变化,详见手孔大样图和管道平面布设图。管道过构造物时注意管道敷设形式的变化。

2.电力管道

本工程监控设备及照明供电采用电缆直埋方式,过桥梁则采用 $\phi 100 \times 5$ 钢塑复合压力管保护通过,敷设在护栏外侧。

3.分支管道

分支管道包括从干线管道至互通区及其他房建区的分支通信管道,从干线管道至监控外场设备及供电分支管道等。施工时注意分歧管线的管孔数,管孔埋深及手孔的变化。

(1)从干线管道(中央分隔带分歧手孔)至路侧监控外场设备、监控预留手孔和停车区,采用 DN110×4mm 镀锌钢管。

(2)供电管道横穿路基采用 DN110×4mm 镀锌钢管。

(3)从干线管道(中央分隔带分歧手孔)至互通匝道过路横穿管,采用 DN110×4mm 镀锌钢管。

(4)隧道口分歧通信管道采用 DN110×4mm 镀锌钢管。

(5)互通区分歧路肩人孔沿匝道采用硅芯管沿匝道边坡埋设至场区边缘人孔。

4.管道过构造物

(1)硅芯管过涵洞、通道时采用直接过渡(当涵顶以上填土高度小于0.5m 时,采用 C25 混凝土包封过渡)。

(2)硅芯管过桥梁、明通道时采用钢网复合玻璃钢管箱过渡(内装硅芯管)。

(3)硅芯管过中央分隔带开口时采用 DN110×4mm 镀锌钢管保护过渡。

(4)硅芯管过桥梁中墩采用两侧绕行且用 C25 混凝土包封过渡。

(5)电力管道过桥梁采用钢塑管安装在混凝土护栏外侧。

## 906.03 人(手)孔

1.范围

本工程所有手孔均采用钢筋现浇混凝土方法施工,手孔井盖采用钢纤维混凝土井盖。路手孔内采用的附件均为工信部定型产品。详见工信部有关设计规范。

主线共设两种手孔,分别为直通手孔和分歧手孔。根据不同用途,分歧手孔分为预留分歧手孔、监控设备分歧手、隧道口分歧手孔和互通收费站分歧手孔等。路肩圆盖手孔又分为信号手孔和电力手孔。

2. 系统功能

检查管线问题。

3. 技术指标

人(手)孔技术要求:

a. 沿线手孔符合工信部标准,手孔主要为钢筋混凝土;

b. 现浇人(手)孔地基开挖并夯实后,直接铺设混凝土基础,采用C25混凝土现浇施工;

c. 所有人(手)孔电缆支架、穿钉、托板、积水罐均为外购产品,其构件的安装方法、预埋位置、技术规格、抗拉强度、防锈处理等均应符合工信部(YD5103—2003)标准规定;

d. 人(手)孔井盖采用钢纤维混凝土结构,并在井盖上根据业主要求注明相关字样;

e. 穿钉与拉环环部用砂浆抹成圆形灰块。穿钉与穿钉间距误差不超过±0.5cm。对于现浇混凝土人(手)孔,穿钉需在现浇时埋入;

f. 硅芯管正向或斜向插入人(手)孔时,应保证硅芯管穿出孔壁的平面30cm以上,以利于穿缆;

g. 通信管道工程用水,应使用可供饮用的或适于混凝土搅拌使用的水,不得使用工业污水及含硫化物的泉水;

h. 预留的人(手)孔应在井盖注明手孔预留用途字样。

## 906.04 管道

1. 硅芯管的技术要求

硅芯管是一种内壁带有硅胶质固体润滑剂的新型复合管道,简称硅管。由三台塑料挤出机同步挤压复合,硅芯管主要原材料为高密度聚乙烯,芯层为摩擦系数最低的固体润滑剂硅胶质。

(1)本工程采用$\phi 40/33$mm高密度聚乙烯彩色硅芯管(在一纯色硅芯管上镶嵌其他色彩的纵向条纹)。主要技术指标应符合《公路地下通信管道高密度聚乙烯硅芯塑料管》(JT/T 496—2004)的技术要求。

(2)硅芯管必须经过严格的交通工程产品检测,检测合格的产品方可使用。

(3)硅芯管的使用寿命要大于50年。

2. 钢网玻璃钢管箱的技术要求

(1)硅芯管过桥梁及明通道时采用钢网玻璃钢管箱。

(2)玻璃钢管箱尺寸:4000mm(长)×250mm(宽)×150mm(高)×5mm(厚)。

(3)钢网玻璃钢管箱中必须加设一层10mm×10mm×0.4mm钢网,采用机制复合制成,能防止锈蚀,并有阻燃特性。

(4)钢网玻璃钢管箱为定型成套产品,必须经过严格的交通工程产品检测后方可投入使用。

（5）预埋在桥上的钢网玻璃钢管箱支撑件应做热浸镀锌处理，镀锌量为600g/m²。

（6）钢网玻璃钢管箱的所有螺帽连接处均需加弹簧垫圈。

（7）钢网玻璃钢管箱的过桥支撑件等所用铁件全部是加工成形热浸镀锌产品，镀锌量为600g/m²，并在铁件焊接处，刷2~3遍锌粉。

（8）钢网玻璃钢管箱必须符合交通行业标准JT/T 599.1—2004《公路用玻璃纤维增强塑料产品》的要求。

3. 镀锌钢管的技术要求

（1）牌号和化学成分

镀锌钢管用钢的牌号和化学成分应符合GB 3092所规定的黑管用钢的牌号和化学成分。

（2）制造方法

黑管的制造方法（炉焊或电焊）由制造厂选择，镀锌采用热浸镀锌法。

（3）交货状态

镀锌钢管以不带螺纹交货。

（4）螺纹及管接头

a. 带螺纹交货的镀锌钢管，螺纹应在镀锌后车制。螺纹应符合YB 822的规定；

b. 钢制管接头应符合YB 238的规定，可铸铁管接头应符合YB 230的规定。

（5）力学性能

钢管镀锌前的力学性能应符合GB 3092的规定。

（6）镀锌层的均匀性

镀锌钢管应做镀锌层均匀性的试验，钢管试样在硫酸铜溶液中连续浸渍5次不得变红。

（7）冷弯曲试验

公称口径不大于50mm的镀锌钢管应做冷弯曲试验。弯曲角度为90°。弯曲半径为外径的8倍。试验时不带填充物，试样焊缝处应置于弯曲方向的外侧或上部。试验后，试样上不应有裂缝及锌层剥落现象。

（8）水压试验

水压试验应在黑管进行，也可用涡流探伤代替水压试验。试验压力及涡流探伤对比试样尺寸应符合国标GB 3092的规定。

（9）表面质量

镀锌钢管的内外表面应有完整层，不得有未镀上锌的黑斑和气泡存在。允许有不大的粗糙面和局部的锌瘤存在。

（10）镀锌层重量

镀锌层重量平均值应不小于600g/m²，其中任何一个试样不得小于600g/m²。

4. PVC管的技术参数

a. 外观

管材内外表面应光滑、平整、无凹陷、分解变色线和其他影响性能的表面缺陷。

管材不应含有可见杂质。管材端面应切割平整并与轴线垂直。

管材公称压力和规格尺寸(mm)　　　　表1

| 公称外径 $d_e$ | 壁厚 $e$ | | | | |
|---|---|---|---|---|---|
| | 公称压力 $p_N$ | | | | |
| | 0.6MPa | 0.8MPa | 1.0MPa | 1.25MPa | 1.6MPa |
| 20 | | | | 2.0 | |
| 25 | | | | | 2.0 |
| 32 | | | | 2.0 | 2.4 |
| 40 | | | 2.0 | 2.4 | 3.0 |
| 50 | | 2.0 | 2.4 | 3.0 | 3.7 |
| 63 | 2.0 | 2.5 | 3.0 | 3.8 | 4.7 |
| 75 | 2.2 | 2.9 | 3.6 | 4.5 | 5.6 |
| 90 | 2.7 | 3.5 | 4.3 | 5.4 | 6.7 |
| 110 | 3.2 | 3.9 | 4.8 | 5.7 | 7.2 |
| 125 | 3.7 | 4.4 | 5.4 | 6.0 | 7.4 |
| 140 | 4.1 | 4.9 | 6.1 | 6.7 | 8.3 |
| 160 | 4.7 | 5.6 | 7.0 | 7.7 | 9.5 |
| 180 | 5.3 | 6.3 | 7.8 | 8.6 | 10.7 |
| 200 | 5.9 | 7.3 | 8.7 | 9.6 | 11.9 |
| 225 | 6.6 | 7.9 | 9.8 | 10.8 | 13.4 |
| 250 | 7.3 | 8.8 | 10.9 | 11.9 | 14.8 |
| 280 | 8.2 | 9.8 | 12.2 | 13.4 | 16.6 |
| 315 | 9.2 | 11.0 | 13.7 | 15.0 | 18.7 |
| 355 | 9.4 | 12.5 | 14.8 | 16.9 | 21.1 |
| 400 | 10.6 | 14.0 | 15.3 | 19.1 | 23.7 |
| 450 | 12.0 | 15.8 | 17.2 | 21.5 | 26.7 |
| 500 | 13.3 | 16.8 | 19.1 | 23.9 | 29.7 |
| 560 | 14.9 | 17.2 | 21.4 | 26.7 | |
| 630 | 16.7 | 19.3 | 24.1 | 30.0 | |
| 710 | 18.9 | 22.0 | 27.2 | | |
| 800 | 21.2 | 24.8 | 30.6 | | |
| 90 | 23.9 | 27.9 | | | |
| 1000 | 26.6 | 31.0 | | | |

若水温在25~45℃之间时,应按表2不同温度的下降系数($f_t$)修正工作压力。用下降系数乘以公称压力($p_N$)得到最大允许工作压力。

不同温度的下降系数　　　　表2

| 温度(℃) | 下降系数 $f_t$ |
|---|---|
| $0 < t \leqslant 25$ | 1 |
| $25 < t \leqslant 35$ | 0.8 |
| $35 < t \leqslant 45$ | 0.63 |

b. 不透光性

管材应不透光。

c.管材尺寸

（a）长度

管材的长度一般为4m、6m、8m、12m，也可由供需双方商定。长度极限偏差为长度的 +0.4%~-0.2%。

（b）管材弯曲度应符合表3的规定。

**管材的弯曲度** 表3

| 公称外径 $d_e$（mm） | ≤32 | 40~200 | ≥225 |
|---|---|---|---|
| 弯曲度（%） | 不规定 | ≤1.0 | ≤0.5 |

（c）平均外径及偏差和不圆度应符合表4规定，0.6MPa的管材不要求不圆度。

**平均外径及偏差、不圆度（mm）** 表4

| 平均外径 | | 不圆度 | 平均外径 | | 不圆度 |
|---|---|---|---|---|---|
| 公称外径 | 允许偏差 | | 公称外径 | 允许偏差 | |
| 20 | +0.3 / 0 | 1.2 | 110 | +0.4 / 0 | 2.2 |
| 25 | +0.3 / 0 | 1.2 | 125 | +0.4 / 0 | 2.5 |
| 32 | +0.3 / 0 | 1.3 | 140 | +0.5 / 0 | 2.8 |
| 40 | +0.3 / 0 | 1.4 | 160 | +0.5 / 0 | 3.2 |
| 50 | +0.3 / 0 | 1.4 | 180 | +0.6 / 0 | 3.6 |
| 63 | +0.3 / 0 | 1.5 | 200 | +0.6 / 0 | 4.0 |
| 75 | +0.3 / 0 | 1.6 | 225 | +0.7 / 0 | 4.5 |
| 90 | +0.3 / 0 | 1.8 | 250 | +0.8 / 0 | 5.0 |
| 280 | +0.9 / 0 | 6.8 | 560 | +1.7 / 0 | 13.5 |
| 315 | +1.0 / 0 | 7.6 | 630 | +1.9 / 0 | 15.2 |
| 355 | +1.1 / 0 | 8.6 | 710 | +2.0 / 0 | 17.1 |
| 400 | +1.2 / 0 | 9.6 | 800 | +2.0 / 0 | 19.2 |
| 450 | +1.4 / 0 | 10.8 | 900 | +2.0 / 0 | 21.6 |
| 500 | +1.5 / 0 | 12.0 | 1000 | +2.0 / 0 | 24.0 |

（d）壁厚

管材任一点壁厚及偏差应符合表1、表5的规定。

## 第900章 机电工程

壁厚及偏差(mm)  表5

| 壁 厚 $e$ | 允 许 偏 差 | 壁 厚 $e$ | 允 许 偏 差 |
|---|---|---|---|
| $\leq 2.0$ | +0.4 / 0 | $20.6 < e \leq 21.3$ | +3.2 / 0 |
| $2.0 < e \leq 3.0$ | +0.5 / 0 | $21.3 < e \leq 22.0$ | +3.3 / 0 |
| $3.0 < e \leq 4.0$ | +0.6 / 0 | $22.0 < e \leq 22.6$ | +3.4 / 0 |
| $4.0 < e \leq 4.6$ | +0.7 / 0 | $22.6 < e \leq 23.3$ | +3.5 / 0 |
| $4.6 < e \leq 5.3$ | +0.8 / 0 | $23.3 < e \leq 24.0$ | +3.6 / 0 |
| $5.3 < e \leq 6.0$ | +0.9 / 0 | $24.0 < e \leq 24.6$ | +3.7 / 0 |
| $6.0 < e \leq 6.6$ | +1.0 / 0 | $24.6 < e \leq 25.3$ | +3.8 / 0 |
| $6.6 < e \leq 7.3$ | +1.1 / 0 | $25.3 < e \leq 26.0$ | +3.9 / 0 |
| $7.3 < e \leq 8.0$ | +1.2 / 0 | $26.0 < e \leq 26.6$ | +4.0 / 0 |
| $8.0 < e \leq 8.6$ | +1.3 / 0 | $26.6 < e \leq 27.3$ | +4.1 / 0 |
| $8.6 < e \leq 9.3$ | +1.4 / 0 | $27.3 < e \leq 28.0$ | +4.2 / 0 |
| $9.3 < e \leq 10.0$ | +1.5 / 0 | $28.0 < e \leq 28.6$ | +4.3 / 0 |
| $10.0 < e \leq 10.6$ | +1.6 / 0 | $28.6 < e \leq 29.3$ | +4.4 / 0 |
| $10.6 < e \leq 11.3$ | +1.7 / 0 | $29.3 < e \leq 30.0$ | +4.5 / 0 |
| $11.3 < e \leq 12.0$ | +1.8 / 0 | $30.0 < e \leq 30.6$ | +4.6 / 0 |
| $12.0 < e \leq 12.6$ | +1.9 / 0 | $30.6 < e \leq 31.3$ | +4.7 / 0 |
| $12.6 < e \leq 13.3$ | +2.0 / 0 | $31.3 < e \leq 32.0$ | +4.8 / 0 |
| $13.3 < e \leq 14.0$ | +2.1 / 0 | $32.0 < e \leq 32.6$ | +4.9 / 0 |
| $14.0 < e \leq 14.6$ | +2.2 / 0 | $32.6 < e \leq 33.3$ | +5.0 / 0 |
| $14.6 < e \leq 15.3$ | +2.3 / 0 | $33.3 < e \leq 34.0$ | +5.1 / 0 |
| $15.3 < e \leq 16.0$ | +2.4 / 0 | $34.0 < e \leq 34.6$ | +5.2 / 0 |
| $16.0 < e \leq 16.6$ | +2.5 / 0 | $34.6 < e \leq 35.3$ | +5.3 / 0 |
| $16.6 < e \leq 17.3$ | +2.6 / 0 | $35.3 < e \leq 36.0$ | +5.4 / 0 |
| $17.3 < e \leq 18.0$ | +2.7 / 0 | $36.0 < e \leq 36.6$ | +5.5 / 0 |
| $18.0 < e \leq 18.6$ | +2.8 / 0 | $36.6 < e \leq 37.3$ | +5.6 / 0 |
| $18.6 < e \leq 19.3$ | +2.9 / 0 | $37.3 < e \leq 38.0$ | +5.7 / 0 |
| $19.3 < e \leq 20.0$ | +3.0 / 0 | $38.0 < e \leq 38.6$ | +5.8 / 0 |
| $20.0 < e \leq 20.6$ | +3.1 / 0 | | |

管材平均壁厚及允许偏差应符合表6的规定。

平均壁厚及允许偏差(mm) 表6

| 平均壁厚 $e_n$ | 允许偏差 | 平均壁厚 $e_n$ | 允许偏差 |
| --- | --- | --- | --- |
| ≤2.0 | +0.4<br>0 | 20.0<$e$≤21.0 | +2.3<br>0 |
| 2.0<$e$≤3.0 | +0.5<br>0 | 21.0<$e$≤22.0 | +2.4<br>0 |
| 3.0<$e$≤4.0 | +0.6<br>0 | 22.0<$e$≤23.0 | +2.5<br>0 |
| 4.0<$e$≤5.0 | +0.7<br>0 | 23.0<$e$≤24.0 | +2.6<br>0 |
| 5.0<$e$≤6.0 | +0.8<br>0 | 24.0<$e$≤25.0 | +2.7<br>0 |
| 6.0<$e$≤7.0 | +0.9<br>0 | 25.0<$e$≤26.0 | +2.8<br>0 |
| 7.0<$e$≤8.0 | +1.0<br>0 | 26.0<$e$≤27.0 | +2.9<br>0 |
| 8.0<$e$≤9.0 | +1.1<br>0 | 27.0<$e$≤28.0 | +3.0<br>0 |
| 9.0<$e$≤10.0 | +1.2<br>0 | 28.0<$e$≤29.0 | +3.1<br>0 |
| 10.0<$e$≤11.0 | +1.3<br>0 | 29.0<$e$≤30.0 | +3.2<br>0 |
| 11.0<$e$≤12.0 | +1.4<br>0 | 30.0<$e$≤31.0 | +3.3<br>0 |
| 12.0<$e$≤13.0 | +1.5<br>0 | 31.0<$e$≤32.0 | +3.4<br>0 |
| 13.0<$e$≤14.0 | +1.6<br>0 | 32.0<$e$≤33.0 | +3.5<br>0 |
| 14.0<$e$≤15.0 | +1.7<br>0 | 33.0<$e$≤34.0 | +3.6<br>0 |
| 15.0<$e$≤16.0 | +1.8<br>0 | 34.0<$e$≤35.0 | +3.7<br>0 |
| 16.0<$e$≤17.0 | +1.9<br>0 | 35.0<$e$≤36.0 | +3.8<br>0 |
| 17.0<$e$≤18.0 | +2.0<br>0 | 36.0<$e$≤37.0 | +3.9<br>0 |
| 18.0<$e$≤19.0 | +2.1<br>0 | 37.0<$e$≤38.0 | +4.0<br>0 |
| 19.0<$e$≤20.0 | +2.2<br>0 | 38.0<$e$≤39.0 | +4.1<br>0 |

5. 管道施工要求

（1）通信管道敷设在高速公路中央分隔带下,管道中心线、手孔中心线与道路中心线三者重合。在分离式路段,管道中心线偏离道路中心线。

（2）在土路基段,干线预埋横穿管道根据设计要求,在路基施工完以后反开挖埋设。

（3）完成沟（坑）挖方及地基处理后,应校测管道沟底、手孔坑底及地基的高度是否符合设计规定。

（4）通信管道工程的沟（坑）挖成后,如被水浸泡,必须重新进行人工地基处理,否则严禁进行下一道工序的施工。

（5）硅芯管在敷设之前,应先将两端口严密封堵,防止水、土及其他杂物进入管道。

（6）硅芯管在管道沟内应平整、顺直。硅芯管应每隔5m绑扎一道,但不能过紧,进入三号手孔孔壁外保证管与管之间至少有2cm的间距。

（7）硅芯管的接口断面应平直,无毛刺,并应采用相应的配套密封接头件接续。

（8）为保证气吹效果,硅芯管的密封性要好,应尽量减少接头或接头尽量要三号手孔内。

（9）硅芯管敷设可采用机械或人工方法进行,硅芯管敷设尽量平直,构造物二端的土基必须夯实。

（10）应尽量避免在两手孔之间有接头,如果要两手孔之间有接头,应增设邮电专用标石,标石的标志参见《长途通信光缆塑料管道工程验收规范》（YD 5043—2005）的有关要求。

（11）在管道沟开挖后,先在沟底铺5cm厚的中粗砂,再敷设管道。

（12）管道手孔未经验收不准回填土,如果沟槽或基坑内有水时,必须抽净后再回填土,以防回填土不实,今后发生沉降,影响管道质量。

（13）回填土时,先回填20cm厚的细土或细砂,再按原土建设计中的中央分隔带回填材料进行回填,严禁用乱石或带乱石的杂土回填,以免损坏管道。

6. 其他附属设施

管道工程其他附属设施主要包括电力接线盒、通信管道桥梁托架、电力管道桥梁托架、隧道口照明灯基础、隧道口紧急电话基础及其他为完善本项目所需的材料与工程。

7. 电力接线盒、螺栓和其他钢质构件

（1）电力接线盒、螺栓和其他钢质构件所用钢材的材质、规格、型号及防腐处理措施,应符合设计文件的有关要求,并符合国家有关标准和规定。

（2）所有钢构件选用的基材不得有歪斜、扭曲、飞刺、断裂或破损,不得严重锈蚀。

（3）除钢筋以外所有钢构件均需做热浸镀锌处理,镀锌量为600g/m$^2$,镀层应均匀完整,表面光洁、无脱落、无气泡等缺陷。热浸镀锌所用的锌为《锌锭》（GB 470—83）中规定的0号锌或1号锌。

8. 管道托架

支管道托架所用钢材的材质、规格、加工制作要求、防腐处理措施应满足设计文件要求,并符合国家有关标准和规定。

9. 其他注意事项

(1) 施工中应切实注意各种预留管件、托架、过路钢塑管等的施工。应保证不误留、不漏埋,为交通监控系统的实施打好土建基础。

(2) 施工中应切实注意通信管道与供电电缆管道、积水井、中央带护栏基础、标志基础等设施的协调配合。

(3) 通信手孔需注意与主体路基横向排水管协调配合,避免人手孔起集水井的作用。

(4) 为了避免在路基夯实过程中将排水管压坏,建议在排水管所在的路基层夯实后,采用人工反开槽的方法,开一个宽大约15cm宽的槽,然后用先用混凝土回填30cm,再用土建材料回填。

(5) 承包人在施工过程中如果遇到特殊(如:设备需要移动位置等)或需要变更的情况,应及时与设计单位联系。

(6) 通信管道施工标准应严格按设计及《通信管道工程施工及验收技术规范》(YD 5103—2003)和通信行业标准《长途通信光缆塑料管道工程验收规范》(YD 5043—2005)执行。如本设计与通信行业规范发生矛盾时,应以本设计为准。本设计没有特别说明部分均以通信行业规范为准。

## 906.05 计量与支付

1. 计量

(1) 按本节要求完成的项目均以工程量清单中的相应项目及单位,以前述规定的计量方法计量。

(2) 安装测试及附件费用计入每个章节所列项目中,不再单独计量。

2. 支付

各项支付由承包人根据合同规定及工程实际完成情况申报,由监理工程师审查后支付。

3. 支付子目

| 子目号 | 子目名称 | 单位 | 备注 |
|---|---|---|---|
| 906-3 | 人、手孔 | | |
| -a | 人孔 | | |
| -1 | 1480×1100×1800mm | 个 | |
| -b | 手孔 | | |
| -1 | 960×960×1200mm | 个 | |
| 906-4 | 管道 | | |
| -a | 硅芯管 | | |
| -1 | 4孔 $\phi 40/33$ 硅芯管 | m | |
| -2 | 8孔 $\phi 40/33$ 硅芯管 | m | |
| -3 | 12孔 $\phi 40/33$ 硅芯管 | m | |

续上表

| 子目号 | 子目名称 | 单位 | 备注 |
|---|---|---|---|
| -4 | 16 孔 φ40/33 硅芯管 | m | |
| -5 | 32 孔 φ40/33 硅芯管 | m | |
| -6 | ___孔 φ40/33 硅芯管 | m | |
| -b | ××孔钢网玻璃钢管箱 4000mm(长)×250mm(宽)×150mm(高)×5mm(深) | m | |
| -c | 镀锌钢管 | | |
| -1 | 4 孔 DN200 镀锌钢管 | m | |
| -2 | 6 孔 DN200 镀锌钢管 | m | |
| -3 | 8 孔 DN200 镀锌钢管 | m | |
| -4 | 18 孔 DN200 镀锌钢管 | m | |
| -5 | 4 孔 DN100 镀锌钢管 | m | |
| -6 | 6 孔 DN100 镀锌钢管 | m | |
| -7 | 8 孔 DN100 镀锌钢管 | m | |
| -8 | 18 孔 DN100 镀锌钢管 | m | |
| -9 | 4 孔 DN65 镀锌钢管 | m | |
| -10 | 6 孔 DN65 镀锌钢管 | m | |
| -11 | 8 孔 DN65 镀锌钢管 | m | |
| -12 | 18 孔 DN65 镀锌钢管 | m | |
| -13 | ___孔 DN___镀锌钢管 | m | |
| -d | PVC 管 | | |
| -1 | 4 孔 φ100 PVC 管 | m | |
| -2 | 4 孔 φ60 PVC 管 | m | |
| -3 | 4 孔 φ30 PVC 管 | m | |
| -4 | ___孔 DN___ PVC 管 | m | |
| -e | 接头管箱 | m | 按图制作 |
| -f | 管箱托架 | 套 | 按图制作 |
| 906-5 | 其他附属设施 | | |
| -a | 电力接线盒 | | |
| -1 | 300×300×5mm | 个 | |
| -b | C20 混凝土 | m³ | |